Max Otte | Jens Castner

Erfolgreiche Value-Investoren

Max Otte | Jens Castner

ERFOLGREICHE VALUE-INVESTOREN

Geniale Investmentstrategien in Zeiten globaler Veränderungen

FinanzBuch Verlag

Bibliografische Information der Deutschen Nationalbibliothek
Die Deutsche Nationalbibliothek verzeichnet diese Publikation in der Deutschen Nationalbibliografie; detaillierte bibliografische Daten sind im Internet über **http://d-nb.de** abrufbar.

Satz: Manfred Zech, Landsberg am Lech
Druck: CPI – Ebner & Spiegel, Ulm

1. Auflage 2010

Nymphenburger Straße 86
80636 München
Tel.: 089 651285-0
Fax: 089 652096

Den Autor erreichen Sie unter:
castner@finanzbuchverlag.de
otte@finanzbuchverlag.de

ISBN 978-3-89879-506-7

Inhaltsverzeichnis

Inhaltsübersicht zu »Erfolgreiches Value-Investieren«

Für Ingrid und Volker

Einleitung

2007 war ein bescheidenes Jahr für Value-Investoren, 2008 brachte keine Besserung. Nicht nur die Performance ließ zu wünschen übrig. Mit Sir John Templeton[1)] verstarb im Alter von 95 Jahren eine der Ikonen des wertorientierten Anlagestils. Die deutsche Bundsregierung beschloss die Einführung der Abgeltungsteuer[2)], die den Vermögensaufbau mit Fondssparplänen erschwert und darüber hinaus den Gedanken der (stets von der Politik geforderten) eigenverantwortlichen Altervorsorge konterkariert. Zudem mussten sich etliche Vermögensverwalter um den Umzug ihrer Unternehmen ins Ausland kümmern: Durch die Pleite des Phoenix-Kapitaldienstes[3)] drohten der Entschädigungseinrichtung der Wertpapierhandelsunternehmen und damit auch den unabhängigen Vermögensverwaltern, die in diesen Fonds einzahlen, Schadenersatzzahlungen. Bis zu 700.000 Euro könnten auf jeden Vermögensverwalter zukommen, kleinere Häuser würde das in den Ruin treiben. Viele Vermögensverwalter haben aus diesem Grund Ihren Sitz mittlerweile in die Schweiz verlagert und sind aus dem Entschädigungsfonds ausgetreten.

Erst 2009 normalisierte sich die Situation langsam. Value-Strategien fanden wieder in die Spur, viele Häuser, die sich dem wertorientierten Anlagestil verschrieben hatten, tauchten am Ende des Jahres ganz oben in den Performance-Hitlisten auf. Doch die Schockwellen der Finanzkrise haben ihre Spuren hinterlassen. In Panik hatten private wie auch institutionelle Investoren den Vermögensverwaltern das Geld entzogen, weshalb der Neustart des Value-Gedanken in Deutschland zu einem sehr zarten Pflänzchen verkommen ist. Die Zahl der Aktionäre und Fondsanleger fiel 2008 auf den niedrigsten Stand des Jahrzehnts zurück. Die starken Wertzuwächse, die Aktienfonds im Jahr 2009 verzeichneten, gingen deshalb am Gros der Bevölkerung vorbei.

Seit der ersten Auflage dieses Buchs, die im Juni 2007, damals noch unter dem Titel »Deutsche Superinvestoren aus Graham- und Doddsville«, fertiggestellt worden war, haben sich auch die Aktienmärkte fundamental verändert. Im Zuge der amerikanischen Subprime-Krise[4)] endete die im Frühjahr 2003 begonnene Börsen-Hausse. Doch anders als in der Baisse von 2000 bis 2003 kamen Value-Strategien nicht mit einem blauen Auge davon. Damals, nach dem Platzen der Internet- und Technologieblase, hatten sich Substanz- und Dividendenstrategien vergleichsweise gut gehalten und galten auch in den Folgejahren als Muster an Stabilität. Mit dem Ausbruch der Finanzmarktkrise trat das Gegenteil ein: Value-Fonds verloren überproportional. Quantitative Modelle[5)] wie die von Lingohr & Partner oder auch der Starcap-Priamos-Fonds von StarCapital, die zuvor stets auf den vordersten Plätzen der einschlägigen Ranglisten zu finden gewesen waren, funktionierten plötzlich nicht mehr. Als »Quant-Beben« bezeichnete der Frankfurter Kapitalmarktforscher Patrick Hable von 2iQ Research das plötzliche Versagen von computergestützten Modellen, die sich zuvor über Jahrzehnte bewährt hatten[6)].

Der einfache Erklärungsansatz für dieses Phänomen, es habe keinen Sinn, die Portfolioverwaltung Maschinen zu überlassen und den gesunden Menschenverstand auszuschalten, scheitert in diesem Fall. Denn die ausschließlich researchgetriebenen und von Menschenhand verwalteten Value-Fonds traf es zum Teil noch wesentlich härter. Für Braun, von Wyss & Müller zum Beispiel war schon das Jahr 2007, als die Aktienmärkte noch vergleichsweise gut liefen, mit einem Verlust von 24,9 Prozent des einstigen Aushängeschildes Classic Global Equity Fund eine der schwächsten Phasen der Unternehmensgeschichte. In der Abwärtsphase Anfang 2008 kam es mit einem Minus von 26 Prozent noch dicker. »Trotzdem sehen Sie uns ruhig und entspannt«, sagte Thomas Braun im Juli 2008 in einem Interview[7)] im sicheren Wissen darum, dass solche Marktanomalien nicht ewig anhalten. Durch die Verwerfungen sei es sogar leichter geworden, wieder unterbewertete Titel mit hoher Sicherheitsmarge zu finden, was in der vorangegangenen, lang anhaltenden Periode steigender Kurse mit erheblichen Schwierigkeiten verbunden war. Auch wenn Braun, von Wyss & Müller nach eigenem Bekunden nicht zu den Häusern gehören, die »die Buffett-Flagge hissen«, liegen sie damit auf einer Wellenlänge mit dem wohl erfolgreichsten Investor aller Zeiten. Die Krise, so erklärten Warren Buffett[8] und Charlie Munger[9] auf der Hauptversammlung ihrer Beteiligungsgesellschaft Berkshire Hathaway[10] im Mai 2008, biete langfristig orientierten Investoren historische Kaufchancen, gerade im angeschlagenen US-Banken- und Immobiliensektor.

Auch für die Aktionäre von Berkshire Hathaway war das Jahr 2008 eine Leidenszeit: Zwischen Anfang Januar und Ende Dezember verlor der Titel fast ein Drittel an Wert. Anschließend erholte er sich zwar, aber wegen der Talfahrt des US-Dollar profitierten europäische Anleger davon kaum. Der Buffett-Nimbus war angekratzt. Viel zu früh, so räumte Buffett selbst ein, sei er in einige Titel aus dem Finanzsektor eingestiegen und habe dabei die Intensität der Abwärtsbewegung unterschätzt. Das reichte, um ihn in der Forbes-Rangliste[11] der reichsten Menschen der Erde vom Spitzenplatz zu verdrängen, den er seinem Freund Bill Gates[12] erst Ende des Jahres 2007 abgejagt hatte. Doch nicht der temporäre Rückschlag, schon gar nicht mangelnde Kaufgelegenheiten, sondern die schiere Größe des Unternehmens und die US-Lastigkeit des Beteiligungsportfolios veranlassten Buffet und Munger auf der Berkshire-Hauptversammlung, die Erwartungen an die Aktionäre etwas zu dämpfen. Die Zeiten der zweistelligen Wertzuwächse seien fürs erste vorbei. Er wäre sehr zufrieden, sagte Buffett, wenn er den inneren Wert seiner Investments um zehn Prozent pro Jahr steigern könne[13].

Zehn Prozent Rendite pro Jahr sind eine durchaus realistische Größenordnung – auch für andere Value-Investoren. Nach einer Statistik der Fondsgesellschaft SEB Asset Management[14] brachten Value-Strategien von Dezember 2000 bis März 2008 eine durchschnittliche Rendite von 9,7 Prozent (und waren damit jeder Momentum- oder Wachstumsstrategie haushoch überlegen). Bislang schaffte Buffett zwar mehr als das Doppelte. Doch fiel diese herausragende Performance in eine Zeit, in der Aktien generell bessere Renditen abwarfen als jede andere Anlageform. Von 1982 an kannten die Indizes nahezu aller entwickelten Märkte (fast) nur die Richtung nach oben, und selbst die Abwärtsphase von 2000 bis 2003 war im Sommer 2007 wieder aufgeholt. Eine der wenigen Ausnahmen bildet Japan, wo sich der Aktienmarkt von seiner massiven Überbewertung Anfang der 90er-Jahre bis heute nicht erholt hat. Gleichzeitig sanken die Rohstoffkosten über Jahrzehnte hinweg zum Teil massiv. Der Ölpreis war nach dem Ende der Ölkrise der 70er-Jahre zwei Jahrzehnte lang kein Belastungsfaktor mehr für die Unternehmensgewinne – und damit auch kein Bremsklotz für die Börse. Seit dem Ausbruch des zweiten Golfkriegs im Jahr 2003 hat sich der Preis für Rohöl zwischenzeitlich auf über 100 Dollar je Barrel[15)] jedoch mehr als verzehnfacht. Dass der Ölpreis im Zuge der weltweiten Rezession schließlich ab dem zweiten Halbjahr 2008 massiv unter die Räder kam, ist möglicherweise nur ein Intermezzo, das nicht darüber hinwegtäuschen darf, dass die Kosten für Energie, Industriemetalle und Nahrungsmittel in den nächsten Jahren zu einer Wachstumsbremse werden könnten. Die Margen für die Unternehmen würden dann auf breiter Front bröckeln. Die Welt hat sich verändert, da durch die fortschreitende Industrialisierung der asiatischen Schwellenländer, allen voran China und Indien, heute beinahe doppelt so viele zahlungskräftige Konsumenten um ein begrenztes Angebot an Rohstoffen konkurrieren wie noch um die Jahrtausendwende.

Auch das bietet Chancen für Investoren – nicht nur, weil Aktien als Sachwerte eigentlich der ideale Inflationsschutz sind. Deutschlands bekanntester Vermögensverwalter Dr. Jens Ehrhardt hat angekündigt, sich mit seinen Investments stärker in Richtung Asien orientieren zu wollen, FIVV hat bereits eine eigene Dependance in China eröffnet. Ob das Gros der Value-Investoren in diesen Märkten allerdings fündig wird, bleibt abzuwarten, denn wegen der guten Wachstumsaussichten in diesen Ländern sind die Bewertungen auch nach der scharfen Börsenkorrektur vergleichsweise hoch – zumindest gemessen an den Bewertungen, die für europäische Aktien Mitte 2009 gezahlt wurden. Bei einer Veranstaltung des FinanzBuch Verlags in Frankfurt im April 2008 empfahl der renommierte Princeton-Professor Burton Malkiel[16)], bevorzugt in kleinere chinesische Unternehmen zu investieren, die weniger im Rampenlicht stünden und daher moderater bewertet seien. Außerdem sieht es Malkiel als Makel an, dass sich die großen chinesischen Konzerne häufig mehrheitlich in Regierungshand befinden und daher zum Spielball politischer Interessen werden könnten. Insofern können ihm auch die staatlichen Rettungsprogramme für europäische und amerikanische Banken nicht gefallen, die eine stärkere Regulierung der Branche zur Folge haben werden. Die Alternative, die Malkiel in Bezug auf China vorschlägt, ist es, nur einen kleinen Teil des Portfolios direkt in chinesische Aktien zu investieren und ansonsten auf renommierte europäische und amerikanische Unternehmen zu setzen, die geeignete Strategien verfolgen, um vom Wachstum im Reich der Mitte zu profitieren.

Da Emerging Markets – und insbesondere der Infrastruktursektor – von vielen renommierten Häusern als der Megatrend des kommenden Jahrzehnts bezeichnet werden, haben wir uns in der zweiten Auflage dieses Buchs dazu entschlossen, mit Dr. Jens Ehrhardt und Peter E. Huber zwei herausragende Vermögensverwalter mit aufzunehmen, denen wir zutrauen, für Anleger die richtigen Investments auszufiltern, um von diesen Trends zu profitieren. Auch wenn Ehrhardt und Huber – und streng genommen auch die bereits in der ersten Auflage enthaltene FIVV AG – keine puristischen Value-Investoren sind, sondern sich eben auch an markttechnischen Indikatoren und makroökonomischen Trends orientieren, ist der Erfolg ihres wertorientierten Anlagestils über jeden Zweifel erhaben. Zudem haben wir Frank Lingohr in die zweite Auflage neu aufgenommen. Da er beinahe rein quantitativ vorgeht, hatten wir zunächst Zweifel, ob er ins Schema passt, doch ein Buch über die deutsche Value-Szene ohne den Grandseigneur dieses Investmentansatzes wäre schlicht und einfach unvollständig.

Herausgefallen ist gegenüber der Erstauflage die Bayern LB, die ihr Value-Advisory zur Jahresmitte 2009 eingestellt hat. Nachdem die Landesbank zuletzt vor allem durch Milliardenverluste mit Finanzderivaten im Zuge der Subprime-Krise in die Schlagzeilen geraten war und der politische Druck zu groß wurde, war offenbar im Aktienbereich kein Platz mehr für langfristige, wertorientierte Strategien in der letzten deutschen Großbank, die sich den Value-Gedanken auf ihre Fahnen geschrieben hatte. Der Grund, warum so viele Value-Investoren ihr Heil in der Selbstständigkeit suchen, ist der starke

Druck, unter dem angestellte Fondsmanager stehen. Dieser Druck ergibt sich aus dem ständigen Vergleich mit der Benchmark[17], der zum Teil schon nicht einmal mehr nur im Quartalsrhythmus erfolgt, sondern bisweilen auch zur Quartalsmitte oder sogar monatlich. In einem Klima der ständigen Angst um den eigenen Arbeitsplatz lassen sich auf drei, fünf oder gar zehn Jahre ausgerichtete Strategien eben kaum verwirklichen. Der Value-Ansatz der BayernLB hatte schon seit Anfang 2006 geschwächelt. Das ist nichts Ungewöhnliches. Auch in früheren Abwärtsphasen habe sich gezeigt, dass niedrig bewertete Aktien im Vorfeld von Rezessionen besonders stark leiden. Da Aktien eben meist dann besonders billig sind, wenn die Nachrichtenlage aus dem Unternehmen heraus eher schlecht ist, setzt die Masse der Investoren angesichts einer sich anbahnenden Krise bevorzugt auf Titel, bei denen der breite Marktkonsens einen weiterhin positiven Nachrichtenfluss erwartet. Da diese Titel aber stets die aktuellen Börsenlieblinge (»Glamour Stocks«) des jeweiligen Zyklus sind, haben sich die Bewertungen häufig schon von rationalen Maßstäben entfernt. Diese Aktien werden dann als letzte geschlachtet, während niedrig bewertete Value-Titel bereits ausgebombt sind und deshalb in der Endphase des Abwärtszyklus kaum noch leiden.

Laut Peter E. Huber war eine temporäre Value-Schwäche nur eine Frage der Zeit. Da zum Beispiel dividendenstarke Titel bereits seit dem Jahr 2000 überdurchschnittlich gut gelaufen waren, kamen vermehrt Produkte aus der Derivateindustrie auf den Markt, die nur den Unterschied zwischen Dividendenstrategien und dem Gesamtmarkt (zum Beispiel DivDAX gegen DAX) ausarbitrieren sollten[18]. Aus antizyklischer Sicht ist so etwas immer ein sicheres Indiz dafür, dass ein Trend im Begriff ist zu kippen. Die Studie von SEB Asset Management zeigt ebenfalls deutlich, dass sich die Value-Stärke bereits ab dem ersten Quartal 2006 dem Ende zuneigte, während Momentum-Strategien, die zuvor überhaupt keinen Mehrwert geliefert hatten, langsam an Kraft gewannen. Jens Kummer, Leiter des SEB-Dachfonds-Managements, hat auf unsere Bitte hin auch in der Statistik gekramt und eine Studie aus den USA gefunden, nach der »naive Strategien« etwa alle fünf Jahre wechseln[19].

Da die Strategien der in diesem Buch vorgestellten Investoren alles andere als naiv sind, gehen wir allerdings davon aus, dass sie bereits sehr viel früher überdurchschnittliche Ergebnisse liefern werden, sofern ihnen das nicht schon 2009 gelungen ist. Denn so einfach Value-Investing auf den ersten Blick erscheinen mag, bei genauerem Hinsehen stecken nicht nur viel Wissen, Geduld und handwerkliche Arbeit, sondern vor allem auch die Fähigkeit, bestimmte Entwicklungen frühzeitig zu erkennen, hinter diesem Ansatz. Geduld und eine Politik der ruhigen Hand waren es auch, die Warren Buffett so erfolgreich gemacht haben. Ausgerechnet einer seiner größten Kritiker sprach Buffett kürzlich Anerkennung aus. Nobelpreisträger Harry M. Markowitz[20)], nach dessen Portfoliotheorie Diversifikation der Schlüssel zum Erfolg ist, schrieb Buffett ins Stammbuch: »Sein Investmentstil ist auf Jahrzehnte angelegt, deshalb kann er sich ein konzentriertes Portfolio erlauben«. Wer weniger Geduld habe, solle nach dem einfachen Prinzip verfahren, das Shakespeare schon im Kaufmann von Venedig sinngemäß so beschrieben hat: »Ich sorge mich nicht um meine Geschäfte, denn ich weiß, dass mein Wohlstand nicht von einem einzigen Ort, einem einzigen Markt oder vom Gewinn eines einzelnen Jahres abhängt«[21)].

Ob Sie es nun mit Shakespeare und Markowitz oder mit Buffett und Munger halten – um Ihren persönlichen Investmentstil zu finden, werden Sie einiges Lehrgeld bezahlen und Ihre Geduld einigen harten Prüfungen unterziehen müssen. Ob Sie dann der geeignete Kandidat sein könnten, der Buffett eines Tages beerben wird (er sucht aus Altersgründen einen Nachfolger), können wir nicht versprechen. Wir wissen noch nicht einmal, ob einer der in diesem Buch vorgestellten Investoren in Buffetts Anforderungsprofil passen würde, auch aus dem einfachen Grund, dass sich keiner davon um die Nachfolge des Altmeisters beworben hat. Was wir versprechen können, ist, dass die Lektüre Sie in die Lage versetzen wird, die Börsenwelt, die vor allem von aktuellen Nachrichten und kurzfristigen Trends bestimmt wird, mit anderen Augen zu sehen. Trotz aller Verwerfungen, die der Markt bisweilen bereithält, gewinnen auf lange Sicht immer die Value-Investoren, die wie Thomas Braun ruhig und entspannt bleiben, weil sie wissen, dass sie den Euro für 50 Cents eingekauft haben, ob nun gerade 25 oder 75 aufgerufen werden.

Zehn Kapitel über die herausragenden Value-Investoren im deutschsprachigen Raum sollen dieses Wissen vermitteln:

- In Kapitel I erklärt Dr. Hendrik Leber von Acatis seinen systematischen 6x6-Ansatz und seinen Suchprozess, der nach Value-Aktien, Value-Branchen und Value-Ländern gegliedert ist.

- Kapitel II beschreibt die unkonventionelle Anlagestrategie der Schweizer Vermögensverwalter Braun, von Wyss & Müller, die ihre Erkenntnisse stärker als andere Investoren aus dem Dialog mit dem Management zu ziehen versuchen.

- Dr. Jens Ehrhardt gewährt in Kapitel III Einblick in seine allumfassende Analysemethode, die er auf die Buchstaben FMM (fundamental, markttechnisch und monetär) reduziert.

- Kapitel IV beschäftigt sich mit der puristischen Value-Strategie von Fidecum-Fondsmanager Hans-Peter Schupp, der sich selbst als einen Typen mit Ecken und Kanten bezeichnet.

- Andreas Grünewald und Alexander Kapfer von FIVV erläutern in Kapitel V, wie sie durch eigene Logik Werte identifizieren, die in keiner Datenbank zu finden sind.

- Manfred Piontke und Martin Wirth von Frankfurt Performance Management schildern in Kapitel VI, warum es ihrer Sicht Sinn macht, sich ausschließlich auf den deutschsprachigen Raum zu fokussieren und wie sie verborgene Perlen im Nebenwerte-Segment aufspüren.

- Frank Lingohr stellt in Kapitel VII sein quantitatives Analysemodell vor und erläutert, an welchen Stellen der Auswahlprozess des Computers hinterfragt werden muss.

- Kapitel VIII beschäftigt sich mit der Königsstrategie von Prof. Dr. Max Otte, Autor von Band 1 und Geschäftsführer der Privatinvestor GmbH, wobei auch erklärt wird, welche Unternehmen mit Revolutionären gemeint sind, die noch nicht Herrscher ihrer Branche sind, aber es eines Tages werden könnten.

- Der erfolgreiche Unternehmer Norman Rentrop schildert in Kapitel IX, wie er als Privatinvestor an die relevanten Informationen kommt, die sonst nur Institutionellen vorbehalten sind.

- In Kapitel X schließlich wird die Strategie von Peter E. Huber vorgestellt, der sowohl auf Grund eigener Überlegungen als auch mit Hilfe computergestützer Modelle versucht, Megatrends zu identifizieren, die über Jahre und Jahrzehnte Bestand haben.

Da auf eine Wertung, ob nun nach Bekanntheitsgrad des Investors oder nach Volumen des verwalteten Vermögens, verzichtet werden sollte, wird die Reihenfolge der Kapitel allein durch das Alphabet bestimmt, wobei der Firmenname der Vermögensverwaltung entscheidet.

Gute und vor allem erfolgreiche Investments wünschen

Jens Castner/Max Otte

Frankfurt und Köln, im Frühjahr 2010

Anmerkungen

1) Sir John Marks Templeton (29.11.1912 – 8.7.2008): Gründer der Fondsgesellschaft Templeton, heute Franklin Templeton.
2) Abgeltungsteuer: Ab 2009 gilt unabhängig von der Haltedauer für Erträge aus jeder Art von Kapitalanlagen ein einheitlicher Steuersatz von 25 Prozent. Zuvor galt für Aktien und Aktienfonds die Regelung, dass Gewinne nach Ablauf einer einjährigen Spekulationsfrist steuerfrei vereinnahmt werden konnten.
3) Phoenix Kapitaldienst GmbH: Frankfurter Wertpapierhandelsbank, der am 10. März 2005 die Fortführung des Geschäftsbetriebes untersagt wurde. Vier Tage später wurde das Insolvenzverfahren eröffnet. Das Unternehmen hatte Anleger mit hohen Renditeversprechungen geködert und die Gelder größtenteils veruntreut. Obwohl das Bundesaufsichtsamt für das Kreditwesen bereits im Jahr 2000 die riskante Anlagestrategie untersagt hatte, flog der Schwindel erst komplett auf, nachdem Unternehmensgründer Dieter Breitkreutz im Jahr 2004 bei einem Flugzeugabsturz ums Leben gekommen war.
4) Subprime-Krise: Durch die seit 2002 kontinuierlich gestiegenen Immobilienpreise in den USA erhielten vor allem in den Jahren 2005 und 2006 auch private Kreditnehmer geringerer Bonität, die über kein Eigenkapital verfügten, Darlehen zum Erwerb von Einfamilienhäusern. Ab dem Frühsommer 2007 platzten viele dieser Finanzierungen, was Immobilienfinanzierer, aber auch Großbanken ins

Wanken brachte. Die Folge war eine ausgeprägte Kapitalmarktkrise, die nach Schätzungen des Internationalen Währungsfonds (IWF) Verluste von 945 Milliarden US-Dollar nach sich zog.

5) Quantitative Modelle: Anlagestrategien, bei denen die Auswahl der Aktien auf Basis statistischer Kennzahlen vorgenommen wird.
6) »Das Quant-Beben«. Aufsatz von Patrick Hable in der Zeitschrift »The European Value Investor« (Ausgabe 01/2007), die vom Zentrum für Value Investing e.V. in Worms herausgegeben wird.
7) Thomas Braun im Interview mit » The European Value Investor«, Ausgabe 03/2008.
8) Buffett, Warren Edward: Der am 30. August 1930 in Omaha/Nebraska geborene Multimilliardär gilt als Ikone des langfristig orientierten Value-Anlagestils und wird vielfach als bester Investor aller Zeiten bezeichnet. Der Titel der ersten Auflage dieses Buchs »Deutsche Superinvestoren aus Graham- und Doddsville« ist eine Anlehnung an eine berühmte Rede (»The Superinvestors of Graham- and Doddsville«), die Buffett 1984 vor Studenten der Columbia University of New York hielt. Der Name Warren Buffett wird Ihnen in der weiteren Lektüre dieses Buchs in jedem Kapitel begegnen.
9) Munger, Charles Thomas, geboren am 1. Januar 1924, stammt wie Buffett aus Omaha/Nebraska. Munger war Gründer der Rabattmarkenfirma Blue Stamps, die 1982 mit der Buffett-Holding Berkshire Hathaway (siehe Anmerkung 10) fusionierte. Seither fungiert er als Co-Vorstand von Berkshire Hathaway und gilt als Buffetts kongeniales Alter Ego. Vgl.: www.poorcharliesalmanack.com.
10) Berkshire Hathaway: Beteiligungsgesellschaft des US-Milliardärs Warren Buffett, die unter anderem nennenswerte Anteile an Unternehmen wie Coca-Cola und American Express hält, ISIN: US0846701086.
11) Das US-Wirtschaftsmagazin Forbes veröffentlicht unter dem Titel »The World's Billionaires« alljährlich eine Rangliste der reichsten Menschen der Erde, wobei Diktatoren und Mitglieder von Königshäusern ausgenommen sind. Einsehbar im Internet unter www.forbes.com.
12) Gates, William III.: Gründer des Software-Unternehmens Microsoft, ISIN: US5949181045, galt lange Zeit als der reichste Mann der Welt.
13) Vgl. »The European Value Investor«, Ausgabe Nr. 02/2008.
14) SEB Asset Management: Fondsgesellschaft der schwedischen Großbank SEB, Rotfeder-Ring 7, 60327 Frankfurt am Main. Internet: www.sebam.de.
15) Barrel: Maßeinheit, in der Rohöl an Terminbörsen gehandelt wird. Ein Barrel entspricht einem Fass Öl mit einem Volumen von 159 Litern.
16) Malkiel, Burton Gordon: Professor an der Princeton University und Autor des Buchs »A Random Walk Down Wall Street. The Time-Tested Strategy for Successful Investing«, W.W. Norton & Company, New York, 1973.
17) Benchmark: Vergleichsindex, an dem die Performance eines Investmentfonds gemessen wird.
18) Die Derivateindustrie brachte ab dem Jahr 2006 verstärkt so genannte »Portable-Alpha-Zertifikate« auf den Markt, die ihren Gewinn aus dem Performance-Unterschied zwischen zwei verschiedenen Anlagestrategien ziehen sollten. Dabei wird die eine Strategie gekauft, die andere verkauft, weshalb auch in fallenden Märkten Gewinne erzielt werden können. Fällt zum Beispiel der gekaufte Index um 20 Prozent, während die Benchmark um 25 Prozent nachgibt, ergibt sich ein Gewinn von fünf Prozent. Der Erfolg dieser Anlageprodukte war allerdings in der Regel bescheiden.
19) Das US-Investmenthaus Evergreen Investments analysierte über den Zeitraum 1979 bis 2002, was es bringt, zyklische Pendelbewegungen zwischen Value- und Wachstumsaktien systematisch auszunutzen. Hierbei zeigte sich, dass Wachstumsstrategien langfristig nur im Large-Cap-Segment (große Unternehmen) dem Value-Ansatz leicht überlegen waren (6,3 statt 5,1 Prozent Überrendite zum Vergleichsindex S&P 500). Im Mid-Cap-Segment (mittelgroße Unternehmen) erreichte die Value-Strategie 20,3 Prozent Überrendite (Wachstum: 18,7). Im Small-Cap-Segment (kleinere Unternehmen) erzielte Value den höchsten Mehrwert von 24,5 Prozent (Wachstum: 11,2 Prozent). Kontakt: Evergreen Investment Services Inc., 200 Berkeley Street, Boston, MA 02116, USA. Internet: www.evergreeninvestments.com.
20) Markowitz, Harry Max: Begründer der modernen Portfoliotheorie. Nach Markowitz' Theorie sinkt das Risiko eines Portfolios bei gleichzeitig steigenden Renditechancen, wenn viele unterschiedliche Wertpapiere aus unterschiedlichen Anlageklassen gemischt werden.
21) »Vertrauen Sie nicht auf Zufälle«, Harry M. Markowitz im Interview mit der Wochenzeitung €uro am Sonntag, Ausgabe Nr. 10/2008. Kontakt: €uro am Sonntag, Bayerstraße 71-73, 80335 München. Internet: www.finanzen.net.

I. Der Systematische: Dr. Hendrik Leber und Acatis

1. Die handelnden Personen

Zwei von Dr. Hendrik Lebers besten Value-Investments kommen aus Norwegen und heißen »Stressless«. Die beiden schwarzen Ledersessel stehen im Denkerzimmer der Frankfurter Acatis-Zentrale, direkt vor den Bibliotheksregalen, in denen sich die Werke von Warren Buffett, Charlie Munger und Peter Lynch stapeln. Der Name »Stressless« ist Programm. »Schon nach einer halben Stunde fühlt man sich entspannter«, erzählt Leber, der die beiden Prachtexemplare dank einer Sonderedition des Möbelhauses Segmüller zum Stückpreis von 1.000 Euro abstaubte. Ein echtes Schnäppchen. Normalerweise kostet das edle Gestühl doppelt bis dreimal so viel. Dass er die Aktie des Stressless-Herstellers Ekornes[1)] ebenfalls weit unter Wert einkaufte, versteht sich fast von selbst. Schließlich ist Leber bekennender Value-Investor und Buffettologe, wie das Manager-Magazin[2)] ihn treffend bezeichnet.

Hendrik Leber, Jahrgang 1957, war zehn Jahre alt, als er seine erste Aktie kaufte. Damals wollte er noch Chemiker werden und rührte zum Entsetzen seiner Eltern in der Küche entflammbare Materialien an. »Einmal hat's wirklich gebrannt«, erinnert er sich, »außerdem hatte meine Mutter immer Angst vor giftigen Rückständen im Geschirr.« Keine Frage, die erste Aktie musste ein Chemie-Wert sein. Folglich schrieb er die drei Großen der Branche in Deutschland an – Bayer[3)], BASF[4)] und Hoechst[5)]. Da ihm die Antwort von

Bayer am besten gefiel, legte er sich ausgerechnet dieses Papier ins Depot und hielt es – ganz Value-Investor – bis zum Abitur. »Richtig nach oben bewegt hat sich Bayer in dieser Zeit eigentlich nie, trotz aller Splits und Kapitalmaßnahmen, die mir mein Vater erklären musste. Ich dachte damals das sei typisch für deutsche Aktien«, scherzt Leber.

Mit der Chemie wurde es dann doch nichts. Genauso wenig wie mit der Bayer-Aktie. Seine Karriere startete der promovierte (Bank-) Betriebswirt 1984 als Berater bei McKinsey[6)]. 1989 wechselte er als Projektleiter zum Bankhaus Metzler[7)], wo er später persönlich haftender Gesellschafter und Geschäftsführer von Metzler Consulting wurde. Da er sich inzwischen mit dem Buffett-Fieber infiziert hatte, beschloss er 1994, sich selbstständig zu machen. Gemeinsam mit seiner ebenfalls promovierten Ehefrau Claudia Giani-Leber und Faik Yargucu leitet er heute die Acatis-Anlageberatung, die Kundengelder von etwa 500 Millionen Euro verwaltet. Neben Aktien-, Dach- und Mischfonds bietet Acatis auch Beratung für institutionelle Anleger und vermögende Privatkunden an. Acatis ist ein Kunstname, den sich Leber einfallen ließ, um in alphabetischen Verzeichnissen weit vorne zu stehen. Und auch ansonsten spielt Kunst eine nicht unbedeutende Rolle: In der Frankfurter Acatis-Zentrale, nur einen Steinwurf von den Zwillingstürmen der Deutschen Bank entfernt, veranstaltet Claudia Giani-Leber regelmäßig Vernissagen und bietet jungen Künstlern Ausstellungsfläche. Für Investoren veranstaltet das Unternehmen regelmäßig Seminare und einmal im Jahr die hochkarätig besetzte Acatis-Value-Konferenz.

Nur drei der insgesamt neun Mitarbeiter starken Firma entscheiden darüber, welche Aktien in die Fonds- und Kundenportefeuilles aufgenommen werden: Leber selbst und seine Co-Portfolio-Manager Marcus Reck und Ulrich Rathmann. Im Schnitt schlugen sie die Vergleichsindizes in der Vergangenheit um fünf Prozent pro Jahr. Bei den Ratingagenturen Morningstar und Standard & Poor's sind mehrere Acatis-Fonds mit der Bestnote fünf Sterne ausgezeichnet. Die Überrenditen erzielen Leber und seine Mitstreiter vornehmlich in Aufschwungphasen: Bis zu 30 Prozent Outperformance schafften sie in der Vergangenheit in steigenden Märkten. In Abschwungphasen dagegen verlieren sie in etwa so viel wie der Gesamtmarkt. »Das liegt daran, dass wir oft in Aktien investieren, die einen starken Kursrückgang verzeichnet haben«, sagt Reck. »Den richtigen Zeitpunkt zu finden, ist fast unmöglich«. Streit mit seinem Chef hat er trotz der recht aggressiven und damit oft alles andere als Nerven schonenden Anlagestrategie aber nie. »Unsere Kaufentscheidungen treffen wir sehr einvernehmlich. Beim Verkaufen kann es schon eher zu Problemen kommen«.

Komiteeverhalten bei Anlegeentscheidungen will Leber um jeden Preis vermeiden. »Zwei bis drei sehr unterschiedliche Charaktere sind das Optimum im Investmentprozess«, meint er. Nicht weniger, aber auch nicht mehr. Was er schon gar nicht brauchen kann, sind Besserwisser im Anlageausschuss, die – falls eine Aktie nicht läuft – mit der alten Leier »Ich hab's ja gleich gesagt« aufwarten. Wie für das Gros der Value-Investoren ist für Leber nichts anderes vorstellbar, als seine Strategie in einer eigenen, überschaubaren Firma umzusetzen. »In einer Großbank«, sagt er, »hätte ich doch nach drei schlechten Quartalen schon meinen Job verloren.«

2. Die Strategie

Die Systematik der Aktienauswahl bei Acatis besticht durch ihre Einfachheit. Die Fondsmanager unterscheiden zwischen sechs verschiedenen Value-Strategien. Das Portfolio wird – wenn der Markt es zulässt – mit den sechs besten Aktien der jeweiligen Kategorie bestückt. Die drei einfachsten Kategorien gehen auf Benjamin Graham zurück und sind im Prinzip die Suche nach unterbewerteter Substanz. Die Titel der Strategien Nummer eins bis drei werden nach Kurs-Buchwert-Verhältnis (KBV), Kurs-Gewinn-Verhältnis (KGV) und Dividendenrendite ausgewählt. Monat für Monat durchforstet das Acatis-Team die Datenbanken von Bloomberg und Compustat, die nahezu alle 30.000 börsennotierten Unternehmen der Welt enthalten. In einem ersten Grobscreening wird der Aktienmarkt nach 20 Suchkriterien durchkämmt. Unternehmen, die in mehreren Kategorien vordere Plätze belegen, sind besonders interessant. So kommt man eben auf hierzulande kaum beachtete Unternehmen wie den norwegischen Möbelhersteller Ekornes, der seit Jahren stramme Wachstumsraten und zweistellige Gewinnmargen ausweist und obendrein noch zu den Topdividendenzahlern zählt. Zusätzliches Datenmaterial liefert die hauseigene EDV-Tochter Aalto[8)] in Bochum, bei der sechs Mitarbeiter in Lohn und Brot stehen. Durch deren Feintuning sind Unterscheidungen zwischen 133 Branchen möglich. Entscheidend sei vor allem auch das historische Datenmaterial, sagt Leber. »Wir müssen ja wissen, welche Kennziffern für welche Branche relevant sind, wie sich zum Beispiel Veränderungen des Kurs-Buchwert-Verhältnisses auf die Kurse ausgewirkt haben.«

Bei der Auswahl der Titel werden aber nicht einfach die sechs Aktien mit den niedrigsten KBVs und KGVs oder der höchsten Dividendenrendite der Welt herangezogen. Zum einen werden illiquide Small Caps mit weniger als 500 Millionen Euro Marktkapitalisierung von vorneherein aussortiert, schließlich sollen Ein- und Ausstieg reibungslos vonstatten gehen. Die Titel sollen nicht durch die eigenen Orders hochgetrieben oder heruntergeprügelt werden. Zum anderen berücksichtigt Leber branchen- und länderspezifische Unterschiede. Die Aktie muss also im Vergleich zur Branche und zum Heimatmarkt besonders günstige Parameter aufweisen. Und trotz des relativ konzentrierten Portfolios von 36 Werten achtet Leber auf einen ausgewogenen Branchenmix: »Wenn wir den Besten einer Branche im Portfolio haben, werden wir uns sehr genau überlegen, ob wir den Zweitbesten noch brauchen.«

Des Guten Feind ist das Bessere. Deshalb wird bei Überschneidungen im Normalfall ein Titel aus einer Branche gegen einen anderen ausgetauscht, wenn dieser die günstigeren Bewertungsparameter aufweist. Wenn ein Unternehmen in mindestens einer der sechs Kategorien die Acatis-Anforderungen erfüllt, beginnt die eigentliche Arbeit: die detaillierte Fundamentalanalyse. Dabei verlässt man sich im Hause Acatis nie auf Fremd-Research. Lieber arbeitet man sich tief in die Geschäfts- und Quartalsberichte ein. Neben den üblichen Kriterien wie der Entwicklung von Schulden und Vorräten, legt Leber auch viel Wert auf weiche Faktoren wie die Sprache. Sind Geschäftsberichte schwammig oder zu blumig formuliert, schrillen die Alarmglocken. »Man muss sich ganz tief hineinarbeiten, einen Röntgenblick entwickeln«, sagt Leber. Auch ein Arzt könne »einen äußerlich gesunden Patienten vor sich haben, der nicht raucht, nicht trinkt und täglich joggen geht. Trotzdem kann der Computertomograf zeigen, dass der Knochenapparat hinüber ist.«

Der Teufel steckt im Detail. Für Leber macht es einen Unterschied, ob das Management schreibt, das Unternehmen »ist Eigentümer von Immobilien im Wert von mehreren Hundert Millionen Euro« oder »verfügt über Immobilien« dieses Wertes. In letzterem Fall könnten sie ja auch gemietet sein. Findet er heraus, dass dem so ist, ist das Unternehmen wegen Unehrlichkeit des Managements schon durchgefallen. Oder auch nicht. Denn an der Börse ist alles möglich, auch das Gegenteil. Leber: »Manchmal ist es schon viel wert, wenn man weiß, dass man nichts glauben darf.« Bei KarstadtQuelle[9)] zum Beispiel habe ihm das Management versichert, es sei unmöglich, die Immobilien aus dem Unternehmen herauszulösen, um genau das kurze Zeit später zu tun. Gespräche mit dem Management hält er deshalb im Unterschied zu vielen seiner Kollegen für weniger entscheidend. Nur in etwa 20 Prozent der Fälle ist für die Investitionsentscheidung ein Treffen mit den Führungskräften ausschlaggebend. »Normalerweise lassen wir lieber die Zahlen sprechen.«

Die halten nach einschlägigem Studium der Geschäftsberichte nicht immer, was die Datenbank zunächst versprochen hatte. Von den 20 Aktien, die er pro Monat etwa analysiert, landen zwischen einer und drei im Portfolio.

Die Strategien Nummer vier und fünf orientieren sich an der Methodik von Warren Buffett und sind darauf ausgerichtet, Firmen aufzuspüren, deren Ertragskraft vom Markt unterschätzt wird. Das funktioniert im einen Fall über die Kennziffer EV/EBIT (Enterprise Value zu Earnings before Interest and Taxes, zu deutsch: Unternehmenswert im Verhältnis zum Gewinn vor Zinsen und Steuern). Im anderen Fall handelt es sich um ein von Leber selbst entwickeltes Schema namens »Owner's Earnings«. Dabei wird gemessen, wie sich das Eigenkapital eines Unternehmens im Lauf der Zeit verändert hat und wie sich dieses verzinst. Dieser ertragsorientierte Ansatz ist vor allem für Unternehmen relevant, die keine Dividende zahlen oder nur einen kleinen Teil des Gewinns ausschütten, weil sie das Geld lieber ins eigene Wachstum reinvestieren – ob nun in Übernahmen von Wettbewerbern oder in die Errichtung neuer Produktionsanlagen. »Es geht darum, herauszufinden, ob das Geld der Aktionäre sinnvoll investiert wird«, erklärt Leber. Viele Firmen würden um des Wachstums willen in margenschwächere Geschäftsfelder vorstoßen, was zur Folge habe, dass sich die Kennzahl nach und nach verschlechtere. »Das zeugt von nachlassender Gewinnqualität und ist ein Knockout-Kriterium«.

Weniger an Kennzahlen orientiert ist die sechste Kategorie, die Acatis als »Turnaround-Strategie« bezeichnet. Dabei werden die Experten meist durch Kursstürze auf eine Aktie aufmerksam und untersuchen dann, ob und inwieweit der Markt auf schlechte Nachrichten überreagiert hat. Setzen zum Beispiel nach dem Kursverfall – wie etwa bei KarstadtQuelle – Insiderkäufe von Vorständen und Aufsichtsräten ein, könnte das ein Grund sein, sich näher mit dem Titel zu befassen. Die klassischen Kennzahlen, auf die die übrigen Strategien ausgerichtet sind, versagen in solchen Fällen nicht selten. KarstadtQuelle müsse eben nach dem Immobilienbesitz bewertet werden, der den Börsenwert im Jahr 2005 zeitweise deutlich überstieg, und nicht nach der aktuellen Gewinnsituation. Premiere[10)] kaufte er wegen der Qualität der Kunden, nicht wegen der des Programms. Da er hier nicht stur nach Schema F vorgehen kann wie in den anderen Strategien, sind die Turnaround-Werte diejenigen, die am meisten Arbeit und Know-how erfordern und dem Portfolio eine persönliche Note verleihen. »Wir lesen auch Zeitung und werden schon auch mal durch einen interessanten Artikel auf einen Wert aufmerksam«, betont Leber.

Negative Presse ist der Idealfall. »Wenn alle die Hoffnung aufgegeben haben und das Unternehmen als Schmuddelfirma abgestempelt ist, wird es für uns besonders interessant«, erklärt Ulrich Rathmann. Diese auf Englisch »Distressed Situations« genannten Kaufgelegenheiten sorgen bisweilen für den Zusatz-Kick im Portfolio und machen den Job richtig interessant, der ansonsten dem

Diktat der Datenbank unterliegt. Sie sind allerdings auch dafür verantwortlich, dass die Überrendite der Acatis-Fonds gegenüber den Vergleichsindizes schwer prognostizierbar ist: Sie kann mal drei Prozent, mal 36 Prozent betragen. Lieber unregelmäßige hohe Gewinne als stetige kleine, lautet die Devise. Was zur Folge hat, dass die Performance im einen oder anderen Jahr auch hinter dem Gesamtmarkt zurückbleibt. Es kann dauern, bis eine verprügelte Aktie wieder die Kurve kriegt. »Trotzdem lieben wir Verlierer«, unterstreicht Leber und macht mit Statistiken deutlich, dass er das durchaus nicht im Spaß sagt: »Eine Aktie, die drei Jahre schlecht gelaufen ist, macht in den folgenden zwölf Monaten im Schnitt 24 Prozent Plus.« Nervenaufreibend sei es schon, sich konsequent gegen den Markt zu stellen, gibt Leber zu: »Manchmal ist die Stimmung gegen den Titel so negativ, dass wir sogar böse Briefe von Kunden bekommen, wenn bekannt wird, dass wir investiert haben«, sagt Leber, der sich davon aber nicht aus der Ruhe bringen lässt. »Wichtig ist nicht die Meinung des Marktes, sondern die innere Logik«.

Eine Aktie bleibt im Schnitt zwei Jahre im Portfolio, kann aber natürlich eine deutlich höhere Verweildauer haben, wenn die Bewertungskennziffern weiter günstig sind. Verkauft wird bei Erreichen des von Acatis errechneten fairen Wertes, weil dann die Sicherheitsmarge aufgezehrt ist. Oder wenn ein Titel – beispielsweise nach einem starken Kursanstieg – nicht wenigstens in einer der sechs Kategorien noch zu den Topwerten gehört, wenn sich ein neuer Kandidat aufdrängt, der bessere Parameter aufweist. »Oder wenn wir, beispielsweise bei Turnaround-Kandidaten, die Lust verlieren, weil sich die Restrukturierung länger hinzieht als erwartet«, sagt Leber, der sich selbstkritisch eine Tendenz zum verfrühten Ein- und Ausstieg attestiert. Markttiming ist eben keine Kernkompetenz von Value-Investoren.

3. Ein Dutzend offener Fragen

Hendrik Leber im Interview

Wie definieren Sie Value?

Eigentlich gibt es zu viele verschiedene Schattierungen, als dass man eine klare Definition liefern könnte. Lassen Sie es mich mal so probieren: Ein Value-Investor schaut sich keine Kurse an, sondern Bilanzen. Er trennt den Unternehmenswert vom Börsenwert und orientiert sich niemals an Charts. Value haben wir dann, wenn die Börse die Qualität einer Aktie übersieht. Die Qualität kann entweder in der Substanz, in der Ertragskraft oder in der Stetigkeit der Erträge liegen. Gerade Letzteres wird von der Börse oft nicht honoriert. Stetig wachsende Firmen wie Zementfabriken gelten als Langweiler. Qualitätskriterien können natürlich auch eine starke Marke oder ein erfolgreiches Management sein – letztlich wird sich das über kurz oder lang in der Ertragskraft des Unternehmens ausdrücken.

Wie sind Sie auf Value-Investing aufmerksam geworden?

Während meines Studiums in den USA habe ich gelernt, dass die Kapitalmärkte effizient sind. Das böse Erwachen folgte später, als ich in der Corporate-Finance-Abteilung des Bankhauses Metzler Unternehmenswerte ermittelt habe. Da kamen bisweilen Investoren, die sagten, der von mir ermittelte Wert sei in Ordnung, sie wären aber nur bereit, den halben Preis zu zahlen. So ähnlich macht es ja auch Warren Buffett, von dem mir 1985 ein Freund erzählte. Ich habe daraufhin alles von und über Buffett gelesen und mir ein Jahr später die erste Berkshire-Hathaway-Aktie[11] gekauft. Von Buffett habe ich gelernt, dass die Kapitalmärkte eben doch nicht effizient sind, sonst würden die Kurse langsam mit dem Sozialprodukt steigen und nicht so stark schwanken. Dass sie schwanken, hängt mit den unterschiedlichen Investorentypen zusammen. Die Mehrheit ist kurzfristig orientiert und probiert es mit Markttiming. Die andere Gruppe sind Langfristanleger, die Marktströmungen komplett ausblenden, und damit meist zwangsläufig zu Value-Investoren werden.

Haben Sie Vorbilder, die Sie beeinflusst haben?

Außer Warren Buffett haben mich vor allem Charlie Munger[12], Michael Steinhardt[13] und Martin Whitman[14] beeinflusst. Es gibt auch noch andere, aber hinter den Arbeiten dieser vier steckt eine wunderbare Logik. Vor allem beeindruckt mich Charlie Munger mit seiner Art, die Welt zu sehen. Er orientiert sich stark an den Naturwissenschaften. Bei jedem Problem stellt er sich die Frage: Gab es schon etwas Vergleichbares, und wie ist das gelöst worden? Vielleicht ist er sogar noch klüger als Buffett. Buffett lebt asketisch, hat fast schon autistische Züge. Es gibt ja die Anekdote, wie er aus seinem Arbeitszimmer kommt und zu seiner Frau sagt: »Ah, du hast die Wände streichen lassen.« Sie entgegnete: »Das war vor drei Jahren.« Buffett konsumiert kaum. Offenbar hat er Freude am Kumulieren seines Reichtums. Er löst trotz seines Milliardenvermögens McDonald's-Gutscheine ein, Munger würde lieber richtig gut essen gehen. Das ist mir persönlich sympathischer.

Was hat Ihrer Meinung nach Warren Buffett zum erfolgreichsten Value-Investor aller Zeiten gemacht – oder kennen Sie sogar bessere, zum Beispiel Charlie Munger?

Auch wenn mir Munger menschlich nähersteht, ist Buffett unbestreitbar der beste. Munger hat schon allein zu spät angefangen, um Buffett überholen zu können. Buffett erkannte schon im Kindesalter die Macht des Zinseszinses. Ich kenne niemanden, der das so früh verstanden hat. Buffett hat ein fast fotografisches Gedächtnis und eine Art eingebauten Taschenrechner, früher hat er Logarithmentafeln auswendig gelernt. Er erkennt Irrationalitäten des Marktes sofort und kann trotz seines extrem langfristigen Denkens sehr schnell entscheiden. Er erkennt in jedem Sachverhalt sofort die zwei bis drei wesentlichen Dinge, und auf die konzentriert er sich. Deshalb kann er auch so pointiert erzählen und schreiben. Und er kann Nein sagen. Je älter er wird, desto öfter. In Summe ist Buffett eine beinahe unglaubliche Kombination einmaliger angeborener Fähigkeiten.

Gibt es gewisse Voraussetzungen wie Ausbildung, Charakter, Alter oder Temperament, die ein erfolgreicher Value-Investor unbedingt mitbringen sollte?

Mit dem Alter wird man besser. Die meisten Value-Investoren werden steinalt. Sir John Templeton wurde 95, Munger ist über 80, Buffett über 75. Value-Investing hält offenbar gesund, obwohl es ganz schön anstrengend sein kann, sich ständig gegen den Markt zu stellen. Vom Temperament her würde ich sagen, man muss wie ein Krokodil stundenlang im Wasser liegen können und im entscheidenden Moment zuschnappen können. Man muss eigensinnig sein, fast ein bisschen stur, da der Markt ja ständig falsche Signale liefert. Opportunisten sind da fehl am Platz. Man muss die Fähigkeit besitzen, das Wesentliche vom Unwesentlichen zu trennen. Und ein bisschen geizig muss man wohl auch sein: Value-Investoren achten immer auf den Pfennig. Entweder hat man das Value-Gen, oder man hat es nicht. Dessen ungeachtet ist aber auch eine ordentliche betriebswirtschaftliche Ausbildung unabdingbar, denn ohne das Handwerkszeug des Bilanzlesens geht es nicht. Buffett sagt: »Die Buchhaltung ist die Sprache der Wirtschaft.« Und die muss man verstehen.

Benötigen Value-Investoren Ihrer Meinung nach ein bestimmtes Umfeld, um erfolgreich arbeiten zu können?

Es ist sicher kein Zufall, dass die meisten Value-Investoren eigene, kleine, inhabergeführte Firmen haben oder zumindest wie Partner agieren können. Wenn mir jemand im Nacken sitzt, der kurzfristige Erträge sehen will, ist das so destruktiv, wie wenn ich befürchten muss, nach drei schlechten Quartalen meinen Job zu verlieren. Viele Value-Investoren sitzen auch weit weg von den Großstädten und

Finanzzentren. Vielleicht lassen sie sich auch deshalb nicht von der Hektik des Börsenalltags anstecken.

Aus wie vielen Werten sollte ein Portfolio idealerweise bestehen, und wie lange sollten die Aktien gehalten werden?

Privatinvestoren sollten maximal 15 verschiedene Titel im Portfolio haben, denn mehr kann ein Einzelner nicht überblicken. Buffett sagt sogar, zehn Aktien reichen für ein ganzes Leben, aber die sollte man sehr, sehr genau analysiert haben. Der Anlagehorizont sollte etwa drei bis fünf Jahre betragen.

Welches waren Ihre drei besten Investments?

Zu den besten gehört sicherlich Buffetts Beteiligungsgesellschaft Berkshire-Hathaway. Das ist mein Fels in der Brandung, um nicht zu sagen der Referenzstandard. Klar ist die Situation schwieriger geworden, ob er den Unternehmenswert wie gewohnt auch in Zukunft um 20 Prozent pro Jahr steigern kann, steht in den Sternen. Andererseits hilft ihm die Finanzkrise möglicherweise, um wieder echte Schnäppchen machen zu können. Außerdem sind seine Hauptversammlungen – ich lasse seit Jahren keine aus – kostenlose Unterrichtsstunden für Investoren.

Sehr erfolgreich waren wir auch mit PerkinElmer[15]. Während des Biotech-Hypes 1999 haben wir uns überlegt: Wer verdient daran? So wurden wir auf das Unternehmen aufmerksam, das die Roboter baute, die in der Gen-Sequenzierung benötigt wurden. Das Unternehmen wurde später in zwei Aktiengesellschaften aufgespalten: Applera Applied Biosystems[16] und Celera Genomics[17], die Firma, mit der Craig Venter[18] das menschliche Genom entschlüsselt hat. Nach diesem Split hat sich der Kurs von Celera am ersten Börsentag verdreißigfacht.

An dritter Stelle würde ich Mobilcom[19] nennen, weil dieses Investment exemplarisch für unsere Strategie war. Nach dem Platzen der

Technologieblase hatte das Unternehmen Probleme mit der viel zu teuer gekauften UMTS-Lizenz und mit dem Partner France Télécom[20)]. Hinzu kam noch der Skandal um Unternehmensgründer Gerhard Schmid[21)]. Aber alle Probleme wurden gelöst. Schmid musste gehen, die UMTS-Lizenz war abgeschrieben, und der France Télécom blieb nichts anderes übrig, als auf die Schulden zu verzichten. Was blieb, war ein Mobilfunkunternehmen, das eine Reihe von unprofitablen Kunden hatte. Also habe ich mir überlegt: Was wird der neue Vorstandsvorsitzende Thorsten Grenz, den ich noch aus McKinsey-Zeiten kannte, wohl tun, um die unprofitablen Kunden loszuwerden? Die Lösung war frappierend einfach: Er musste nur die Preise anheben. Wenn die Kunden bei der Stange blieben, waren sie auf einen Schlag profitabel. Wenn sie ihre Verträge kündigten, musste Mobilcom sie wenigstens nicht mehr subventionieren. So kam es dann auch, der Kurs hat sich in relativ kurzer Zeit verdreifacht.

Und Ihre drei größten Flops?

Das Schlechteste war mit Sicherheit Enron[22)], ein Energiehändler aus den USA, der mit einem Riesenskandal pleiteging. Die Zahlen sahen gut aus. Aber hier haben wir den Fehler gemacht, uns zu sehr auf die veröffentlichten Zahlen zu verlassen, anstatt sauber Bilanzanalyse zu betreiben. Da hätten wir nämlich erkannt, dass die Schulden immer weiter anstiegen.

Völlig daneben lag ich wohl auch bei zwei Biotech-Buden. Die eine war eine kanadische Firma namens Biomira[23)], die Impfstoffe gegen Krebs entwickelte. Da habe ich einen für Biotech-Investments typischen Fehler begangen: zu unterschätzen, dass der Zulassungsprozess für Wirkstoffe und Medikamente meist sehr viel langwieriger und schwieriger ist, als es sich das Management träumen lässt.

Bei der anderen Firma AMDL[24)], einem Diagnostik-Unternehmen aus Los Angeles, habe ich mich im Gespräch mit den Vorständen einwickeln lassen. Im Nachhinein muss ich sagen: Die wollten nur Kasse machen, und ich bin drauf reingefallen.

Wenn Sie eine Firma nur nach einer einzigen Kennzahl beurteilen dürften, welche würden Sie verwenden?

Das Allererste, worauf ich achte, ist das Verhältnis von Kurs zu Buchwert, kurz KBV. Daran sehe ich meist schon, in welcher Branche das Unternehmen tätig ist. Man muss dabei allerdings beachten, dass es branchenspezifische Unterschiede gibt. Bei Banken zum Beispiel sollte das Kurs-Buchwert-Verhältnis so niedrig wie möglich sein, am besten also unter eins. Bei Tabakwarenherstellern hingegen kann das KBV ruhig bei vier oder fünf liegen, da ist die Dividendenrendite die entscheidendere Kennzahl. Der Trick bei Tabakwarenherstellern ist es, die Buchwerte so niedrig wie möglich anzusetzen und die Gewinne komplett auszuschütten, damit die Gerichte nichts finden, was sie ihnen wegnehmen könnten.

Ihre Lieblingsaktie?

Wenn ich nur eine einzige Aktie besitzen dürfte, wäre das mit Sicherheit Berkshire-Hathaway. Was mir an der Aktie gut gefällt, ist, dass sie in keinem der großen Indizes enthalten ist und deshalb ein Eigenleben an der Börse führen kann. Außerdem ist sie stark unterbewertet. Sicher ist die immer wieder beschworene Gefahr, Buffett könnte sterben, nicht wegzudiskutieren. Mit dem Kurs würde es dann erst einmal bergab gehen. Sie würde sich aber schnell wieder erholen, denn Buffetts patriarchalischer Stil ist meines Erachtens nicht unbedingt förderlich für die Kursentwicklung. Vielleicht würde ja nach seinem Tod eine professionelle Unternehmenskommunikation Einzug halten, und die Werte, die in der Beteiligungsgesellschaft schlummern, würden offensichtlicher. Derzeit wird die Aktie mit einem gewaltigen Konglomeratsabschlag gehandelt. Der ließe sich vielleicht beheben, wenn das Unternehmen in die vier Sparten Erstversicherung, Rückversicherung, Beteiligungen und Private Equity aufgespalten würde – oder zumindest jeder dieser Bereiche einen eigenen Geschäftsführer bekäme, der an den Vorstand und an die Öffentlichkeit berichtet.

Welches Buch sollten Anleger unbedingt gelesen haben, bevor sie sich aufs glitschige Börsenparkett begeben?

Die gesammelten Geschäftsberichte von Warren Buffett[25)], Originaltitel: »Letters to the Shareholders«. Das ist meines Erachtens das Buch für Investoren überhaupt. Es gibt eine dreibändige Ausgabe, aber auch eine Kurzfassung von Lawrence Cunningham unter dem Titel »Die Essays von Warren Buffett«, die die wichtigsten Auszüge enthält[26)].

4. Ausgewählte Fonds

ACATIS Aktien Global Fonds UI:
Der erste Acatis-Fonds wurde am 21. Mai 1997 aufgelegt und orientiert sich sehr stark am Investmentansatz von Warren Buffett. In erster Linie sucht das Fondsmanagement nach Unternehmen, die sich durch überdurchschnittliches und stetiges Gewinnwachstum auszeichnen und/oder das Kapital der Aktionäre besonders renditeorientiert einsetzen. Auch Aktien, die – zum Beispiel wegen schwacher Quartalszahlen – nach Ansicht des Fondsmanagements zu Unrecht verprügelt wurden, können ins Portfolio aufgenommen werden, wenn die Fundamentalanalyse zeigt, dass der Markt überreagiert hat. In dem weltweit anlegenden Fonds suchen die Manager aber nicht nur gezielt nach Value-Unternehmen, sondern auch nach Value-Ländern. Wenn bestimmte Märkte allgemein deutlich niedriger bewertet sind als der Rest der Welt, können sich dort Anlageschwerpunkte herausbilden. In der Regel hält der sparplanfähige Fonds (ab 50 Euro im Monat) 36 Werte im Portfolio, die über einen längeren Zeitraum gehalten werden.

ISIN: DE0009781740
Fondsleitung: Universal-Investment-Gesellschaft mbH, Frankfurt am Main
Portfoliomanagement: Acatis Anlageberatung für Investmentfonds, Frankfurt am Main
Total Expense Ratio (TER): 1,53 % p.a. (Klasse B: 0,91 % p.a.)
Verwaltungsgebühr: 0,70 % p.a.
Ausgabeaufschlag: bis zu 5,00 %

Rücknahmekommission: keine
Performance 2009: +30,5 %
Performance seit Auflegung: +237,2 % (per 30.04.2010)
Fondsvolumen: 217 Millionen Euro

ACATIS Champions Global Fonds (zukünftig: Value Inside):
Mit dem 2002 lancierten Champions Global setzt Acatis die Sechs-mal-sechs-Systematik noch konsequenter um als im ersten Fonds. Hier besteht das Portfolio immer aus den sechs aussichtsreichsten Aktien von sechs verschiedenen Strategien. Die Kriterien sind Dividendenrendite, Gewinnrendite, Kurs-Buchwert-Verhältnis, Cash-Generierungsfähigkeit/Owner's Earnings, Insiderkäufe und Aktienrückkäufe. Zukünftig werden die Transaktionen von Vorständen und Aufsichtsräten stärker als Datenquelle genutzt, deshalb ist geplant, den Fonds in »ACATIS Value Inside« umzubenennen. Sparpläne sind hier ab 100 Euro pro Monat möglich.

ISIN: LU0140872143
Fondsleitung: IP Concept Fund Management S.A., Luxemburg
Portfoliomanagement: Acatis Anlageberatung für Investmentfonds, Frankfurt am Main
Total Expense Ratio (TER): 2,10 % p.a.
Verwaltungsgebühr: 1,32 % p.a.
Ausgabeaufschlag: bis zu 5,50 %
Rücknahmekommission: keine
Performance 2009: +29,9 %
Performance seit Auflegung: +18,6 % (per 30.04.2010)
Fondsvolumen: 12 Millionen Euro

ACATIS Modulor College Fonds:
Der für professionelle Investoren gedachte Fonds wird in Deutschland nicht öffentlich vertrieben. Mit dem Fonds der in der Schweiz ansässigen Acatis Modulor Vermögensverwaltung AG soll die Investmentstrategie der erfolgreichsten US-Eliteuniversitäten abgebildet werden, wobei die Mindestanlagesumme von 50.000 Euro eine gewisse Hürde darstellt. Allerdings kann die Strategie auch von Kleinanlegern mit einem Zertifikat der Landesbank Berlin 1:1 nachvollzogen werden (ISIN: DE000LBB1118). Im Stil eines Hedgefonds

können bis zu 100 Prozent liquide Mittel gehalten werden, außerdem können für bis zu zehn Prozent des Fondsvermögens durch Kredite gehebelt werden (Leverage). Neben Aktien (weltweit, einschließlich Schwellenländer) können Anteile an anderen Investmentfonds, Zertifikate, börsennotierte Immobilienportefeuilles (REITs), Income Trusts, Renten, Genussrechte, Terminkontrakte und Geldmarktinstrumente erworben werden. Der erst am 12. Januar 2007 aufgelegte Fonds konnte wegen der Marktturbulenzen infolge der Subprime-Krise das Ziel eines absolut positiven Ertrags bislang nicht erreichen.

ISIN: LU0278152516
Fondsleitung: Hauck & Aufhäuser Investment Gesellschaft S.A., Luxemburg
Portfoliomanagement: Acatis Anlageberatung für Investmentfonds, Frankfurt am Main
Total Expense Ratio (TER): 2,67 % p.a.
Verwaltungsgebühr: 0,8 % p.a.
Ausgabeaufschlag: bis zu 5,00 %
Rücknahmekommission: keine
Performance 2009: +25,2 %
Performance seit Auflegung: -19,2 % (per 30.04.2010)
Fondsvolumen: 7 Millionen Euro

ACATIS 5 Sterne-Universal-Fonds:
Der am 21. März 2001 lancierte Dachfonds soll ein Konzentrat aus den besten Fonds abbilden, die es am deutschen Markt gibt, wobei Value-Länder und Value-Manager jeweils etwa hälftig den Schwerpunkt bilden. Der Fondsselektion liegt die Methodik zugrunde, die auch in der Fondsvermögensverwaltung von Acatis eingesetzt wird: Rund 50 Anlagekategorien bilden die Selektionsbasis. Für jede Anlagekategorie werden die besten Fonds selektiert und nach der nobelpreisgekrönten Portfolio-Theorie von Harry M. Markowitz zu einem optimalen Mix zusammengestellt. Simulationen testen zudem die Belastbarkeit des Portfolios.

ISIN: DE0005317135
Fondsleitung: Universal-Investment-Gesellschaft mbH, Frankfurt am Main

Portfoliomanagement: Acatis Anlageberatung für Investmentfonds, Frankfurt am Main
Total Expense Ratio (TER): 1,71 % p.a.
Verwaltungsgebühr: 0,9 % p.a.
Ausgabeaufschlag: bis zu 5,00 %
Rücknahmekommission: keine
Performance 2009: +30,2 %
Performance seit Auflegung: +28,0 % (per 30.04.2010)
Fondsvolumen: 33 Millionen Euro

Weitere Fonds:
Zusammen mit verschiedenen Fondsgesellschaften bietet Acatis weitere Fonds an. Im Aktienbereich gibt es zwei Europa-Fonds (Acatis European Equity, ISIN: LI0017502381, sowie Acatis Aktien Europa, ISIN: DE000A0HF4P1) und einen nur in Deutschland anlegenden Fonds (Acatis Value Deutschland ELM, ISIN: LU0158903558), die nach den gleichen Prinzipien gemanagt werden wie ihre weltweit anlegenden Pendants. Einige neue Value-Fonds, die zum Beispiel auf Renten oder Income-Trusts setzen, sind in Vorbereitung.

5. Kontaktadresse

Acatis Anlageberatung für Investmentfonds GmbH
mainBuilding
Taunusanlage 18
D-60325 Frankfurt am Main
Tel.: +49 (0) 69 – 97 58 37 77
Fax: +49 (0) 69 – 97 58 37 99
E-Mail: anfragen@acatis.de
Internet: www.acatis.de

Anmerkungen:

1) Ekornes AS: Norwegischer Möbelhersteller, ISIN: NO0003035305.
2) Manager-Magazin: Wirtschaftsmagazin aus dem Spiegel-Verlag. Anschrift: Dovenfleet 5, 20457 Hamburg. Internet: www.manager-magazin.de
3) Bayer AG: Deutscher Pharma- und Chemiekonzern, ISIN: DE 0005752000.
4) BASF SE: Deutscher Chemiekonzern, ISIN: DE0005150005.

5) Hoechst AG: Ehemaliger deutscher Chemie- und Pharmakonzern. Das Pharmageschäft ging nach der Fusion mit Rhône-Poulenc in Sanofi-Aventis (ISIN: FR0000120578) auf, Teile des Chemiegeschäfts in Celanese (ISIN: US1508701034).
6) McKinsey&Company: Weltweit tätige Unternehmensberatung. Deutsche Kontaktadresse: Königsallee 60C, 40027 Düsseldorf. Internet: www.mckinsey.de oder www.mckinsey.com
7) Bankhaus Metzler: B. Metzler seel. Sohn & Co. KGaA, Große Gallusstraße 18, 60311 Frankfurt am Main. Internet: www.metzler.com
8) Aalto Fondsvertrieb GmbH. Anschrift: Universitätsstraße 142, 44799 Bochum. Internet: www.aalto.de. Acatis beabsichtigt, das Tochterunternehmen in Acatis Research umzubenennen.
9) KarstadtQuelle, heute Arcandor AG: Deutscher Handelskonzern, ISIN: DE0006275001.
10) Premiere AG, Deutscher Pay-TV-Anbieter, heute Sky Deutschland AG, ISIN: DE000SKYD000.
11) Berkshire-Hathaway Inc., Beteiligungsgesellschaft von Warren Buffett, ISIN: US0846701086.
12) Munger, Charles Thomas: Co-Vorstand von Berkshire-Hathaway, gilt als Warren Buffetts kongeniales Alter Ego. Vgl.: www.poorcharliesalmanack.com
13) Steinhardt, Michael H.: Prominenter US-Hedgefondsmanager, gründete 1967 das Unternehmen Steinhardt, Fine, Berkowitz & Co. 2001 erschien seine Autobiografie »No Bull: My Life in and out of the Markets«, John Wiley & Sons, New York, 2001.
14) Whitman Martin J.: Gründer und Manager des Third Avenue Value Fund und Autor des Buchs »Value Investing: A Balanced Approach«, John Wiley & Sons, New York, 1999.
15) PerkinElmer Inc.: US-Technologiekonzern, ISIN: US7140461093.
16) Applera Corp.: US-Biotechnologieunternehmen, ISIN: US0380201113.
17) Celera Corp., US-Biotechnologieunternehmen, ISIN: US15100E1064.
18) Venter, Craig: US-amerikanischer Biochemiker, der durch die Sequenzierung des menschlichen Genoms bekannt wurde. Da er als erster Mensch die DNA entschlüsselte, erhielt er den Beinamen »Herr der Gene«. Dass sein Unternehmen Celera Patentansprüche stellte, trug ihm jedoch auch Kritik ein. Das Forcieren der Privatisierung und Kommerzialisierung von Informationen definierte Dr. Rainer Kuhlen, Professor für Informationswissenschaft an der Universität Konstanz, als »Venterisierung«.
19) Mobilcom AG: Deutscher Mobilfunk-Provider, ISIN: DE0006622400. Heute Tochter der Freenet AG, ISIN: DE000A0EAMM0.
20) France Télécom S.A.: Französischer Telekommunikationsdienstleister, ISIN: FR0000133308. Das Unternehmen beteiligte sich im Jahr 2000 mit 28,5 Prozent an Mobilcom. Beide Firmen erwarben im gleichen Jahr gemeinsam eine der 8,5 Milliarden Euro teuren deutschen UMTS-Mobilfunklizenzen, konnten sich später jedoch über die Finanzierung nicht einigen.
21) Schmid, Gerhard: Deutscher Unternehmer und Gründer der Mobilcom AG. Wurde nach der Kündigung des Kooperationsvertrages mit France Télécom und umstrittenen Aktiengeschäften seiner Ehefrau Sibylle Schmid-Sindram im Mai 2002 vom Mobilcom-Aufsichtsrat als Vorstandsvorsitzender entlassen.
22) Enron Inc.: Ehemaliger Energiekonzern mit Sitz in Houston, Texas, der nach einem Skandal um gefälschte Unternehmensbilanzen Insolvenz anmelden musste. Vgl. Blomert, Reinhard: »Die Habgierigen«, Kunstmann, München, 2003, und Eichenwald, Kurt: »Verschwörung der Narren«, Bertelsmann, München, 2006.
23) Biomira Inc.: Kanadisches Biotechunternehmen, heute Oncothyreon Inc., ISIN: US6823241087.
24) AMDL Inc.: US-Biotechunternehmen, ISIN: US00167K5002.
25) Die »Letters to the Shareholders« seit 1977 sind kostenlos auf der Internetseite www.berkshirehathaway.com im pdf-Format erhältlich.
26) Cunningham, Lawrence A.: »Die Essays von Warren Buffett. Das Buch für Investoren und Unternehmer«, FinanzBuch Verlag, München, 2006.

II. Die Konsequenten: Braun, von Wyss & Müller

1. Die handelnden Personen

Das Großraumbüro auf einem ehemaligen Brauereigelände, ein wenig abseits des Züricher Stadtzentrums gelegen, sagt viel aus über den Investmentstil der Herren Braun, von Wyss und Müller. Eine derart ruhige, aufgeräumte Atmosphäre entsteht – zumal im stressigen Börsianeralltag – nur unter Menschen, die überzeugt sind, dass die Zeit für sie arbeitet. Von der Hektik in den Handelssälen der Großbanken ist hier nicht das Geringste zu spüren. »Jeden Tick rauf und runter zu verfolgen, ist ja auch alles andere als produktive Arbeit«, sagt Thomas Braun, der das Unternehmen 1997 zusammen mit Georg von Wyss und Erich Müller gegründet hat. Eigentlich fehlt nur noch, dass dieser Spruch in überdimensionalen Lettern als Leitmotiv über der Eingangstür prangen würde.

Brauns Mitgesellschafter Georg von Wyss und Erich Müller nehmen die roten Zahlen auf dem Bloomberg-Bildschirm eher beiläufig zur Kenntnis. Wenn der Swiss Market Index, kurz SMI, im Gleichklang mit DAX und Dow Jones um mehr als 100 Punkte nach unten rauscht, bleibt das eine Randnotiz. Thomas Braun eröffnet Gespräche an schlechten Börsentagen gerne mit tiefgründigem Humor: »In guten Börsenzeiten ist es schwierig, unterbewertete Aktien zu finden. Da müssen wir mehr arbeiten. In einer ausgeprägten Baisse wie im Frühjahr 2003 haben wir es viel leichter. Da erledigt sich alles fast wie von selbst.«

Größere Börsenkorrekturen erleichtern die Arbeit. In Übertreibungsphasen dagegen, bestätigt Brauns Partner Georg von Wyss, müssten sich die Firmengründer und die vier Junganalysten »schon richtig reinhängen«. Die angestellten Analysten liefern nach ihren Recherchen Vorschläge, wobei sie das Wissen ihrer Kollegen mit einbeziehen. Die Entscheidung, ob ein Titel gekauft wird oder nicht, liegt aber letztlich bei den drei Geschäftsführern. Für den kleinen, aber feinen Schweizer Asset Manager[1)] sei das optimal, sagt Braun. »Aber das muss kein Rezept für die ganze Welt sein.« Auch andere, wesentlich größere Investmentgesellschaften wie Tweedy, Browne hätten einen bemerkenswerten Track Record[2)].

Thomas Braun lernte seinen heutigen Partner Georg von Wyss kurz nach dessen zweijährigem Gastspiel bei der US-Fondsleitungsgesellschaft Heine Securities[3)] kennen. Von Wyss war damals zur Privatbank Rüd, Blass & Cie. [4)] gewechselt, deren Research-Abteilung Braun leitete. Von Wyss' konsequenter Value-Ansatz beeindruckte seinen heutigen Partner so, dass er keine Sekunde zögerte, als dieser ihm vorschlug, es mit einer eigenen Firma zu versuchen, um sich ausschließlich aufs Value-Investing konzentrieren zu können.

Erich Müller, der Dritte im Bunde, ist – abgesehen von einer Halbtagssekretärin – der Einzige in der Acht-Mitarbeiter-Firma, der keine Analystenausbildung hat. Müller war ein langjähriger Freund, den Thomas Braun ansprach, weil ihm klar war, »dass jemand mit Organisationstalent da sein muss. Jemand, der den Laden am Laufen hält, damit wir uns auf unsere Analysen konzentrieren können«. Müller ist der Macher im Hintergrund, der sich um Kundenbetreuung und Verwaltung kümmert. Was die Anlagepolitik anbelangt, vertraut der Betriebsökonom seinen Kollegen beinahe blind. Wie Braun und von Wyss hat auch er sein gesamtes Privatvermögen in die hauseigenen Fonds investiert.

Die gesamte Altersvorsorge des Triumvirats steckt in Aktien. Keiner der drei Vorstände hat sein Portfolio mit Anleihen, Hedgefonds oder Rohstoffen diversifiziert. Jedem Anlageberater am Bankschalter würden sich die Nackenhaare sträuben.

Umso erstaunlicher ist das entspannte Arbeitsklima, auch an Tagen, an denen die Aktienmärkte weltweit in den Keller rauschen. »Ach, das ist schon okay so«, sagt Georg von Wyss gelassen. »Es soll uns am meisten weh tun, wenn wir schiefliegen. Wir profitieren ja auch am meisten, wenn wir gute Arbeit machen.«

2. Die Strategie

Da das Geld der Firmengründer komplett in den eigenen Fonds steckt, ist Kapitalerhalt oberstes Gebot. »Wir wollen keine systematischen Risiken im Portfolio haben«, betont Thomas Braun. »Deshalb werden wir nie eine Aktie halten, die aus unserer Sicht überbewertet ist«. Deshalb ist es ihm mehr oder weniger egal, ob ein Titel nach dem Verkauf weiter steigt. Auch eine Aktie später teurer zurückzukaufen, ist tabu: »So ehrlich sind wir nicht mit uns selbst«, witzelt Georg von Wyss. Doch in der scherzhaften Bemerkung offenbart sich die komplette Investmentphilosophie des Hauses. Bei Braun, von Wyss & Müller gibt es weder Schnellschüsse noch Bauchentscheidungen.

Die Anlageentscheidung basiert auf einem strukturierten Prozess. Anregungen liefern die hauseigene Datenbank, ein paar wenige Broker, die sich auf das Aufspüren von unterbewerteten Aktien verstehen, oder auch die Fachpresse. Wenn zum Beispiel das Management in einem Zeitungsartikel über die Fehlbewertung des eigenen Unternehmens klagt, kann das der Grund für eine erste Schnellanalyse sein. Sollten Kennzahlen wie Kurs-Gewinn-Verhältnis, Kurs-Buchwert-Verhältnis und vor allem Firmenwert-Cashflow-Verhältnis die Angaben des Managements bestätigen, geht die eigentliche Arbeit los: die Detailanalyse. Für die Analysten heißt das Geschäftsberichte wälzen, künftige Cashflows und Gewinne im Durchschnitt von guten und schlechten Konjunkturphasen hochrechnen und – falls immer noch alles auf eine unterbewertete Aktie hindeutet – im Gespräch mit dem Management Stärken und Schwächen einer Firma abklopfen.

Vor allem der Eindruck, den die Führungsspitze eines Unternehmens hinterlässt, ist nicht selten entscheidend: »Wir bewerten eine Firma anhand normalisierter Margen, da müssen wir natürlich einiges hinterfragen«, sagt Georg von Wyss. Zentrale Punkte etwa sind:

- Ist das Management fähig, die angenommenen Margen zu schaffen?
- Inwieweit akzeptiert man aus der Unternehmenstradition heraus Geschäftsfelder, die seit Jahren schlecht laufen?
- Was ist geplant, um verlustträchtige Sparten wieder in die Gewinnzone zu führen?

»Man muss ums Haus herumgehen, ins Haus hinein, auch in den Keller und auf den Dachboden, um ein möglichst realistisches Bild von den zu erwartenden Cashflows zu bekommen«, fasst Thomas Braun den aufwendigen Prozess zusammen. »Wir müssen schon den Eindruck haben, dass der Vorstand die Firma weiterentwickelt und so den Wert für die Aktionäre mehrt, statt dauernd nur auf den Börsenkurs zu schielen.« Ein Anstieg von Letzterem ergäbe sich dann früher oder später von selbst. Was Value-Investoren die Arbeit heutzutage ungemein erleichtere, sei der Umstand, dass die Börse ihre Funktion als Gesundheitspolizei besser wahrnehme als früher. Sowohl die Aktionäre als auch die Presse seien gegenüber Aussagen des Managements insgesamt deutlich kritischer geworden. »Wenn einer heute nur seine Großmannssucht befriedigen will und dabei massiv Wert zerstört, kommt er schnell unter Druck.«

Ist der Titel nach der Detailanalyse zwar interessant, erfüllt aber nicht das Kriterium einer mindestens 35-prozentigen Unterbewertung, wird er auf die Beobachtungsliste gesetzt, die in der Regel zwischen 150 und 250 Werte enthält. »Wenn wir eine Geschichte einmal in ihrer Gesamtheit verstanden und die Firma en detail analysiert haben, kennen wir deren fairen Wert«, sagt von Wyss. »Wenn dann, zum Beispiel in einem Crash, die Kurse nach unten gehen, können wir dank unserer Watchlist sehr schnell herausfinden, welche Aktien am stärksten unterbewertet sind. Die kaufen wir dann. Dabei können wir auch mitunter sehr schnell agieren, weil wir die Analysearbeit bereits gemacht haben.« In der Regel besteht das Portfolio aus 30 bis 35 Werten. Wenn in einer Haussephase nicht genügend vernachlässigte Titel am Markt sind, steigt eben die Cashquote. »Auf unsere Sicherheitsmarge, die sich aus der Unterbewertung der Portfoliotitel ergibt, wollen wir ungern verzichten«, sagt von Wyss. Der Preis, den Braun, von Wyss & Müller, kurz BWM, dafür bezahlen, ist, dass sie unter Umständen dem Markt auch mal zwei bis drei Jahre hinterherhinken. So wie in den Jahren 1998/99. Die meisten angestellten Fondsmanager könnten sich das nicht erlauben, weil sie sonst ihren Job verlieren würden.

Doch auch eine schwächere Performance in Übertreibungsphasen nehmen die Schweizer mit Humor. Georg von Wyss hat sich im Jahr 2000 den Spaß gemacht, hochzurechnen, wie lange der einstige Börsenliebling Cisco Systems[5)] mit Raten von 40 Prozent hätte wachsen müssen, um die damalige Bewertung zu rechtfertigen. Das Ergebnis waren 25 Jahre. Wenn das eingetreten wäre, hätte Cisco irgendwann ein Viertel des Weltsozialproduktes umsetzen müssen. »Wir lassen grundsätzlich die Finger von den heißesten Aktien aus den heißesten Branchen«, erklärt von Wyss. Das berüchtigte Beispiel Polaroid[6)], in den sechziger Jahren eine der beliebtesten Wachstumsstorys am Markt, sollte Warnung genug sein. Dem Unternehmen waren auf Jahrzehnte hinaus zweistellige Wachstumsraten vorausgesagt worden. Sowohl das Produkt als auch die Firma sind seit dem Durchbruch der digitalen Fotografie nur noch Schatten ihrer selbst.

Braun, von Wyss & Müller pflegen den reinrassigen Value-Stil. Markttechnik, Zinssituation und Konjunkturprognosen haben keinen Einfluss auf die Zusammensetzung des Portfolios. Auch eine regionale Risikostreuung ist nicht vorgesehen. Es ist vollkommen egal, aus welchem Land ein Unternehmen kommt und in welchen Märkten es agiert. Was zählt, ist einzig und allein die Unterbewertung der Aktie. »Lediglich in Bezug auf die Branchen halten wir uns an eine gewisse Diversifikation, denn da bestehen ökonomische Klumpenrisiken«, ergänzt von Wyss.

Die konsequente Umsetzung des Value-Gedankens bedeutet auf der anderen Seite, dass eine Aktie emotionslos aus dem Portfolio liquidiert wird, sobald der faire Wert erreicht ist – auch wenn Markttechnik, Börsenklima oder Empfehlungen von anderen Analysten möglicherweise für ein Festhalten an der Position sprechen würden. »Wenn der faire Wert einer Aktie erreicht ist, kann sie langfristig nicht besser rentieren als alle anderen Aktien«, sagt Braun. »Und vor allem erfüllt sie unser Postulat der Sicherheitsmarge nicht mehr.«

Dass die BWM-Strategie seit Auflegung des ersten Fonds Ende 1997 trotzdem eine Überrendite gegenüber sämtlichen Vergleichsindizes brachte, führt Braun auf ebendiese Sicherheitsmarge zurück, die nachhaltige Verluste in schwachen Börsenphasen in Grenzen hält. Und auf die Tatsache, dass sich langfristig jede Aktie irgendwann ihrem fairen Wert annähert. Das verleihe der natürlichen Steigungstendenz einer gesunden Aktie zusätzlichen Schub. Nur sind seiner Meinung nach die meisten Anleger viel zu kurzfristig orientiert, um diesen Effekt abzuwarten.

Die Gelassenheit hat auch Grenzen. »Wir hatten mal den Vorstands-Chef einer angesehenen deutschen Technologiefirma in unserem Büro zu Gast, einen Golfkollegen von mir«, erzählt Erich Müller. »Weil er etwas von der Branche verstand, hat er sein eigenes Geld in Technologieaktien angelegt und das dann als Vermögensverwalter auch für Dritte getan.« Der Mann habe allen Ernstes die These vertreten, es werde in Zukunft zwei Arten von Anlageberatern geben: die Fähigen, die Renditen von 80 bis 100 Prozent im Jahr erwirtschaften, und die Unfähigen, die so auf 25 bis 40 Prozent kommen. Da, sagt Müller, seien er und seine Partner schon ein wenig sauer gewesen, »dass wir mit unseren bisher erreichten Renditen von etwa 20 Prozent noch unterhalb der Unfähigkeit eingestuft wurden«.

Dass selbst Leute mit viel Sachverstand mitunter agieren »wie die größten Spekulanten« gibt Thomas Braun Rätsel auf – und er beendet derartige Unterhaltungen stets mit entwaffnender Schlagfertigkeit, so wie er sie beginnt: »Okay, Sie sehen die Börse als Casino. Das tun wir auch. Aber wir spielen den Croupier.«

3. Ein Dutzend offener Fragen

Thomas Braun im Interview

Wie definieren Sie Value?

Wir definieren Value-Investing als die Suche nach massiv unterbewerteten Aktien. Unsere Faustregel ist, dass wir einen Franken für 60 bis 65 Rappen kaufen. Eine Aktie ist also dann interessant, wenn sie um mindestens 35 Prozent unter dem von uns errechneten fairen Wert notiert. Alles was wir tun müssen, wenn wir eine solche Aktie gefunden haben, ist zu warten, bis sie sich ihrem fairen Wert angleicht, den wir sehr vorsichtig taxieren. Wir versuchen, den Fehler zu vermeiden, von zu hohen langfristigen Wachstumsraten auszugehen. Mit übertrieben optimistischen Wachstums- und Gewinnschätzungen kann man sich jeden Wert billigrechnen.

Wie sind Sie auf Value-Investing aufmerksam geworden?

Durch meinen Partner Georg von Wyss – und er wiederum durch Benjamin Grahams Buch »The Intelligent Investor«[7)]. Er hat als Stagiaire[8)] bei einer Privatbank einmal eine vernachlässigte Firma entdeckt, eine klassische Net-Net-Situation[9)], wie Graham sie beschreibt. Die Aktie hat sich versiebenfacht. Von da an war er von der Methode überzeugt und hat sie auch mir nähergebracht.

Haben Sie Vorbilder, die Sie beeinflusst haben?

Abgesehen von Ben Graham, Warren Buffett und Peter Lynch war natürlich Georg von Wyss' ehemaliger Chef Michael F. Price eine der wichtigsten Personen, die uns zum Value-Stil gebracht haben. Michael Price führte die Mutual Series Funds, die heute zu Franklin-

Templeton gehören, der bekannteste davon in Europa ist der Franklin-Mutual-Beacon-Fonds[10)], in den USA ist es der Mutual Shares Fund.

Was hat Ihrer Meinung nach Warren Buffett zum erfolgreichsten Value-Investor aller Zeiten gemacht – oder kennen Sie sogar bessere?

Wir kümmern uns eigentlich nicht um Rekorde, wer nun der Erfolgreichste, Beste aller Zeiten ist. Deshalb haben wir uns mit dieser Frage noch nie wirklich auseinandergesetzt. Irgendwie muss Buffett es ja wohl sein, denn nicht umsonst ist er einer der reichsten Männer der Welt. Er hat die Methode von Ben Graham weiterentwickelt, indem er die Prognostizierbarkeit der Cashflows als wichtiges Kriterium definierte. Das war zu Grahams Zeiten noch nicht nötig, da Aktien generell stark unterbewertet waren. Daher konnte Graham sich noch auf einfachere Kennzahlen stützen, etwa auf den Liquidationswert eines Unternehmens. Das ging später nicht mehr, deshalb suchte Buffett andere Kennzahlen – und kam eben auf den Cashflow.

Gibt es gewisse Voraussetzungen wie Ausbildung, Charakter, Alter oder Temperament, die ein erfolgreicher Value-Investor unbedingt mitbringen sollte?

Auf jeden Fall ist eine seriöse Analystenausbildung der Schlüssel zum Erfolg. Schließlich muss ein Value-Investor in der Lage sein, eine Firma zu bewerten. Zum Charakter ist zu sagen: Man muss eine gewisse Geduld aufbringen, ein bisschen Contrarian[11)] sein, unabhängig denken, Freude haben, gegen den Strom zu schwimmen. Man muss der eigenen Logik vertrauen und den Mut haben, das durchzuziehen. Es ist auch sicher kein Schaden, schon mal mit seinem eigenen Geld einen richtigen Crash durchlebt zu haben. Aber eine Frage des Alters ist das nicht. Man kann auch schon im ersten Jahr erfolgreich unterbewertete Titel identifizieren. Das ist mehr oder weniger ein Handwerk.

Benötigen Value-Investoren Ihrer Meinung nach ein bestimmtes Umfeld, um erfolgreich arbeiten zu können?

Ein entscheidender Punkt, um Value-Investing umsetzen zu können, ist Unabhängigkeit. Wenn man so gegen den Strom schwimmt, wie wir es tun, verliert man sonst schnell seinen Job. Portfoliomanager werden in immer kurzfristigeren Abständen an Benchmarks gemessen und bei Abweichungen nach unten geraten sie schnell unter Druck. Deshalb mutieren sie zu pseudoaktiven Managern, weil sie zu Hause Frau und Kinder haben, die versorgt sein wollen. Die meisten erfolgreichen Value-Investoren haben eigene kleine Firmen, so wie wir. Natürlich gibt es keine Regel ohne Ausnahme, wie zum Beispiel Franklin-Templeton. Entscheidend ist, dass der oberste Chef dahintersteht.

Aus wie vielen Werten sollte ein Portfolio idealerweise bestehen und wie lange sollten die Aktien gehalten werden?

Da gibt es kein Patentrezept. Wir haben bis zu 35 unserer besten Werte im Portfolio und nehmen dafür stärkere Kursschwankungen in Kauf als zum Beispiel Tweedy, Browne, die wesentlich breiter diversifiziert sind. Das ist auch eine sehr gute Strategie. Die Frage nach dem Zeithorizont stellt sich für uns nicht, denn wir halten eine Aktie so lange, bis sie ihren fairen Wert erreicht hat. Das geht mal schneller, mal langsamer. Im Durchschnitt schichten wir pro Jahr etwa ein Drittel des Portfolios um. Eine Aktie wird entweder entfernt, wenn sie ihren fairen Wert erreicht hat oder wenn wir einen billigen Titel durch einen noch billigeren ersetzen können, was vor allem in Crash-Zeiten vorkommt. Für unsere Anlageentscheide schauen wir nie auf die Kursentwicklung in der Vergangenheit, sondern wir rechnen stets von heute aus drei Jahre nach vorne und überlegen uns, wo das Unternehmen dann stehen könnte und was sein fairer Wert ist.

Welches waren Ihre drei besten Investments?

Eine unserer besten Ideen war 2001 das Logistik-Unternehmen Kühne & Nagel[12], eine – damals zumindest – hervorragend geführte Firma mit stabilem Geschäftsmodell, 20 Prozent Eigenkapitalrendite und eindrucksvollen Wachstumsraten. Das Unternehmen ist jahrelang von den Analysten missverstanden worden.

Ein anderes Beispiel ist St. Jude Medical[13]. Das US-Medizintechnikunternehmen hatte eine starke Marktstellung bei Herzschrittmachern, war aber schwach im Defibrillatoren-Geschäft. Doch es war nur eine Frage der Zeit, bis sie auch mit einem Defibrillator auf den Markt kommen würden. Wir wussten: Sie haben den Namen, sie haben das Wissen, sie haben die Verkaufsmannschaft, um Marktanteile zu gewinnen. Auch wenn wir drei Jahre warten mussten, war uns klar: Das wird ein gutes Geschäft. So kam es dann auch.

Eine sehr spannende Geschichte war Sulzer Medica[14]. Ein gutes Lehrstück, bei dem es galt, das Worst-Case-Szenario herauszufinden. Sulzer hatte verunreinigte Hüftgelenke in den USA verkauft und sah sich einer Prozesslawine ausgesetzt, die – um es milde auszudrücken – die Existenz des Amerikageschäfts bedrohte. Wir schrieben dieses daher auf null ab. Unsere Analyse ergab, dass die übrigen Aktivitäten aber immer noch doppelt so viel wert waren, wie die Börse dafür bezahlte. Den Markt interessierte das jedoch nicht, mit dem Kurs ging es trotzdem immer weiter abwärts. Wir haben dann in die fallenden Kurse hinein unsere Position mehrfach aufgestockt und sind deshalb, als die Aktie sich erholte, aus einem ursprünglich schlechten Geschäft noch mit Gewinn herausgekommen. Vielleicht ist das eine unserer Stärken: dass wir zukaufen, wenn wir überzeugt sind, dass wir recht haben.

Und Ihre drei größten Flops?

Eines unserer schlimmsten Verlustgeschäfte war Rhodia[15], eine französische Spezialchemie-Gesellschaft. Die Aktie sah billig aus und wäre es auch gewesen, wenn das Management einigermaßen in der Lage gewesen wäre, eine ähnliche Leistung zu erbringen wie alle anderen in der Branche auch. Das Unternehmen geriet dann in den zugegebenermaßen schweren Jahren 2001 bis 2003 in die Schuldenfalle, was dazu führte, dass wir unseren ursprünglich errechneten fairen Wert deutlich nach unten korrigieren mussten.

Genauso lief es auch bei Invensys[16)], einem englischen Hersteller von Industriekontrollsystemen, zum Beispiel für Bohrtürme. Bei beiden Gesellschaften hatten wir den hohen Verschuldungsgrad vernachlässigt. Der finanzielle Rahmen war schließlich so eingeschränkt, dass dem Management kein Spielraum mehr blieb, um Fehler zu machen. Aber genau das ist leider passiert.

Bei Philip Morris[17)], inzwischen in Altria umbenannt, lief es genau umgekehrt wie bei Sulzer Medica. Dort haben wir die Prozessrisiken eindeutig überschätzt und die Aktie daher nicht mehr sauber analysiert. Da hätten wir kaufen müssen, haben das aber unterlassen, weil wir ein bisschen prozessmüde waren. Wenn wir uns die Aktie nicht nur oberflächlich angesehen hätten, hätten wir erkennen müssen, dass die Sammelklagen erkrankter Raucher nicht so dramatisch sind, wie sie in den Medien dargestellt wurden.

Wenn Sie eine Firma nur nach einer einzigen Kennzahl beurteilen dürften, welche würden Sie verwenden?

In der Praxis schauen wir uns natürlich alle Kennzahlen an. Man sollte nie in ein Unternehmen investieren, ohne wenigstens den Geschäftsbericht gelesen zu haben. Schon der Konzernlagebericht ist wichtig, vor allem, um herauszufinden, was gesagt wurde und was nicht gesagt wurde. Wenn ich mich auf eine Kennzahl festlegen müsste, würde ich den Free Cashflow im Verhältnis zur Börsenkapitalisierung nehmen. Am Ende kommt es doch immer auf den Ertragswert an. Selbst Buchwertinvestoren treffen implizit eine Annahme über den zukünftigen Cashflow, auch wenn sie das nicht zugeben. Denn auch Immobilien, die von der Börse nicht richtig bewertet werden, stellen nur dann einen Wert dar, wenn sie vermietbar sind oder ein Dritter kommt, der dafür einen bestimmten Betrag auf den Tisch legt. Ein Unternehmen, das massenweise nicht betriebsnotwendige Liegenschaften besitzt, kann eine Value-Story sein, aber nur unter der Voraussetzung, dass Cash hereinkommt.

Ihre Lieblingsaktie?

Wir würden uns nie einer Aktie für immer verschreiben. Kühne & Nagel war lange Zeit einer unserer Favoriten, aber selbst da haben wir zum fairen Wert verkauft, wenn auch mit einem weinenden Auge.

Welches Buch sollten Anleger unbedingt gelesen haben, bevor sie sich aufs glitschige Börsenparkett begeben?

Wenn jemand noch gar nichts über die Börse weiß, ist sicherlich »Contrarian Investment Strategies« von David Dreman[18)] ein guter Einstieg, weil er die komplette Fonds- und Börsenindustrie durchleuchtet und mit fundierten Untersuchungen unterlegt, die er selbst durchgeführt hat. Leider ist das Buch nur auf Englisch erhältlich. Wer etwas in deutscher Sprache sucht, sollte auf jeden Fall »Intelligent Investieren« von Benjamin Graham, dem Vater der modernen Finanzanalyse und Lehrer von Warren Buffett lesen. Empfehlenswert sind auch »Börsenerfolg ist kein Zufall« von Burton Malkiel[19)] und »Langfristig investieren« von Jeremy Siegel[20)].

4. Die Fonds

Classic Global Equity Fund:
Der Classic Global Equity Fund ist der erste Fonds aus dem Hause Braun, von Wyss & Müller. Der weltweit anlegende Aktienfonds mit Schwerpunkt Westeuropa und Nordamerika versucht, sich von den selbst auferlegten Fesseln der Fondsindustrie weitgehend zu lösen: Investiert wird in fundamental stark unterbewertete Aktien, sowohl in Blue Chips als auch in Nebenwerte. Die Cash-Position kann bis zu einem Drittel des Anlagevolumens ausmachen, wenn sich die Suche nach unterbewerteten Aktien schwierig gestaltet. Außerdem

behält sich das Management vor, bis zu 15 Prozent des Anlagevolumens in einen Titel zu stecken, um Gewinne laufen lassen zu können. Neuaufnahmen werden aber normalerweise mit drei bis vier Prozent gewichtet. Neben Aktien sind Anlagen in Wandel- und Optionsanleihen und in stark unterbewertete Obligationen notleidender Unternehmen zugelassen. Im Rahmen von Arbitragestrategien bei fundamental eng korrelierten Wertpapieren kann es gelegentlich auch zu Leerverkäufen kommen. Derivative Produkte werden nur zu Absicherungszwecken in Extremsituationen eingesetzt. Hektisches Traden kommt nicht vor. Pro Jahr wird in normalen Marktphasen etwa ein Drittel des Portfolios gedreht. Der Fonds nimmt seit dem 6. Oktober 2004 kein Neugeld mehr an, um manövrierfähig zu bleiben. Anteile können seither nur noch über UBS und Rüd, Blass in Zürich erworben werden. Hier richtet sich der Preis nach Angebot und Nachfrage, weshalb es zu leichten Abweichungen vom inneren Portfoliowert (Net Asset Value, NAV) kommen kann. In der Regel liegen die Preise im Sekundärmarkt jedoch sehr nahe am NAV. Der Anlagehorizont sollte mindestens sieben Jahre betragen.

ISIN: LI0008328218
Fondsleitung: Classic Fund Management Aktiengesellschaft, Vaduz/Liechtenstein
Portfoliomanagement: Braun, von Wyss & Müller AG, Zürich/Schweiz
Total Expense Ratio (TER): 1,40% p.a.
Verwaltungsgebühr: 1,20 % p.a.
Ausgabeaufschlag: 0,30 % zugunsten des Fonds, um die Transaktionskosten zu decken
Rücknahmekommission: 0,30 % zugunsten des Fonds, um die Transaktionskosten zu decken
Performance 2009: +75,8 %
Performance seit Auflegung: +203,1 % (per 30.04.2010)
Fondsvolumen: 964 Millionen Schweizer Franken

Classic Value Equity Fund:
Zeitgleich mit der Schließung des ersten Fonds wurde am 6. Oktober 2004 der Classic Value Equity Fund lanciert. Dieser wird ebenfalls nach den strengen Bewertungskriterien des Hauses Braun, von

Wyss & Müller gemanagt, beschränkt sich dabei aber auf große bis mittelgroße Unternehmen. Small Caps mit geringem Handelsvolumen bleiben außen vor. Somit ist gesichert, dass der Fonds nicht ebenfalls schon nach kurzer Zeit geschlossen werden muss, weil er sonst zu schwer werden könnte. Die Performance kann daher mit der des ersten Fonds nicht ganz mithalten, andererseits sind auch die Kursschwankungen geringer. Außer der Beschränkung auf Aktien mit einer Marktkapitalisierung von zwei Milliarden Franken beim ersten Kauf gelten die selben Grundsätze wie für den Classic Global Equity Fund.

ISIN: LI0019077903
Fondsleitung: Classic Fund Management Aktiengesellschaft, Vaduz/Liechtenstein
Portfoliomanagement: Braun, von Wyss & Müller AG, Zürich/Schweiz
Total Expense Ratio (TER): 1,46 % p.a.
Verwaltungsgebühr: 1,20 % p.a.
Ausgabeaufschlag: 0,30 % zugunsten des Fonds, um die Transaktionskosten zu decken
Rücknahmekommission: 0,30 % zugunsten des Fonds, um die Transaktionskosten zu decken
Performance 2009: +63,7 %
Performance seit Auflegung: -2,0 % (per 30.04.2010)
Fondsvolumen: 264 Millionen Schweizer Franken

5. Kontaktadresse

Braun, von Wyss & Müller AG
Brandschenkestraße 150
CH-8002 Zürich
Tel.: +41 (0) 44 206 40 80
Fax: +41 (0) 44 206 40 85
E-Mail: bwm@bwm.ch
Internet: www.bwm.ch

Anmerkungen:

1) Asset Manager: Englisch für Vermögens- bzw. Fondsverwalter
2) Track Record: Englisch für Erfolgsbilanz
3) Heine Securities: US-Investmenthaus, fusionierte 1996 mit Franklin Resources, heute Franklin Templeton Investments Inc.
4) Rüd, Blass & Cie. AG: Schweizer Bankhaus. Anschrift: Selnaustrasse 32, Postfach 2101, CH-8021 Zürich, Internet: www.ruedblass.ch.
5) Cisco Systems Inc., US-Technologiekonzern, ISIN: US17275R1023.
6) Polaroid Corporation: Ehemals führender Anbieter von Soforbildkameras und -filmen mit Sitz in Concord, Massachusetts, USA. Das 1937 gegründete Unternehmen musste im Oktober 2001 Insolvenz anmelden, nachdem der Siegeszug der Digitalfotografie das Geschäftsmodell zerstört hatte. Teile der Insolvenzmasse wurden in die nicht börsennotierte Polaroid Holding Company überführt, die zum Teil noch Produkte der Vorgängergesellschaft anbietet. Internet: www.polaroid.com.
7) Graham, Benjamin »The Intelligent Investor«, HarperCollins, New York, 1949. Titel der deutschen Ausgabe: »Intelligent investieren«, neueste Auflage: FinanzBuch Verlag, München, 2005.
8) Stagiaire: Französisch für Berufspraktikant, Probekandidat.
9) Net-Net-Situation: Laut Benjamin Graham liegt diese Art der Unterbewertung einer Gesellschaft vor, wenn der Wert der kurzfristigen Vermögensgegenstände (»Current Assets«) abzüglich aller Zahlungsverpflichtungen maximal zwei Drittel der Marktkapitalisierung ausmacht. Konkret handelte es sich bei dem von Georg von Wyss entdeckten Net-Net-Unternehmen um Nokia-Maillefer, eine ehemals börsennotierte Tochter des finnischen Nokia-Konzerns (ISIN: FI0009000681), die Kabelherstellungsmaschinen produzierte (vgl. Interview in »The European Value Investor«, Ausgabe Nr. 03/2008).
10) Franklin Mutual Beacon Fund: International anlegender Aktienfonds, ISIN: LU0070302665.
11) Contrarian: Englisch für Querdenker, Nonkonformist.
12) Kühne & Nagel International AG: Schweizer Logistikkonzern, ISIN: CH0025238863.
13) St. Jude Medical Inc.: US-Medizintechnikhersteller, ISIN: US7908491035.
14) Sulzer Medica AG: Ausgliederung des Schweizer Sulzer-Konzerns, ISIN: CH0038388911, wurde nach dem Skandal um defekte Hüftschalen im Juni 2002 in Centerpulse AG umbenannt und im August 2003 von der Zimmer Holdings Inc., ISIN: US98956P1021, übernommen.
15) Rhodia S.A.: Französischer Chemiekonzern, ISIN: FR0010479956.
16) Invensys plc.: Britischer Elektronikkonzern, ISIN: GB00B19DVX61.
17) Philip Morris Inc.: US-Tabak und Nahrungsmittelkonzern, heute Altria Group Inc., ISIN: US02209S1033.
18) Dreman, David: »Contrarian Investment Strategies«, Simon & Schuster, New York, 1999.
19) Malkiel, Burton Gordon: »Börsenerfolg ist kein Zufall. Die besten Investmentstrategien für das neue Jahrtausend«, FinanzBuch Verlag, München, 2000.
20) Siegel, Jeremy J. »Langfristig investieren. Wie Sie mit Aktien auf lange Sicht Geld verdienen«, FinanzBuch Verlag, München, 2006.

III. Der Monetarist: Dr. Jens Ehrhardt und die DJE Kapital AG

1. Die handelnden Personen

Ehrhardt ist der Größte. Auch wenn ihm das selbst so nie über die Lippen käme – mit gut zehn Milliarden Euro Assets under Management[1)] ist die Dr. Jens Ehrhardt Kapital AG, kurz DJE, die mit Abstand größte bankenunabhängige Vermögensverwaltung in Deutschland. Etwa 80 Mitarbeiter beschäftigt die Dr. Jens Ehrhardt Gruppe an den Standorten Pullach bei München, Frankfurt, Köln, Zürich und Luxemburg, wo die Kapitalanlage-Tochter DJE Investment S.A. ihren Sitz hat. Die meisten arbeiten als Kundenbetreuer in der individuellen Vermögensverwaltung. Dazu gibt es fünf angestellte Portfoliomanager und acht Analysten, die im Ruf stehen, zu den besten in Deutschland zu zählen. Ob Co-Vorstand Eberhard Weinberger, der das Research leitet, oder Fondsmanager Dr. Ulrich Kaffarnik – Mitarbeiter von DJE sind regelmäßig als Experten in der deutschen Fernseh- und Presselandschaft gefragt. Doch naturgemäß überstrahlt der Chef als Galionsfigur alles, zumal das Unternehmen seinen Namen trägt. Kein deutscher Finanzexperte genießt mehr Medienpräsenz als Jens Ehrhardt, auch wenn er selbst unermüdlich betont, dass seine Firma keine Ein-Mann-Show und die exzellente Performance der Fonds das Ergebnis harter Arbeit der Research-Abteilung ist. Übrigens sagt er das nicht ganz ohne Eigennutz: Eines nicht mehr allzu fernen Tages will er sich in den Ruhestand verabschieden, wie es angestellte Fondsmanager seines Jahrgangs (1942) mitunter längst getan haben. Derzeit ist er dabei, das Tagesgeschäft mehr und mehr aus der Hand zu geben. Sein Sohn Jan Ehrhardt soll nach und nach die Leitung der Firma übernehmen und so für Kontinuität sorgen.

Die Fußstapfen des Vaters sind groß. Auch wenn Jens Ehrhardt selbst sich heute vornehmlich den volkwirtschaftlichen, monetären Trends widmet und die Auswahl der Einzelaktien anderen überlässt, ist sein Name das Markenzeichen, das DJE zum Branchenführer gemacht hat. 40 Jahre Erfahrung in der Vermögensverwaltung sind durch nichts zu ersetzen. Nach dem Studium der Betriebswirtschaftslehre in seiner Heimatstadt Hamburg und später in München, begann Ehrhardt seine Laufbahn als Partner der Vermögensverwaltungsgesellschaft Portfolio Management. 1974 promovierte er über das Thema »Kursbestimmungsfaktoren am Aktienmarkt«. In seiner Doktorarbeit zeigte er den Zusammenhang zwischen Geldpolitik der Notenbanken und Börsenkursen auf. Noch im gleichen Jahr gründete er die Dr. Ehrhardt Vermögensverwaltung, die im Jahr 1999 in Dr. Jens Ehrhardt Kapital AG umfirmierte, heute DJE Kapital AG. Ebenfalls 1974 erschien die erste Ausgabe des von Ehrhardt herausgegebenen Börsenbriefs »Finanzwoche«[2)], eine der Pflichtlektüren für Investmentbanker, Anlageberater, Finanzjournalisten und Vermögensverwalter, vor allem auch wegen teils ungewöhnlicher Statistiken und markttechnischer Indikatoren, denen in anderen Publikationen wenig bis keine Beachtung geschenkt wird. Wegen seiner profunden Marktanalysen war Ehrhardt einer der wenigen, die den Börsenkrach von 1987 auf Grund der damaligen monetären Situation korrekt vorausgesagt hatten. Als Crashprophet sieht er sich dennoch nicht: »Ich gehöre bestimmt nicht zu den Leuten, die ständig die Katastrophe herbeireden wollen«, sagt Ehrhardt. Fakt ist aber, dass seine Kunden an jenem schwarzen Montag am 19. Oktober 1987 kein Geld verloren haben, so steht es auf Wikipedia[3)] nachzulesen. Und auch sonst gilt 1987 als das Jahr, das ihm zum endgültigen Durchbruch verhalf. Als erster deutscher Vermögensverwalter erhielt Ehrhardt die Zulassung für einen eigenen, bankenunabhängigen Investmentfonds. Der FMM-Fonds erzielte innerhalb von 20 Jahren eine Rendite von 750 Prozent, wobei noch nicht einmal der durchschnittliche jährliche Wertzuwachs von gut elf Prozent das Produkt einzigartig macht, sondern die Tatsache, dass die überdurchschnittliche Performance mit unterdurchschnittlichem Risiko erreicht wurde. Nur zwei von 20 Jahren schloss der weltweit anlegende Aktienfonds im Minus ab, während der MSCI-World-Index im gleichen Zeitraum fünf Verlustjahre verzeichnete. 2006 wurde Ehrhardt von der Zeitschrift »€uro«, dem früheren »Finanzen«-Magazin[4)], zum Fondsmanager des Jahres gekürt.

Kein Patriarch. Auch wenn Ehrhardt nur noch bedingt in den Investmentprozess eingereift und sich hauptsächlich der Analyse der volkswirtschaftlichen Rahmenbedingungen widmet, hat die Performance des FMM und der 15 anderen Fonds nicht gelitten. Ehrhardts Mitarbeiter haben Investmentphilosophie und -strategie ihres Chefs längst verinnerlicht. Noch nicht einmal ein Vetorecht behält Ehrhardt sich heute mehr vor, wenn ihm ein Einzeltitel, der für den Fonds gekauft werden soll, gefühlsmäßig nicht gefällt. »Zu viele Köche verderben den Brei. Außerdem demotiviert es die Leute, wenn ich mich überall einmische«, erklärt er. Einzige Ausnahme: »Ich würde nicht zuschauen und warten, bis ein Fonds massiv verliert. Da würde ich ihn lieber dichtmachen oder zumindest den Manager austauschen«.

2. Die Strategie

Ehrhardt selbst reduziert seine Strategie gerne auf drei Buchstaben: FMM, ausgeschrieben: fundamental, markttechnisch, monetär.

Streng genommen, müsste die FMM-Methode sogar MMF heißen, denn in einem ersten Schritt analysiert der Chef höchstpersönlich das monetäre und markttechnische Umfeld. Je nach dem, ob sich die Wirtschaft gerade in einer Expansions- oder in einer Abschwungphase befindet, ob die Notenbanken mit ihrer Zinspolitik Liquidität schaffen oder verknappen, werden die Portefeuilles mal stärker, mal weniger stark mit Aktien bestückt, mal aggressiver mit konjunktursensitiven Werten, mal defensiver mit Titeln aus Branchen, die auch in Krisenzeiten stabile Erträge liefern, beispielsweise Nahrungsmittelhersteller, Energieversorger oder Pharmaunternehmen.

Der zweite Schritt ist die markttechnische Analyse. Hierzu nutzen Ehrhardt und seine Mitarbeiter unter anderem Stimmungsindikatoren wie Put/Call-Ratios[5)] und Auswertungen, wieviel Prozent der Börsenbriefe, Anlageberater und Fondsmanager positiv beziehungsweise negativ gestimmt sind – antizyklisch natürlich. Ist die Masse der Anleger, insbesondere der Fondsmanager, optimistisch, ist der Investitionsgrad in der Regel bereits hoch, also ist Vorsicht geboten, da nicht mehr viel Liquidität übrig ist, die noch in den Markt gepumpt werden könnte. Umgekehrt kann es ein gutes Zeichen sein, wenn die Stimmung im Keller ist. In Erwartung sinkender Kurse hat die Masse der Investoren dann schon verkauft, der Abwärtsdruck ist bereits aus dem Markt entwichen. Auch die Technische Analyse nutzt das DJE-Team als Hilfsmittel. »Ein guter Vermögensverwalter oder Fondsmanager nimmt dem Kunden das Timing ab«, erklärte er im Jahr 2006 einem Interview[6)], in dem er auch ausführte, was er selbst unter dem viel beschworenen Absolute-Return-Ansatz versteht: »In Baisse-Zeiten die Verluste so gering wie möglich zu halten und in guten Zeiten mitzuverdienen«. Um dieses Ziel zu erreichen, bezieht Ehrhardt alle verfügbaren Informationen in seinen Entscheidungsprozess mit ein.

Noch strenger genommen, zählt Ehrhardt damit nicht zum engeren Kreis der Value-Investoren, zumindest nicht zu den Puristen, die – wie etwa Braun, von Wyss & Müller – das makroökonomische und volkswirtschaftliche Umfeld vollkommen ausblenden und sich allein auf die Unternehmensanalyse konzentrieren. Doch die damit verbundenen, teils sehr schmerzhaften Rückschläge, kann und will Ehrhardt (auch auf Grund der Größe und Popularität seiner Firma) den Kunden nicht zumuten. »Das Geheimnis unseres Erfolgs ist die Mischung«, stellt er klar. »Man muss sich zunächst schon Gedanken zum Markt machen. Es gibt ja auch Situationen, in denen ein Marktzyklus so weit fortgeschritten ist, dass man nach klassischen Value-Kriterien gar nichts mehr kaufen könnte. Aber so lange der Trend weitergeht, muss man sich eben die relativ günstigsten Titel aussuchen.«

Auch im Neuen Markt[7] sei man zeitweise investiert gewesen, gibt Ehrhardt unumwunden zu – trotz aller Bauchschmerzen, die mit den seinerzeitigen hohen Bewertungen verbunden waren. »Wenn wir nicht dabei gewesen wären, hätten wir uns was anhören können«, verteidigt er den Teilverstoß gegen die selbst auferlegten Regeln, denen er insofern treu blieb, als dass nur Aktien von Marktführern gekauft wurden, die noch zu einigermaßen vernünftigen Bewertungen zu haben waren. Das Vabanquespiel am Neuen Markt beendete er rechtzeitig. Mit Gewinn. »Da haben wir wirklich einfach das Lineal angelegt, und als der Trend brach, sind wir ausgestiegen. Trendvorhersage ist daher zumindest in solchen Fällen das A und O«, resümiert er. »Schon deswegen kann ich nicht sagen, ich schaue mir den Trend gar nicht an«. Natürlich müsse man hier undogmatisch vorgehen, da Aktienkurse auch von anderen Faktoren beeinflusst werden als Markt- oder Charttechnik. »Bisweilen stellen wir uns auch gegen den Trend und kaufen antizyklisch nach, wenn es Bewertung und Zukunftsaussichten des Unternehmens nahe legen«, sagt er – und liefert damit mehr oder weniger selbst die Erklärung, warum er trotz seiner markttechnischen Vorgehensweise als Ikone des deutschen Value-Investings schlechthin gilt.

Sein Faible für defensive Aktien, mit denen er sich nach eigener Aussage »deutlich wohler« fühlt als mit Titeln, die in Hausse-Zeiten quer durch die Presselandschaft empfohlen werden, trägt zu diesem Ruf ebenso bei wie die Qualität des hauseigenen Researchs, das im dritten Schritt des Anlageprozesses die Einzeltitel auswählt.

Hierbei bedient sich das Analystenteam durchaus quantitativer Filter[8], aber eben nicht nur. Ein reines Quant-Modell, in dem Anlageentscheidungen nur auf Basis statistischer Kennzahlen getroffen werden, birgt laut Ehrhardt »die Gefahr, dass Paradigmenwechsel an den Märkten nicht rechtzeitig geortet werden« und kann deshalb nur Hilfsmittel sein – mehr nicht.

Fällt also eine Aktie durch extrem günstige Bewertungsparameter – etwa niedriges Kurs/Gewinn-, Kurs/Cashflow- und Kurs/Buchwert-Verhältnis (»am besten nicht allzu weit über eins«) – auf, geht es ans Eingemachte. Geschäftsberichte und Fremdresearch, also Studien von Analysten anderer Häuser, vermitteln einen ersten Eindruck, ob es lohnen könnte, die Story weiter zu verfolgen. Besonders auf eine gesunde Bilanzstruktur legen die DJE-Analysten großen Wert: So wenig Schulden wie möglich, lautet die Maxime, wobei der Idealfall – fast selbstverständlich – »Netto-Cash-Aktien« sind, Papiere von Unternehmen, deren Bankguthaben die Summe aller Schulden übersteigt.

Daneben sollte das Geschäftsmodell stark genug sein, dauerhaft zumindest stabile, besser noch steigende Erträge zu generieren. Denn Wert und Wachstum sind für Ehrhardt keine Widersprüche, im Gegenteil: »Im Zweifelsfall ist es sinnvoll, lieber eine Value-Aktie mit guten Wachstumsaussichten zu kaufen als ein stagnierendes Unternehmen«, erklärt er. Auch wenn solche Titel landläufig eher dem Wachstumssegment zugerechnet würden, könnten sie durchaus Value-Charakter haben, so lange sie nach klassischen Bewertungskennziffern nicht teuer seien.

Auch die Dividende sollten Anleger dabei ins Kalkül ziehen, rät Ehrhardt, der überzeugt ist, dass »Aktien von Unternehmen, die gut verdienen und eine ordentliche Dividende ausschütten, im Zweifel einem Renteninvestment vorzuziehen sind.« Vor allem dann, wenn die Dividendenrendite gleich hoch oder sogar höher ist als die Anleihezinsen. Im Unterschied zur Anleihe biete die Aktie neben der Ausschüttung eine Beteiligung an der Substanz eines Unternehmens, dessen künftige Gewinne gleichzeitig eine Absicherung gegen die Inflation darstellen würden. Nach den Kriterien gute Wachstumsaussichten bei niedriger Bewertung, geringe Verschuldung und hohe Dividendenrendite ausgewählte Aktien würden auf lange Sicht ein überschaubares Risiko darstellen, ist Ehrhardt überzeugt.

Um nicht nur zu moderatem Risiko, sondern auch zu überdurchschnittlichen Renditen zu gelangen, sind nach der Philosophie des Hauses neben den üblichen Recherchearbeiten der Analysten auch Informationen aus erster Hand notwendig. Der Dialog mit dem Management sei essentieller Bestandteil des Entscheidungsprozesses, sagt Ehrhardt. Obwohl Deutschlands prominenteste Vermögensverwaltung ihren Stammsitz in einer abgeschiedenen Seitenstraße in Pullach bei München hat, herrscht daher im Gebäude rege Betriebsamkeit. Vorstände kleinerer, mittlerer und auch größerer Gesellschaften geben sich die Klinke in die Hand, um Geschäftsmodell, Bilanzierungsmethoden und Zukunftsperspektiven en detail zu erläutern. Die Gefahr, hinters Licht geführt zu werden, sieht Ehrhardt durchaus, verlässt sich aber – wie auch bei der Auswahl seiner Mitarbeiter – auf seine Menschenkenntnis und seine Erfahrung. »In doubt stay out«, im Zweifel draußenbleiben, lautet sein Credo. Sollten bei den Vorstandsinterviews, im Branchenjargon spricht man auch vom »Grillen« des Managements, Ungereimtheiten auftreten, ist das Thema erledigt, die vorangegangene Arbeit war umsonst. Alltagsgeschäft.

Die Fehlerquote versuchen Ehrhardt und Kollegen zu minimieren, indem sie den Schwerpunkt ihrer Aktivitäten auf den deutschsprachigen Raum legen. Grundsätzlich legen die DJE-Fonds zwar weltweit an, doch um Missverständnisse auf Grund sprachlicher Barrieren zu vermeiden oder um die Einkunftsquellen eines Kaufkandidaten leichter nachvollziehen zu können, macht es Sinn, zunächst im eigenen Lande zu suchen. Wenn Ehrhardt Megatrends identifiziert, etwa die starken Preissteigerungen bei Lebensmitteln (»Das Thema könnte uns länger beschäftigen als wir uns träumen lassen«) oder die fortschreitende Industrialisierung in Asien (»Die Situation erinnert an den Wiederaufbau in Deutschland nach dem zweiten Weltkrieg«), steht über allem die Frage: Wer profitiert hier zu Lande davon? Der Boom der Agrarrohstoffe, getrieben durch die Nachfrage aus China, spiegelt sich eben über kurz oder lang in den Kursen deutscher Düngemittel- und Saatguthersteller wider, ohne dass dazu das Zusatzrisiko fernöstlicher Aktien in Kauf genommen werden muss. Ehrhardt: »Es ist viel leichter, einem Bilanzbetrug in China aufzusitzen als vor der eigenen Haustür«.

Nur einmal, im Herbst 2002, entpuppte sich der Home-Bias, wie er selbst die Übergewichtung inländischer Aktien bezeichnet, als Pferdefuß: »Die Stimmungsindikatoren waren damals derart im Keller, dass man einfach investieren musste«, erinnert sich Ehrhardt, der deshalb nach und nach Positionen in defensiven Value-Titeln aufbaute. »Dann wurden die Versicherungen von den Aufsichtsbehörden gezwungen, ihre Aktienbestände zu Schleuderpreisen auf den Markt zu werfen. Und wir haben ein halbes Jahr lang kräftig verloren, nachdem wir die Baisse zuvor so glänzend überstanden hatten«. Ehrhardts Fazit: »Es gibt keine hundertprozentig zuverlässigen Variablen.«

Auch die FMM-Methode hat eben ihre Grenzen. Kurzfristig zumindest. Bis zum Jahresende 2003 hatten sich sämtliche Verluste in Gewinne verwandelt, und das verwaltete Vermögen der DJE Kapital AG durchbrach erstmals die Schallmauer von einer Milliarde Euro (nach 620 Millionen Euro zum 31. Dezember 2002). Geschafft hat Ehrhardt diesen Quantensprung – natürlich – mit Value-Aktien, wie er betont. Denn: »Bei genauer Analyse der Börsenhistorie lässt sich klar errechnen, dass werthaltige Aktien mit niedriger Bewertung in weit mehr Jahren besser abgeschnitten haben als teure Wachstumsaktien. Analytisch teure Aktien erfüllen häufig nicht die überoptimistischen Prognosen der Börse und enttäuschen dann in der Kursentwicklung«, schrieb er 2006 in einem Gastbeitrag für den Elite Report[9)]. Also ist auch der Größte durch und durch Value-Investor. Nur eben einer, der das Momentum nicht außer Acht lässt.

3. Ein Dutzend offener Fragen

Jens Ehrhardt im Interview

Wie definieren Sie Value?

Als Kombination aus gesunder Bilanzstruktur und nicht zu hoher Bewertung. Kurs/Gewinn-Verhältnis und Kurs/Cashflow-Verhältnis sollten natürlich möglichst niedrig sein, außerdem achten wir stark auf die Qualität des Managements. Ein wenig Wachstum darf nach unserer Definition schon auch dabei sein. Das ist zwar eher eine Nebenbedingung, aber letztlich das Salz in der Suppe. Nur darf das Wachstum nicht überbezahlt sein, das ist der Knackpunkt.

Wie sind Sie auf Value-Investing aufmerksam geworden?

Durch eigene Erfahrung. Die FAZ schrieb einmal, ich sei ein ängstlicher Investor. Damit kann ich gut leben.

Haben Sie Vorbilder, die Sie beeinflusst haben?

Darüber habe ich mir bisher wenig Gedanken gemacht. Ich habe Zeit meines Lebens versucht, mir überall etwas abzuschauen oder sagen wir besser: anzueignen. Am ehesten würde ich vielleicht noch Martin Zweig nennen, den Autor des Buchs »Winning on Wall Street«[10)]. Er galt als so eine Art Papst für Stimmungsindikatoren und nutzte sie zum antizyklischen Investieren. Sein Leitmotiv hat er in etwa wie folgt umschrieben: Es ist Unsinn zu glauben, man könne an der Börse nur erfolgreich sein, indem man am Tiefpunkt kauft und am höchsten Punkt verkauft, denn das schafft keiner. Man muss dann kaufen, wenn die Wahrscheinlichkeit steigender Kurse am größten ist.

Was hat Ihrer Meinung nach Warren Buffett zum erfolgreichsten Value-Investor aller Zeiten gemacht oder kennen Sie sogar bessere – zum Beispiel Martin Zweig?

Auch darüber habe ich, ehrlich gesagt, noch nie nachgedacht. Zweig, Buffett und viele andere hatten in der Vergangenheit durchaus lange Phasen exzellenter Performance. Aber was heißt das schon für die Zukunft? Deshalb maße ich mir kein Urteil darüber an, wer nun der beste war oder ist. Ich denke, man muss da flexibel bleiben. Es gibt immer wieder einzelne Themen und Börsenphasen, in denen sich einige gute Portfolio-Manager besonders hervortun. Als aktuelles Beispiel fällt mir spontan Graham French ein, der Manager des M&G-Global-Basics-Fonds[11)], der in der jüngeren Vergangenheit eine bessere Performance lieferte als Warren Buffett. Deshalb ist sein Fonds wohl auch derjenige, der von Dachfonds am stärksten nachgefragt wird.

Gibt es gewisse Voraussetzungen wie Ausbildung, Charakter, Alter oder Temperament, die ein erfolgreicher Value-Investor unbedingt mitbringen sollte?

Was die Ausbildung angeht, ist ein wirtschaftswissenschaftliches Studium vielleicht nicht Voraussetzung, aber sicher überaus hilfreich – ich spreche da aus eigener Erfahrung. Das wichtigste allerdings, denke ich, ist die Fähigkeit, einen Röntgenblick zu entwickeln, um die Verpackung zu durchschauen. Das ist keine Frage des Alters, hat aber sicher mit Erfahrung zu tun, vor allem beim Kontakt mit dem Management eines Unternehmens, der uns sehr wichtig ist. Früher haben die Vorstände meist eher tiefgestapelt, heute ist es genau umgekehrt. Ein Erklärungsansatz für dieses Phänomen könnte sein, dass das Management heute in aller Regel über Aktienoptionen von der Kursentwicklung profitiert und deshalb alles versucht, um die Notierung hochzutreiben. Dazu kann sich jeder seine eigenen Gedanken machen.

Benötigen Value-Investoren Ihrer Meinung nach ein bestimmtes Umfeld, um erfolgreich arbeiten zu können?

Angefangen habe ich tatsächlich als Ein-Mann-Unternehmen, nach einem halben Jahr die erste Sekretärin eingestellt und nach fünf Jahren hatte ich, glaube ich, 20 Mitarbeiterinnen und erst danach den ersten männlichen Mitarbeiter. Lange Zeit habe ich also wirklich als Ein-Mann-Unternehmen mit einer Vielzahl von Helferinnen, die mir die Statistiken (zum Beispiel bei der Markttechnik) aufgearbeitet haben, meinen Job gemacht. Inzwischen ist die Materie aber so kompliziert geworden, dass man nach meiner Meinung einen recht großen Mitarbeiterstab, der auch sehr gut geschult ist, braucht, um tatsächlich alle Informationen sehr gut geliefert zu bekommen. Ich wüsste gar nicht, wie es wäre, sich heute noch einmal selbstständig zu machen – nicht nur wegen der umfangreichen gesetzlichen Vorschriften, sondern auch, wie man mit einer qualifizierten Mannschaft starten soll. Nach meiner Meinung kann man sich ein solches Umfeld erst nach und nach schaffen. Es ist äußerst wichtig, dass hier ein fähiges Team mitarbeitet, das die Besuche bei den Unternehmen macht, herumtelefoniert und die Fact Sheets über die Unternehmen aufgrund der veröffentlichten Daten auf dem Laufenden hält. Das alles muss auch relativ schnell gehen. Früher vollzogen sich Anpassungen an neue fundamentale Trends wesentlich langsamer als heute. Der August war fast immer ein Monat, in dem absolut nichts passierte. Denken Sie zum Vergleich an den August 2007! Man muss also schnell handeln und ein gutes Team haben, sonst müsste man sieben Tage im Büro sitzen und dürfte nie Ferien machen. Und auch dann wäre man sicherlich ohne entsprechendes Umfeld völlig überfordert. Der Trend geht auch mehr dahin, internationaler zu investieren. Deutschland hat jetzt lange Zeit profitiert und war fünf Jahre lang mit die beste Börse. 2008 sieht es anders aus, und langfristig denke ich, wird man in Asien wesentlich größere Erfolge erzielen als in Deutschland. Das erfordert viele Reisen und am besten auch Leute vor Ort. Wir haben einen Fondsmanager, der einen Großteil der Zeit vor Ort in Hong Kong ist. Ein Value-Investor verlässt sich nicht auf sein Bauchgefühl, sondern arbeitet mit einer Vielzahl von analytischen Kennzahlen. Diese sind nur im Team zu erarbeiten. Auch Warren Buffett dürfte es heute wesentlich schwieriger haben als in den ersten Jahren seiner Berufstätigkeit. In den vergangenen zehn Jahren war die Berkshire-Hathaway-Aktie in Euro gerechnet übrigens nur seitwärts gerichtet und ist praktisch nicht gestiegen. Das könnte auch damit zusammenhängen, dass Ein-Mann-Ansätze heute überholt sind. Viele alte gute Ideen, die Berkshire Hathaway wesentlich nach vorne brachten, kamen meines Wissens direkt von Warren Buffett.

Aus wie vielen Werten sollte ein Portfolio idealerweise bestehen und wie lange sollten die Aktien gehalten werden?

Ein Fonds sollte schon zwischen 50 und 100 Aktien im Portfolio haben. Dabei sollten auch die kleineren Positionen mindestens innerhalb von zwei Wochen liquidierbar sein. Mit einer Faustregel für Privatanleger kann ich leider nicht dienen, da hängt viel vom persönlichen Risikoprofil, von der Erfahrung, von der Kenntnis des Unternehmens und der Branche ab. Auch bei der Haltedauer gibt es keine ultima ratio, da das von der Kursentwicklung und vom fairen Wert der Aktie abhängt. Ich kann noch nicht einmal sagen, ob man nun bei 100 oder 120 Prozent des inneren Wertes verkaufen soll – schon dieser Ansatz wäre mir zu mechanisch. Deshalb orientieren wir uns ja an Trends und versuchen, diese bestmöglich auszureizen. Man muss einfach ein Bekenntnis zum Markt abgeben. Das Motto »The trend is your friend« ist nicht so verkehrt. Wenn ein Aufwärtstrend vorliegt und man stellt sich ständig dagegen, bekommt man Probleme.

Welches waren Ihre drei besten Investments?

Am Beispiel K+S – früher hieß die Gesellschaft ausgeschrieben noch Kali + Salz – sieht man, dass es keinen Sinn macht, einen Zeitrahmen oder einen inneren Wert vorzugeben. Nur so kann man seinen Einsatz in weniger als einem Jahrzehnt verzehn- oder verzwanzigfachen. Wenn wir K+S[12)] nach Jahren der Unterbewertung zu einem irgendwann einmal errechneten fairen Wert verkauft hätten, wäre uns die zumindest letzte Verdoppelung sicher durch die Lappen gegangen. Die Party ging erst richtig los, als die Aktie nach Value-Kriterien schon nicht mehr wirklich billig war. Doch als Düngemittel-Hersteller profitierte die Aktie dann vom Boom der Agrarrohstoffe und stieg weiter. Warum sollte man das nicht mitnehmen?

Genauso haben wir an Hochtief[13)] so lange festgehalten, bis der Aufwärtstrend brach. Auch diese Aktie hat sich innerhalb weniger Jahre vervielfacht. Insgesamt würde ich überhaupt sagen, dass wir mit unseren MDAX-Titeln am besten gefahren sind, mit einer langweiligen Buy-and-Hold-Strategie. Salzgitter[14)] ist auch so ein Beispiel. Die Aktie war im Jahr 2003 ein Geschenk.

Und Ihre drei größten Flops?

Da waren zunächst beide großen Versicherungen im DAX. Allianz[15)] und Münchener Rück[16)] haben wir nach dem ersten kräftigen Rückschlag im Jahr 2002 gekauft. Natürlich haben wir dabei die

Regel beherzigt, auf die Marktführer zu setzen. Was wir damals unterschätzt haben, war die Abhängigkeit der Versicherer vom Kapitalmarkt. Letzten Endes zählten sie zu den Hauptleidtragenden der Baisse, vor allem als die Lebensversicherer im Ende 2002/Anfang 2003 von den Aufsichtsbehörden gezwungen wurden, ihre Aktienbestände zu verkaufen, obwohl die Kurse ohnehin schon im Keller waren. Diese extreme Abhängigkeit vom allgemeinen Börsenklima wurde uns zu spät klar.

Als drittes Beispiel für ein schlechtes Investment, möchte ich Mobilcom[17)] nennen. Zwar haben wir rechtzeitig vor dem Kursdebakel am Neuen Markt mit Gewinn verkauft, aber zu früh, und nach fundamentalen Kriterien hätten wir die Aktie nie besitzen dürfen. Nur frage ich mich, was los gewesen wäre, wenn wir überhaupt nicht im Neuen Markt engagiert gewesen wären. Also haben wir uns eben auch da auf die Marktführer konzentriert und den Trend so lange mitgenommen, wie er hielt. Das ist eben der Vorteil, wenn man die Charttechnik nicht ganz außer Acht lässt: Vielleicht verkauft man manchmal zu früh, aber nie zu spät!

Wenn Sie eine Firma nur nach einer einzigen Kennzahl beurteilen dürften, welche würden Sie verwenden?

Auch wenn das sehr hypothetisch ist: Kurs zu Cashflow ist erste Wahl. Und ich meine damit explizit nicht den Free Cash Flow. Das Kurs/Cashflow-Verhältnis (KCV) sagt aus, das Wievielfache der Barmittel, die einem Unternehmen aus dem operativen Geschäft innerhalb eines Jahres zufließen, man für die Aktie bezahlen muss – je weniger, desto besser. Normal ist ein KCV um die zehn, spätestens ab fünf wird es interessant, sich intensiv mit dem Unternehmen zu befassen. Natürlich kann ein Unternehmen auch mit einem extrem günstigen KCV noch zu teuer sein, etwa, wenn der Cashflow Jahr für Jahr schrumpft oder andere Probleme wie hohe Schulden gegen das Investment sprechen. Aber es ist ein guter Anhaltspunkt, wenn man nach unterbewerteten Aktien suchen will.

Ihre Lieblingsaktie?

Nun, ich kaufe selbst aus Compliance-Gründen[18)] überhaupt keine Einzelaktien mehr für mein privates Portfolio, sondern engagiere mich ausschließlich über unsere Fonds. K+S war einmal so etwas wie eine Lieblingsaktie. Immerhin hat uns der Titel über 30 Jahre lang begleitet. In der zweiten Ausgabe der »Finanzwoche« hatten wir die Aktie auf die Kaufliste gesetzt und im Prinzip jahrzehntelang an dieser Empfehlung festgehalten. Insgesamt könnte ich mir vorstellen, dass Rohstoffaktien, insbesondere Agrarrohstoffe und auch Gold tendenziell noch nicht ausgereizt sind. Aber das möchte ich nicht als Empfehlung verstanden wissen.

Welches Buch sollten Anleger gelesen haben, bevor sie sich aufs glitschige Börsenparkett begeben?

Da muss ich passen. Ich lese unheimlich viel: Bücher genauso wie Zeitungen und Zeitschriften. Aber ich kann mich an kein Buch erinnern, von dem ich sagen müsste: Das ist das wichtigste, da steht alles drin, was man wissen muss. Man lernt eben nie aus, das ist heute nicht anders als vor 20 Jahren.

4. Ausgewählte Fonds

FMM Fonds:

Der am 17. August 1987 aufgelegte Fonds investiert schwerpunktmäßig in internationale Aktien, behält sich aber auch vor, Kasse zu halten und das Portfolio durch Geldmarktinstrumente bzw. Renten zu ergänzen. FMM steht für fundamental, monetär und markttechnisch. Neben der Auswahl von unterbewerteten Aktien spielen für die Anlageentscheidung sowohl die aktuelle Liquiditätslage sowie die Stimmung der Aktionäre und der vorherrschende Trend (Hausse oder Baisse) eine Rolle.

ISIN: DE0008478116
Fondsleitung: Frankfurt Trust Investment-Gesellschaft mbH, Frankfurt am Main
Anlageberater: Dr. Jens Ehrhardt Kapital AG, Pullach
Total Expense Ratio (TER): 1,55 % p.a.
Verwaltungsgebühr: 1,50 % p.a.
Ausgabeaufschlag: bis zu 5,00 %
Rücknahmekommission: keine
Performance 2009: +11,7 %
Performance seit Auflegung: +655,7 % (per 30.04.2010)
Fondsvolumen: 250 Millionen Euro

Astra Fonds:
Der am 3. Juli 1995 in Zusammenarbeit mit der DWS aufgelegte Fonds investiert in nationale und internationale Aktien sowie hierauf sich beziehende Optionsscheine. Die Gewichtung wird im Vergleich zur Benchmark entsprechend der Zukunftsaussichten einzelner Länder und Branchen verändert mit dem Ziel, dem Anleger vorrangig die Ertrags- und Wachstumschancen aus diesen Titeln zu erschließen.

ISIN: DE0009777003
Fondsleitung: DWS Investment GmbH, Frankfurt am Main
Analgeberater: Dr. Jens Ehrhardt Kapital AG, Pullach
Total Expense Ratio (TER): 1,60 % p.a.
Verwaltungsgebühr: 1,50 % p.a.
Ausgabeaufschlag: bis zu 5,00 %
Rücknahmekommission: keine
Performance 2009: +11,3 %
Performance seit Auflegung: +248,3 % (per 30.04.2010)
Fondsvolumen: 460 Millionen Euro

DJE Dividende & Substanz:
Ziel des 2003 lancierten Fonds ist es, unter Berücksichtigung des Anlagerisikos einen angemessenen Wertzuwachs in der Fondswährung zu erzielen. Hierzu investiert der Fonds überwiegend in nationale und internationale Aktien. Darüber hinaus kann der Fonds auch in fest- oder variabelverzinsliche Wertpapiere investieren. Der An-

lageberater verfolgt bei der Auswahl der Aktien den Value-Ansatz, indem Aktien gekauft werden, die aus fundamentaler Sicht unterbewertet sind und ein dementsprechendes Kurspotenzial aufweisen bzw. eine überdurchschnittliche Dividendenrendite in ihrem Marktsegment besitzen.

ISIN: LU0159550150
Fondsleitung: DJE Investment S.A., Luxemburg
Analgeberater: Jan Ehrhardt, Dr. Jens Ehrhardt Kapital AG, Pullach
Total Expense Ratio (TER): 2,01 % p.a.
Verwaltungsgebühr: 1,32 % p.a. plus performanceabhängige Gebühr
Ausgabeaufschlag: bis zu 5,00 %
Rücknahmekommission: keine
Performance 2009: +23,0 %
Performance seit Auflegung: +124,1 % (per 30.04.2010)
Fondsvolumen: 1,24 Milliarden Euro

DJE Tri Style:
Den vollthesaurierenden Tri Style Fund berät die DJE Kapital AG seit dem 12. Juni 2004. Der wegen seines Absolute-Return-Ansatzes auch als Superfonds bezeichnete Fonds investiert in Aktien, Renten und Investmentfonds und kann je nach Marktlage den Aktienanteil im Fonds zwischen Null und 100 Prozent variieren. Mit der Freiheit, sich gegebenenfalls ganz aus den Aktienmärkten zurückzuziehen, hat das Fondsmanagement die Möglichkeit, im Sinne des Absolute-Return-Gedankens auch in anhaltenden Baissephasen Verluste zu vermeiden. Durch die Kombination von Aktien, Renten und Investmentfonds entspricht er in seiner Struktur jenen Portfolios, die traditionell in der Vermögensverwaltung eingesetzt werden und die sich ebenfalls dieser drei Anlageklassen bedienen.

ISIN: AT0000701172
Fondsleitung: Hypo Kapitalanlagegesellschaft mbH, Wien
Anlageberater: Dr. Jens Ehrhardt Kapital AG, Pullach
Total Expense Ratio (TER): 2,36 % p.a.
Verwaltungsgebühr: 1,75 % p.a.

Ausgabeaufschlag: bis zu 5,00 %
Rücknahmekommission: keine
Performance 2009: +13,9 %
Performance seit Auflegung: +29,7 % (per 30.04.2010)
Fondsvolumen: 187 Millionen Euro

5. Kontaktdaten

Dr. Jens Ehrhardt Kapital AG
Georg-Kalb-Straße 9
D-82049 Pullach
Tel.: + 49 (0) 89 - 79 04 53 - 0
Fax: + 49 (0) 89 - 79 04 53 - 185
E-Mail: info@dje.de
Internet: www.dje.de

Anmerkungen:

1) Assets under Management: Summe aller verwalteten Kundengelder.
2) Finanzwoche: Von Dr. Jens Ehrhardt herausgegebener, wöchentlich erscheinender Börsenbrief. Kontaktdaten: Finanzwoche Verlagsgesellschaft für Anlageinformation mbH, Wolfratshauser Str.56, 81379 München. Internet: www.finanzwoche.de
3) Wikipedia: freie Enzyklopädie im Internet: www.wikipedia.org
4) Die Monatszeitschrift €uro ging 2005 aus einer Fusion der Titel »DM Euro« und »Finanzen« hervor und erscheint im Axel Springer Finanzen Verlag, München (www.finanzen.net). Finanzen bzw. €uro kürt seit der Gründung 1990 den Fondsmanager des Jahres. Kontaktdaten: Axel Springer Finanzen Verlag GmbH, Bayerstr. 71-73, 80335 München. Internet: www.finanzen.net
5) Put/Call-Ratio: Bedeutender Indikator zum Timing von Wertpapieranlagen, der das Verhältnis der in Erwartung sinkender Kurse leerverkauften Optionen zu den in Erwartung steigender Kurse gekauften Optionen angibt. Da bei hohen Put/Call-Ratios von einer überwiegend pessimistischen Börsenstimmung ausgegangen werden kann und umgekehrt, gelten sie als klassische Kontraindikatoren für antizyklische Anlagestrategien.
6) »Lernen vom Meisterinvestor«. Interview in der Tageszeitung »Die Welt« vom 3. November 2006.
7) Neuer Markt: Von der Deutschen Börse als Pendant zur Nasdaq 1997 geschaffenes Segment für Wachstumsaktien, vornehmlich aus den Bereichen Technologie, Medien und Telekommunikation. Nach dem Börsencrash der Jahre 2000 bis 2003, diversen Bilanzskandalen und mehr als 90 Prozent Verlust der Nemax-Indizes, die die Kursentwicklung des Neuen Marktes abbildeten, wurde das Segment im Jahr 2003 beerdigt. Als Nachfolger des Nemax-50-Index installierte die Deutsche Börse den TecDAX.
8) Quantitative Anlageprozesse basieren auf statistischen Kennzahlen. Dabei werden beispielsweise Aktien mit niedrigem Kurs/Gewinnverhältnis oder hoher Dividendenrendite ausgefiltert (ausführliche Beschreibung in Kapitel Nr. VII über Frank Lingohr).
9) Beitrag im Elite Report Extra 2006. Zu beziehen unter: Elite Report, Nigerstr. 4/II, 81675 München. Internet: www.elitereport.de
10) Zweig, Martin, »Winning on Wall Street«, Warner Books, New York, 1986.

11) M&G Global Basics Fund A, ISIN: GB0030932676.
12) K+S AG, Deutscher Salz- und Düngemittelhersteller, ISIN: DE0007162000.
13) Hochtief AG, Deutscher Baukonzern, ISIN: DE0006070006.
14) Salzgitter AG, Deutscher Stahlhersteller, ISIN: DE0006202005.
15) Allianz SE, Deutscher Versicherungs- und Finanzkonzern, ISIN: DE0008404005.
16) Münchener Rückversicherungsgesellschaft AG, ISIN: DE0008430026.
17) Die Mobilcom AG, ISIN: DE0006622400, war eines der ersten am Neuen Markt gelisteten Unternehmen und wurde später mit der Freenet AG, ISIN: DE000A0EAMM0, verschmolzen.
18) Compliance (englisch: Befolgung): Freiwillige und zum Teil auch gesetzlich vorgeschriebene Einhaltung von Wohlverhaltensrichtlinien für Finanzdienstleister, um Marktmissbrauch, Interessenskonflikte und Insiderhandel zu vermeiden.

IV. Der Pragmatische: Hans-Peter Schupp und die Fidecum AG

1. Die handelnden Personen

Sein erzählerisches Talent würde Hans-Peter Schupp auch zum Schriftsteller befähigen. Oder zum TV-Moderator. Kleine Anekdoten bringt er messerscharf auf den Punkt. Mit der gleichen Präzision, mit der er seine Investments auswählt. Wie schnell die Stimmung an der Börse drehen kann, macht er am liebsten an einer Geschichte aus seinem eigenen Leben fest: Bevor er sich mit seiner eigenen Firma Fidecum selbstständig machte, hatte er bei Julius Bär[1)] und MainFirst[2)] Value-Fonds gemanagt, in einer Zeit, da Wachstum und Technologie die beherrschenden Themen am Markt waren. Da er damals nicht das geringste fundamentale Argument fand, in Technologie zu investieren, hinkte sein Portfolio 1999/2000 den Vergleichsindizes um gut 30 Prozent hinterher. »Da rief mich ein Privatanleger an«, erzählt Schupp, »der mir sagte: Die Performance, die Sie im Jahr machen, schaffe ich an einem Tag.« Punkt. »Ein Jahr später war ich Fondsmanager des Jahres.« Punkt.

In zwölf Monaten vom Buhmann zum Star der Branche. Man könnte auch die Langversion der Geschichte erzählen, würde aber immer wieder beim selben Ergebnis landen: Schupps Strategie hat sich genau dann bewährt, wenn die Blase platzte. Lustig sei es trotzdem nicht gewesen, erklärt er etwas ausführlicher, »in haussierenden Märkten derjenige zu sein, dessen Performance auf der Stelle tritt, während um einen herum die Sektkorken knallen. Das ist schon ein Kampf gegen das eigene Ego«. Als die Börsenparty vorbei war und plötzlich wieder Werte wie Profitabilität und Dividendenrendite im Vordergrund standen, rückte er vom Schleudersitz auf den Chefsessel vor. Schupp wurde bei Julius Bär zum Leiter des Aktienfondsmanagements ernannt. Trotz der späten Bestätigung wechselte er 2002 nach sechs Jahren zu MainFirst, um dort die Asset-Management-Sparte aufzubauen. MainFirst war im August 2001 als Broker gestartet, das Fondsgeschäft kam ein Jahr später dazu. Gereizt habe ihn die Aufgabe, ganz klein anzufangen, mit zwei Leuten im Portfoliomanagement und zwei Leuten im Vertrieb, so Schupp. Doch als aus 13 Millionen Anfangsvolumen zwischenzeitlich über 1,5 Milliarden Euro verwaltetes Vermögen geworden waren, war mit seinem Posten in der erweiterten Geschäftsleitung der mittlerweile 120 Mitarbeiter starken Vollbank sein Aufgabenbereich so weit gewachsen, dass der Wunsch nach überschaubaren Unternehmensstrukturen aufkam. In Schupp, der sich selbst als »Portfoliomanager mit Ecken und Kanten« sieht, reifte der Entschluss, trotz aller programmierten Startschwierigkeiten noch einmal bei Null anzufangen, obwohl sich auch die Geschichte seiner Underperformance in den Haussejahren 2005 bis 2007 wiederholte. Augenscheinlich überbewertete Zykliker oder die seinerzeit in Mode gekommenen Solarwerte fehlten in seinen Fonds ebenso wie einige Jahre vorher die Technologietitel.

Mehr oder weniger zufällig traf er Andreas Czeschinski, einen früheren Kollegen wieder, mit dem er bereits in seinen Anfangsjahren bei Schröder, Münchmeyer, Hengst & Co.[3] zusammengearbeitet hatte. Czeschinski, der zwischenzeitlich als Gründungsvorstand die Investmentbank Equinet[4] mit aufgebaut hatte, wollte sich ebenfalls beruflich neu orientieren. So entstand die Idee zu Fidecum quasi bei einem Feierabendbier. Fidecum ist ein Kunstname, sagt Schupp heute. »Anfangs glaubten wir, es bedeute auf Latein ‚mit Vertrauen'. Später musste ich feststellen, dass meine Vier minus in Latein nicht von ungefähr kam.«

Auch am nächsten Morgen passte alles noch perfekt – von der Investmentphilosophie bis hin zur künftigen Aufgabenverteilung im Portfolio-Management, die sich aus den Lebensläufen der beiden Existenzgründer ergab. Hans-Peter Schupp als erfahrener Fondsmanager ist naturgemäß näher am Unternehmen, der ehemalige Aktienhändler Andreas Czeschinski näher am Markt. »Was natürlich nicht heißen soll, dass Andreas nicht in der Lage wäre, Gespräche mit dem Management eines Kaufkandidaten zu führen und ich nicht wüsste, wie man eine Order aufgibt«, schränkt Schupp ein. Aber im Großen und Ganzen fühlen sich beide mit der Rollenverteilung recht wohl.

Vom ersten Gespräch bis zum Start der Firma vergingen nur fünf Monate. Im Februar 2008 wurde die Fidecum AG gegründet, am 15. Juli 2008 ging der Euroland Contrarian Value Fonds an den Start, die Zulassung zum öffentlichen Vertrieb folgte, überraschend schnell, zwei Wochen später. Trotzdem hat Schupp nicht die besten Erinnerungen an die Tage im Juli: »Das war die Zeit, als der DAX unter die 6000-Punkte-Marke rutschte. Beinahe täglich ging es weiter runter. Und in diesem Umfeld hatten wir das Seed Money[5)] zu akquirieren .« Geklappt hat es trotzdem irgendwie. Sechs Jahre nach seinem ersten Neustart begann Schupp wiederum mit 13 Millionen Euro, hauptsächlich von institutionellen Kapitalgebern.

Und auch das wiederum vierköpfige Team war schnell komplett. Marketing und Vertrieb werden seit Juli 2008 von Klaus Kämmerer geleitet, der 20 Jahre Erfahrung in der Betreuung institutioneller Kunden mitbringt – unter anderem war er für die Deutsche Bank[6)], ABN Amro[7)] und die Commerzbank[8)] tätig gewesen. Unterstützt wird Kämmerer von Dr. Sibylle Hambloch, eigentlich promovierte und habilitierte Wirtschaftshistorikerin und Privatdozentin an der Universität Siegen, die sich jedoch für das Fidecum-Konzept begeisterte und die akademische Laufbahn deshalb hintanstellte.

Bei dem Vierer-Team soll und wird es aber nicht bleiben, erklärt Schupp. Nach den Erfahrungen bei MainFirst, wo im Stil einer Investmentboutique zwei verschiedene Strategien – Value und Growth – angeboten wurden, will er auch Fidecum langfristig auf eine breitere Basis stellen: »Wir wollen keine One-Man-Show.«. Das bedeutet nicht zwangsläufig, dass neben Value nur andere Investmentstile ins Programm aufgenommen werden. Denkbar sind Schupp zufolge auch völlig andere Regionen oder Anlageklassen. Seine Idee sind mehrere, weitgehend unabhängige Fondsmanufakturen unter einem Dach. Nur eine Vollbank, wie etwa Schupps frühere Arbeitgeber MainFirst und Julius Bär, soll Fidecum nicht werden.

Der Fidecum-Aufsichtsrat[9)] unterstütze seine Pläne, sagt Schupp, fügt aber an, dass das hochkarätig besetzte Gremium um den Vorsitzenden Dr. Walter Deuss[10)] keinesfalls alles abnickt, was den Vorständen vorschwebt. Obwohl die drei Vorstände Schupp, Czeschinski und Kämmerer gleichzeitig die Eigentümer der Fidecum AG sind und sich nur ein symbolisches Gehalt genehmigen, wurden die Vorstandsverträge dreimal hin- und hergeschickt, ehe der Aufsichtsrat sie abzeichnete. »Sie nehmen ihre Kontrollfunktion sehr, sehr ernst«, sagt Schupp. So, wie er sich das bei auch manch börsennotiertem Unternehmen wünschen würde. Punkt.

2. Die Strategie

Wer Hans-Peter Schupp richtig herzhaft lachen hören will, zitiert am besten den Satz »Value-Aktien sind zu teuer«, der Mitte 2006 in einer großen deutschen Anlegerzeitung zu lesen war. Was Schupp zum Lachen bringt, ist der Widerspruch in sich: Value-Aktien können nicht zu teuer sein, das ist nach seiner Definition ausgeschlossen. Allerdings setzt das Gros der Anleger Value mit MDAX- und SDAX-Titeln[11)] gleich – und die waren ihm 2006 nach drei Jahren Hausse wirklich zu teuer. »Zu diesem Zeitpunkt fanden wir Value eher im DAX und besonders im Internet- und Technologiesektor. Kurz gesagt: in Marktsegmenten, die jahrelang vernachlässigt worden waren.«

Schupps Contrarian-Value-Strategie baut darauf auf, dass er nach Aktien sucht, die gerade nicht im Fokus der Anleger stehen. Mit Hilfe von Datenbanken durchforstet er den Markt nach Unternehmen, die im Vergleich zum Buchwert oder zum Gewinn augenfällig günstig bewertet sind. Gemäß der Definition Benjamin Grahams geht es also darum, entweder »cheap assets« (günstige Vermögenswerte) oder »cheap earnings« (günstige Erträge) einzukaufen.

Damit allerdings ist sein Graham-Exkurs auch schon zu Ende. Schupp befremdet, »dass sich mit dem klassischen Graham nahezu alles rechtfertigen lässt: Auf die Gewinne werden Übernahme-Multiples gesetzt, zum Teil erzielbare Synergieeffekte mit eingerechnet und schon landet man bei Mondpreisen, selbst wenn man die von Graham geforderte Sicherheitsmarge abzieht«. Insofern sei der Name Graham »vielleicht gut für's Fondsmarketing«, habe aber mit seinem Investmentansatz nicht viel zu tun. »Wir denken nicht in Aktienkursen, wir denken in Marktkapitalisierung«.

Genauer: In Marktkapitalisierung plus Schulden, neudeutsch Enterprise Value, was für Schupp und Czeschinski die Grundlage der Überlegung darstellt, »ob wir das ganze Unternehmen zu diesem Preis kaufen würden.« Dabei spielen auch der Wert und die Verzinsung des Eigenkapitals eine entscheidende Rolle. Eine hohe Eigenkapitalrendite darf aber nicht um den Preis einer geringen Eigenkapitalquote erkauft werden. Das auch heute noch an Universitäten gelehrte betriebswirtschaftliche Paradoxon, wonach es letztlich egal sein soll, ob ein Unternehmen mit Eigen- oder Fremdkapital arbeitet, sieht Schupp durch die Kreditkrise der Jahre 2008/09 als widerlegt an. Paradebeispiel sind für ihn die Investmentbanken, die versuchten, ihre Erträge durch unmäßigen Einsatz von Fremdkapital zu hebeln. »Wenn es gut läuft, streichen sie 30 Prozent der Erträge selbst ein, wenn es schlecht läuft, hat den Schaden der Aktionär«, kritisiert Schupp, der folglich in solche Unternehmen nicht investieren würde.

Zur Ermittlung der Rentabilität, orientiert er sich nicht an Gewinnschätzungen für die Zukunft, sondern ausschließlich an testierten Werten der Vergangenheit und versucht so, die normalisierten Erträge zu errechnen, die in durchschnittlichen Wirtschaftszyklen möglich sind. Zusätzlich durchsuchen sein Kollege Andreas Czeschinski und er den Markt aktiv nach Aktien, die – zum Beispiel nach schlechten Unternehmensnachrichten – nach unten überreagiert haben. Wenn nach der ausführlichen Unternehmensanalyse alle Kennzahlen auf eine Kaufgelegenheit hindeuten, entscheiden in letzter Konsequenz das Gespräch mit dem Management und der persönliche Eindruck beim Unternehmensbesuch über die Aufnahme ins Portfolio. »Wir setzen keine Stoppkurse, sondern wir gewichten unsere Einzeltitel nach Kurspotenzial. Neuaufnahmen werden in der Regel nur mit 0,5 Prozent des Fondsvermögens gewichtet, aber ausgebaut, falls die Notierung weiter nachgibt. Das heißt, wir stocken eine Position immer weiter auf, je stärker der Kurs fällt. Das kann man nur durchhalten, wenn man sehr, sehr nahe am Unternehmen dran ist«.

Im Ergebnis führt das in stark gefallenen Märkten zu einem High-Beta-Portfolio[12)]. Wenn die Börse nach unten übertreibt, können sogar überproportionale Verluste vorkommen. Dafür ist der Fonds dann an den Wendepunkten voll investiert, was in Erholungsphasen weit überdurchschnittliche Renditen ermöglicht. Genau umgekehrt funktioniert es in stark angestiegenen Märkten. Wenn die Stimmung himmelhoch jauchzend ist, reduzieren Schupp und Czeschinski konsequent das Risiko und nehmen in Kauf, dass die Wertentwicklung ihres dann zum Low-Beta-Portfolio umgebauten Fonds hinter den Börsenindizes zurückbleibt. »In emotionalen Märkten kann die Performance deshalb phasenweise mit dem Gesamtmarkt nicht mithalten«, räumt Schupp ein.

Da er einen langen Atem hat, ist er nach solchen Phasen meist derjenige, der zuletzt lacht: »Die Methode funktioniert, weil Märkte zu Übertreibungen tendieren. Informationen, die im Moment verfügbar sind, werden für sehr, sehr lange Zeit fortgeschrieben. Das birgt bei populären Aktien stets die Gefahr negativer Überraschungen.« Sein Ansatz basiert deshalb darauf, Titel auszuwählen, in die negative Erwartungen eingepreist sind.

Mit dem Versuch, in Aktien zu investieren, wenn sie billig sind, kaufen Value-Investoren Unternehmen, die vom Markt als brandgefährlich angesehen werden. Das heißt, dass es den Unternehmen zu diesem Zeitpunkt nicht gut geht. »Die Aktien sind dann so bewertet, als würden die Zeiten fallender Erträge immer weitergehen. Wir setzen auf eine Normalisierung, die früher oder später auch eintreten wird. Insofern würde ich nicht behaupten wollen, dass Value weniger Risiken beinhaltet als jeder andere Investitionsstil, aber auch nicht mehr.« Vor allem kurzfristig: Denn wie das Gros der Value-Investoren tendiert auch er dazu, zu früh zu kaufen. Wer sich nüchtern gegen die Marktströmung stellt, ignoriert bewusst den psychologischen Aspekt. In Krisenzeiten prügelt die Presse oft noch richtig auf ohnehin angeschlagene Unternehmen ein, was einen negativen Nachrichtenfluss gewährleistet, obwohl die Zeichen fundamental längst auf Kauf stehen. »Es ist nicht leicht darauf zu warten, dass die Stimmung dreht«, sagt Schupp. »Aber wenn sie dreht, dann richtig.« »Seine Geduld ist bewundernswert«, lobt sein ehemaliger Kollege Anko Beldsnijder, der bei MainFirst einen Wachstumsfonds managt. »Ein so konsequentes Durchsetzen des Deep-Value-Stils, sich von keinem Modetrend anstecken zu lassen – und auch noch mit Erfolg – ist sehr, sehr selten.«

Die Technische Analyse als Hilfsmittel fürs Timing lehnt Schupp kategorisch ab, obwohl er sich selbst – wie beinahe alle Value-Investoren – nicht nur eine Tendenz zum verfrühten Einstieg, sondern auch zum verfrühten Ausstieg attestiert. Es sei fast der Normalfall, dass eine Aktie, die er irgendwann einmal ausgegraben hat, noch weiterläuft, wenn der Markt sie erst entdeckt hat, sagt er. Doch das ficht ihn nicht an. »Wenn sie nach unseren Berechnungen zu teuer ist oder wir eine neue Idee mit mehr Potenzial entdeckt haben, wird verkauft. Wir wollen keine heiße Luft im Portfolio haben.« Bei früheren Erfahrungen mit Trendfolgesystemen hat er festgestellt, »dass über kurz oder lang nur noch die Technik über Ein- und Ausstieg entscheidet«. Und das widerspricht seinem fundamentalen Ansatz.

Auch das konjunkturelle Umfeld versucht Schupp weitgehend auszublenden. Ähnlich wie Aktienanalysten in ihren Gewinnschätzungen, tendieren seiner Meinung nach auch Volkswirte dazu, Wachstumszahlen der zurückliegenden Quartale auf die kommenden fortzuschreiben. Anders sei nicht zu erklären, dass Konjunkturprognosen unterjährig laufend, dem jeweiligen Trend folgend, nach oben oder unten korrigiert würden. Da demnach die volkswirtschaftlichen Prognosen wie auch Aktienkurse kurzfristig oft von Zufälligkeiten bestimmt werden, ist sein Investitionsstil stets auf drei bis fünf Jahre ausgelegt. Diesen Zeitraum sieht er als lang genug an, um eine Rückkehr zu normalisierten Erträgen und Wachstumsraten zu erreichen.

Aufpassen müsse man bei einer solchen Strategie allerdings, dass man Strukturbrüche rechtzeitig erkenne, räumt Schupp ein. Als Beispiel führt er die Printmedien an, wo er die Rückkehr zu früheren Ertragswerten für unwahrscheinlich hält. »Immer mehr Kleinanzeigen wandern von den Tageszeitungen ins Internet. Dieser Trend wird sich kaum mehr aufhalten lassen. Das sollte man beachten, wenn man in diese Branche investiert«. Alles in allem seien Strukturbrüche aber eher die Ausnahme als die Regel. Viel zu schnell würden neue Modethemen zu Megatrends erklärt und Altbewährtes totgesagt.

Zum Start des ersten Fidecum-Fonds im Frühjahr 2008 war es der Ölpreis, der von einem Rekordhoch zum nächsten eilte. Die Analysten erhöhten ihre Schätzungen von 100 auf 120, von 120 auf 150, von 150 auf 200 US-Dollar je Barrel[13)] Rohöl, je weiter der Preis stieg. Bei 160 war Schluss, der Ölpreis brach in der Folge auf 40 Dollar pro Barrel ein. »Dass wir da nicht in Öl- und Rohstoffaktien investiert haben, hat uns vor einigem Schaden bewahrt«, resümiert Schupp. »Solche Aktien kaufen wir lieber dann, wenn sie keiner haben will«.

3. Ein Dutzend offener Fragen

Hans-Peter Schupp im Interview

Wie definieren Sie Value?

Value wird häufig mit hoher Dividendenrendite und stabilen Gewinnen gleichgesetzt, kurz gesagt, mit Unternehmen, wie man sie häufig im Midcap-Segment[14)] findet. Aber das ist nicht unsere Definition. Wir suchen im Markt nach unterbewerteter Substanz oder unterbewerteten Erträgen, wobei wir normalisierte Ge-

winne, neudeutsch: »Midcycle-Earnings«, ansetzen. Für uns steht immer die Bewertungsfrage im Vordergrund, das heißt nicht, dass Wachstum verboten ist. Nur kommt man mit unserem Ansatz eben selten auf Glamour-Stocks[15], denen hohe Wachstumsraten zugeschrieben werden. In Marktphasen wie 2005/2006, wenn alle Welt Dividenden- und Substanzwertefonds kauft, tut man sich in diesem Segment naturgemäß schwer, interessante Bewertungen zu finden. 1999/2000, damals noch in Diensten von Julius Bär, habe ich sehr stark in MDAX-Werte investiert, die hohe Dividenden ausschütten. Natürlich bin ich verlacht worden, weil ich die neue Welt nicht kapiert habe. Damals mochte der Markt keine Dividenden, weil es hieß: Wer ausschüttet, hat ein Management ohne Visionen. Das hatte sich fünf, sechs Jahre später komplett gedreht. Das war für uns das Zeichen, auf moderat bewertete Standardtitel zu setzen, am besten auf solche, denen auch noch ein hohes Risiko nachgesagt wird, zum Beispiel Versicherungsaktien. In einer Zeit, in der der Markt alles links liegen lässt, was in irgendeiner Weise Risiko beinhalten könnte, sind solche Aktien eben nicht übermäßig riskant.

Wie sind Sie auf Value-Investing aufmerksam geworden?

Es ist nicht so, dass ich angefangen hätte, Bücher zu lesen und mir zu denken: So schlecht macht Warren Buffett das gar nicht, jetzt mache ich es genauso. Wenn Sie als junger Fondsmanager anfangen, Geld zu verwalten, arbeiten Sie ihren eigenen Stil heraus, der sich über die Jahre entwickelt. Als ich 1996 bei Julius Bär anfing, machte man noch keinen Unterschied zwischen Value und Growth. Bei mir war es eben so, dass ich interessantere Investitionen dadurch fand, indem ich mich gegen den Markt stellte, als mit ihm mitzulaufen. Das musste ich dann irgendwie kategorisieren, also sieht man mich wohl eher als Value-Investor.

Haben Sie Vorbilder, die Sie beeinflusst haben?

Nein. Ich habe, wie gesagt, immer versucht, meinen eigenen Stil zu finden.

Was hat Ihrer Meinung nach Warren Buffett zum erfolgreichsten Value-Investor aller Zeiten gemacht – oder kennen Sie sogar bessere?

Um ehrlich zu sein, machen wir uns keine Gedanken, wer die Stars der Branche sind. Es gibt viele gute Investoren. Im Übrigen hat unser Ansatz nicht viel mit Buffett zu tun. Buffet sucht ja in erster Linie einfache Geschäftsmodelle und starke Markennamen. Wenn es in einem Ort nur eine Brücke über einen Fluss gäbe, würde er sie besitzen wollen. Wir würden aber auch bei einer so ausgeprägten Monopolstellung bezweifeln, dass sich die Margen auf Dauer halten lassen, weil sicherlich eines Tages jemand auf die Idee kommt, eine Fähre einzurichten. Was Buffett sicher auszeichnet, ist seine Stilkonsistenz. Er ist seinem Ansatz über Jahrzehnte treu geblieben. Auch wenn der Markt einmal gegen ihn lief, hat er sich nicht von Modetrends beirren lassen. Das ist meines Erachtens das A und O in unserer Branche.

Gibt es gewisse Voraussetzungen wie Ausbildung, Charakter, Alter oder Temperament, die ein erfolgreicher Value-Investor unbedingt mitbringen sollte?

Ausbildung und Wissen ganz sicher nicht, denn der Ansatz ist ja seit 1940 bekannt. Natürlich muss man Bilanzen lesen können, und Erfahrung hilft. Aber im Prinzip ist das Handwerk keine Kunst. Sie brauchen auch keinen Super-IQ, denn eigentlich müssen Sie ja nur öffentlich verfügbares Wissen anwenden. Was Sie mitbringen müssen, ist die Bereitschaft, sich gegen die Masse zu stellen. Sie müssen den Druck, der dadurch auf Ihnen lastet, aushalten können. Insofern könnte man sagen, eine der wichtigsten Voraussetzungen ist Durchhaltevermögen.

Benötigen Value-Investoren Ihrer Meinung nach ein bestimmtes Umfeld, um erfolgreich arbeiten zu können?

Solange das Team nicht zu groß ist, meines Erachtens: nein. Tendenziell ist Value-Investing in einer Großbank genauso möglich wie in einem kleinen Haus, solange das Vertrauen in den Fondsmanager da ist und er seine Freiräume bekommt. Wenn in einem großen Haus mehr auf Stilkonsistenz geachtet wird als auf kurzfristige Performance, dann funktioniert es – in der Theorie zumindest. In der Praxis ist es bedauerlicherweise so, dass man es in einer kleinen, unabhängigen Firma ungleich leichter hat. In großen Häusern laufen Fondsmanager schnell Gefahr, zum Politiker zu werden und gefällige, populäre Entscheidungen zu treffen.

Aus wie vielen Werten sollte ein Portfolio idealerweise bestehen und wie lange sollten die Aktien gehalten werden?

Es fällt mir schwer, etwas über die Depotstruktur von Privatanlegern zu sagen. Ich kann nur von uns reden. Wir tendieren zu einem konzentrierten Portfolio. Wenn wir von etwas überzeugt sind, dann haben wir auch eine hohe Gewichtung. Je nachdem, ob wir stärker im Blue-Chip-Bereich[16)] oder stärker in Nebenwerte investiert sind, halten wir zwischen 25 und 55 Werten. Unsere Umschlagshäufigkeit liegt zwischen 0,3 und 0,5, was einer Haltedauer von zwei bis drei Jahren entspricht. Wir kaufen oder verkaufen aber nie eine Position auf einmal, sondern bauen diese über einen längeren Zeitraum auf oder ab. Deshalb vergehen vom dem ersten Kauf bis zur endgültigen Auflösung einer Position durchaus fünf Jahre.

Welches waren Ihre drei besten Investments?

Sicherlich war es keine schlechte Idee, zu einem Zeitpunkt in MDAX-Werte zu investieren, als sie niemand haben wollte. Konkret war es wohl richtig, in 2000 defensiv zu investieren und im Jahr 2003 aggressiver zu werden. Ein Beispiel ist der Kabelhersteller Leoni[17)]. Die ersten Positionen habe ich noch für etwa zehn Euro während meiner Zeit bei Julius Bär im Jahr 1999 aufgebaut, als alle noch vom Neuen Markt geträumt haben. In der Spitze stand die Aktie einige Jahre später über 40 Euro.

Für's MainFirst-Portfolio habe ich im Frühjahr 2003 MAN[18) gekauft. Damals haben mich alle für verrückt erklärt, weil ich mich in einem so zyklischen, risikobehafteten Titel engagiere. Der Kurs stand damals bei elf Euro. Als sie auf 60 Euro gestiegen war, wollte sie plötzlich jeder haben. Das war für mich das Signal zum Ausstieg.

Nach der Fidecum-Gründung war Renault[19) unser Topperformer. Wir haben die Aktie im Frühjahr 2009 für zehn Euro gekauft. Die Marktkapitalisierung des Unternehmens lag seinerzeit bei 2,8 Milliarden Euro. Das entsprach nach unseren Berechnungen dem Wert der Beteiligungen an Nissan und Volvo. Das operative Geschäft gab es bei 18 Milliarden Euro Eigenkapital also geschenkt. Die Aktie ist dann relativ rasch auf 30 Euro gestiegen, man muss also nicht immer zwei, drei oder fünf Jahre warten.

Und Ihre drei größten Flops?

Ein richtiger Reinfall war Parmalat[20), auf den ersten Blick ein solider italienischer Molkereikonzern. Wir hatten investiert, als die Aktie wegen der ersten Gerüchte über Bilanzmanipulationen schon unter Druck stand. Wir haben uns damals auf die von den Wirtschaftsprüfern testierten Zahlen verlassen – und sind prompt reingefallen. Das ist genau das Problem: Wir können und wir dürfen nicht mehr wissen als der Wirtschaftsprüfer. Wenn man auf testierte Daten nicht mehr vertrauen kann, weil auch diese manipuliert sind, steht man dem als Investor machtlos gegenüber. Der Unterschied zwischen puristischem Value-Investing und dem Kauf von Unternehmen, die später Konkurs anmelden, ist dann oft nur eine Nuance.

Richtig ärgerlich war auch die Geschichte mit OPG[21), einem niederländischen Pharmagroßhändler. Wir hatten die Aktie im Portfolio, als 2003 die staatlich genehmigten Rückerstattungen für Arzneimittel gekürzt wurden. Nach neuerlicher Analyse entschieden wir, die Aktie zu verkaufen, da wir aufgrund der geänderten Gesetzgebung von einem Strukturbruch im Gesundheitssektor ausgegangen sind. Wir haben uns geirrt, der Aktienkurs verdoppelte sich. Das Unternehmen konnte die schlechteren Rahmenbedingungen durch andere Geschäftsfelder kompensieren.

Ein anderes Beispiel aus der jüngeren Vergangenheit ist Fortis[22)]: Aufgrund von Gerüchten, der Konzern sei angeschlagen, gab es eines Freitags eine Telefonkonferenz, die ich mir angehört habe. Darin wurde herausgestellt, dass alles in bester Ordnung sei und das Eigenkapital der Gesellschaft mehr als 30 Milliarden betrage. Am folgenden Montag gab es eine neue Telefonkonferenz unter einem neuen Vorstand. Übers Wochenende war das Institut teilverstaatlicht worden. Die Bank sei auf diese Weise gerade noch gerettet worden. Denn die belgische und die niederländische Regierung hatten befürchtet, dass in der Folgewoche ein Run auf die Bank hätte einsetzen können, bei dem jeder noch schnell versucht, sein Erspartes abzuheben. Die vom Staat angebotene Entschädigung für die Aktionäre war ein Witz. Bei der Fortis-Hauptversammlung flogen Geld und Schuhe. Um gegen den staatlichen Eingriff vorzugehen, haben wir uns an einer Sammelklage des Anwalts Mischaël Modrikamen[23)] beteiligt. Wie politisch brisant der Fall ist, sieht man daran, dass der belgische Staatspräsident versuchte, Einfluss auf die Justiz zu nehmen und schließlich zurücktreten musste, nachdem Modrikamen dessen Manipulationsversuche an die Öffentlichkeit gebracht hatte.

Wenn Sie eine Firma nur nach einer einzigen Kennzahl beurteilen dürften, welche würden Sie verwenden?

Die Renditegröße, die uns am stärksten interessiert, ist das Verhältnis des operativen Ergebnisses nach Steuern zum Wert des entschuldeten Unternehmens. Die Formel heißt NOPAT/EV, also Net Operating Profit After Taxes geteilt durch Enterprise-Value. Der Enterprise-Value setzt sich zusammen aus Marktkapitalisierung plus Schulden, deshalb steht er im Nenner, das operative Nettoergebnis im Zähler. Das operative Nettoergebnis ermitteln wir anhand einer normalisierten Marge, die wir mit dem Umsatz multiplizieren. Davon ziehen wir Minderheitsanteile und eine normalisierte Steuerquote ab. Die Kenngröße NOPAT/EV sollte deutlich über 8,5 Prozent liegen. Wir kaufen in der Regel, wenn die Kennzahl bei mindestens elf bis zwölf Prozent liegt und verkaufen bei etwa 8,5 Prozent. Es hat sich gezeigt, dass 8,5 über einen Zyklus hinweg die richtige Größenordnung ist. Das fällt auch ungefähr mit der langfristigen Rendite des Aktienmarkts zusammen,. Wenn Sie Renditen über 8,5 einkaufen und bei 8,5 verkaufen, sollten Sie den Markt auf lange Sicht schlagen. Und das ist ja unser Ziel: Wir kaufen also in der Untertreibung und verkaufen in der Übertreibung.

Ihre Lieblingsaktie?

Gibt es nicht. Es gibt immer nur eine aktuelle Lieblingsaktie, aber keine für die Ewigkeit.

Welches Buch sollten Anleger unbedingt gelesen haben, bevor sie sich aufs glitschige Börsenparkett begeben?

Wer eine Aktie kauft, sollte vielleicht nicht zu viele Bücher über Theorien lesen, sondern sich in erster Linie über das Unternehmen kundig machen, in das er investiert und dabei auch den Geschäftsbericht lesen. Auch die Lektüre von Analystenstudien schadet nicht, man sollte sie aber mit einer gewissen Skepsis behandeln. Das erscheint mir wichtiger als irgendwelche Ratschläge, ob man nun so oder so investieren soll.

4. Der Fonds

Fidecum Contrarian Value Euroland:
Im ersten Fidecum-Fonds setzen Hans-Peter Schupp und Andreas Czeschinski ihre antizyklische Value-Strategie um. Der Fonds ist

für Large-, Mid- und Small Caps offen. Die Einzelwerte werden nach Kurspotenzial gewichtet, unabhängig von Größe und Marktkapitalisierung der Unternehmen, wobei jedoch mindestens 30 Prozent in liquiden Standardtiteln angelegt sein müssen, um ein fungibles Portfolio zu gewährleisten. Als Faustregel gibt Schupp aus: »In hoch bewerteten Märkten werden wir defensiver, in niedrig bewerteten offensiver«. Grundlage der Aktienauswahl ist ein researchgetriebener Bottom-up-Ansatz,[24] bei dem das volkswirtschaftliche Gesamtumfeld ausgeblendet wird. Eine Top-Down-Analyse[25], in die das makroökonomische Umfeld und die Einschätzung zu bestimmten Branchen einbezogen werden, erfolgt nur zur Risikooptimierung des Portfolios, da Klumpenrisiken vermieden werden sollen. Langfristig ist Schupp überzeugt, den Markt zu schlagen, will aber auch nicht verschweigen, dass mit seinem Ansatz Phasen der Underperformance programmiert sind. Nach dem Start im Crashjahr 2008 mit 31 Prozent Verlust legte der Fonds im ersten Halbjahr 2009 um zwölf Prozent zu. Ab einer Anlagesumme von 95.000 Euro wird für institutionelle Investoren auch die Anteilsklasse C (ISIN: LU0152755707) mit günstigeren Verwaltungsvergütungen angeboten.

ISIN: LU0370217092
Fondsleitung: Fidecum Sicav, Luxemburg
Portfoliomanagement: Fidecum AG, Bad Homburg
Total Expense Ratio (TER): n/a.
Verwaltungsgebühr: 1,4 % p.a. plus erfolgsabhängige Gebühr
Depotbankgebühr: 0,05 % p.a.
Ausgabeaufschlag: bis zu 5,00 %
Rücknahmekommission: keine
Depotbank: Landesbank Rheinland-Pfalz International, Luxemburg
Performance 2009: +47,5 %
Performance seit Auflegung: +10,9 % (per 30.04.2010)
Volatilität: 20,3 %
Fondsvolumen: 36,3 Millionen Euro

5. Kontaktadresse

Fidecum AG
Kaiser-Friedrich-Promenade 65
D-61348 Bad Homburg
Tel.: +49 (0) 6172 / 6 82 65 13
Fax: +49 (0) 6172 / 6 82 65 19
E-Mail: info@fidecum.com
Internet: www.fidecum.com

Anmerkungen:

1) Julius Bär Holding AG: Börsennotierte Schweizer Bank mit angeschlossener Fondsgesellschaft, ISIN: CH0029758650. Anschrift: Bahnhofstraße 36, CH-8010 Zürich, Internet: www.juliusbaer.com.
2) MainFirst Bank AG: Privates Bankhaus mit angeschlossener Fondsgesellschaft. Anschrift: Torhaus Westhafen, Speicherstraße 57, D-60327 Frankfurt, Internet: www.mainfirst.com.
3) Schröder, Münchmeyer, Hengst & Co. (SMH Bank): Ehemalige deutsche Privatbank mit Sitz in Hamburg und Offenbach am Main, die von der schweizerischen UBS (ISIN: CH0024899483) übernommen und 2001 zunächst in UBS Private Banking Deutschland AG, danach in UBS Wealth Management und schließlich in UBS Deutschland AG umbenannt wurde.
4) Equinet AG: Deutsche Investmentbank mit Fokus auf Wertpapiergeschäft und Unternehmensfinanzierung. Anschrift: Gräfstraße 97, D-60487 Frankfurt. Internet: www.equinet-ag.de.
5) Seed Money oder Seed Capital: Englisch wörtlich für Saat-Kapital. Gemeint ist das Startkapital für eine Fonds- oder Unternehmensgründung.
6) Deutsche Bank AG: Größte börsennotierte Bank in Deutschland, ISIN: DE0005140008.
7) ABN Amro Bank N.V.: Niederländische Bank, die im Oktober 2007 von einem Konsortium aus Royal Bank of Scotland (ISIN: GB0007547838), Banco Santander und Fortis übernommen wurde. Der Name ABN Amro wird für die niederländischen Filialen von Fortis fortgeführt.
8) Commerzbank AG: Zweitgrößte börsennotierte Bank in Deutschland, ISIN: DE0008032004.
9) Der Aufsichtsrat der Fidecum AG besteht aus Dr. Walter Deuss (Vorsitzender), Prof. Dr. Detlev Stock, Lehrstuhlinhaber für Kapitalwirtschaft an der Beuth Hochschule für Technik, Berlin, sowie Dr. Stephan Hess, Wirtschaftswissenschaftler, Buchautor und bildender Künstler.
10) Deuss, Walter: Von 1972 bis 2000 Vorstandsvorsitzender der Karstadt AG, später KarstadtQuelle AG, heute Arcandor AG, ISIN: DE0006275001. Unter seiner Ägide wurde Karstadt durch die Übernahmen, z.B. von Hertie und Neckermann, später durch die Fusion mit Quelle zu einem der größten Handelskonzerne Deutschlands. Nach seinem Ausscheiden begingen Deuss' Nachfolger mehrere strategische Fehler, die schließlich im Jahr 2009 zur Insolvenz der Arcandor AG führten.
11) MDAX und SDAX sind Handelssegmente bzw. Indizes für deutsche Aktien mit mittlerer und geringerer Marktkapitalisierung. Diese so genannten Nebenwerte unterhalb des DAX zeichnen sich mehrheitlich durch altbewährte, stabile Geschäftsmodelle und solide Dividendenzahlungen aus.
12) High Beta: Der griechische Buchstabe Beta bezeichnet in der Finanzmathematik die Marktrendite. Ein High-Beta-Portfolio weist demnach mindestens gleich hohe oder höhere Renditeschwankungen auf als der Gesamtmarkt.
13) Barrel: Standard-Maßeinheit für den internationalen Handel mit Rohöl. Ein Barrel entspricht einem Fass mit einem Volumen von 159 Litern bzw. 42 Gallonen.
14) Midcap-Segment: Midcaps sind im Englischen Werte mit mittlerer Marktkapitalisierung, wie sie zum Beispiel im MDAX (siehe Anmerkung Nr. 11) zu finden sind.
15) Glamour Stocks: Englisch für glamouröse, also besonders populäre Aktien. Der Ausdruck wird in den USA in jüngster Zeit vor allem für hochspekulative Wertpapiere verwendet.

16) Blue Chips oder Large Caps: Englische Bezeichnung für Unternehmen mit hoher Marktkapitalisierung, im Deutschen spricht man auch von Standardwerten.
17) Leoni AG: Deutscher Kabelhersteller, vormals Leonische Drahtwerke, ISIN: DE0005408884.
18) MAN SE: Deutscher Nutzfahrzeug- und ehemaliger Druckmaschinenhersteller, vormals Maschinenfabrik Augsburg-Nürnberg, ISIN: DE0005937007.
19) Renault S.A.: Französischer Automobilhersteller, an dem der französische Staat mit 15,01 Prozent beteiligt ist. ISIN: FR0000131906.
20) Parmalat S.P.A.: Italienischer Molkereikonzern, ISIN: IT0003826473.
21) OPG Groep N.V.: Niederländischer Pharmagroßhändler, inzwischen umbenannt in Mediq N.V., ISIN: NL0009103530.
22) Fortis S.A./N.V.: Niederländisch-belgischer Finanzkonzern, ISIN: BE0003801181.
23) Modrikamen, Mischaël: Belgischer Anwalt, spezialisiert auf komplexe Rechtsstreitigkeiten im Unternehmens- und Finanzrecht, erstritt im Jahr 1998 drei Milliarden Euro für die Aktionäre der CERA im Zuge der Fusion mit der Kreditbank und vertrat Anleger unter anderem bei Klagen gegen die Nationalbank von Belgien. Internet: www.modrikamen.com.
24) Bottom-up: Englisch für »Von unten nach oben«, bezeichnet einen Ansatz, in dem zunächst die einzelnen Unternehmen ausführlich analysiert werden, bevor die Aussichten für die Branche oder das Marktumfeld bewertet werden.
25) Top-down: Englisch für: »Von oben nach unten« ist das Gegenteil des Bottom-up-Ansatzes. Top-down-Investoren leiten ihre Ideen aus den volkswirtschaftlichen Rahmenbedingungen ab und verwenden weniger Zeit auf die Unternehmensanalyse.

V. Die Trendforscher: Andreas Grünewald, Alexander Kapfer und die FIVV AG

1. Die handelnden Personen

Es war nicht die beste Zeit, die sich Andreas Grünewald ausgesucht hatte, um sein eigenes Unternehmen zu gründen. Die FIVV AG nahm ihre Geschäftstätigkeit Ende 1999 auf, mitten in der Euphoriephase der Weltbörsen, die kurze Zeit später in eine dreijährige Baisse mündete. Börsenbriefe, Finanzzeitschriften und dubiose Anlageberater schossen damals wie Pilze aus dem Boden. Kaum einer hat überlebt. »Uns hat geholfen, dass wir frühzeitig immer wieder auf die Bremse getreten sind und gewarnt haben, dass es nicht ewig so weitergehen wird«, resümiert Grünewald. Sein Konzept der ehrlichen Anlageberatung und die Unabhängigkeit von den Interessen der Großbanken haben sein Unternehmen durch die schlechte Börsenzeit gerettet. Im Unterschied zu den Gurus des Neuen Marktes trieb er seine Kunden nicht in überbewertete Technologieaktien, sondern sensibilisierte sie für den Value-Stil. In einer Bank wäre ihm das nicht gelungen, wie er zugibt: »Wenn da der Abteilungsleiter zur Tür reinkommt und seinen Analysten erklärt, das Mandat für einen Börsengang erhalten zu haben, heißt das übersetzt: Sie schreiben eine Kaufstudie. Ganz egal wie teuer die Aktie ist.«

Bei seinem früheren Arbeitgeber Hauck & Aufhäuser[1)] war das zum Glück nicht sehr ausgeprägt, sagt er. Trotzdem gab er seine Stellung als Analyst dort nach drei Jahren auf, da ihn seine Nebentätigkeit zu sehr in Anspruch nahm: Grünewald ist auch Gründer und Geschäftsführer des Münchner Investment Clubs[2)] (MIC). Zur Gründung 1989 war der Club noch ein geschlossener Personenkreis (Grünewald: »Neun Schulfreunde oder Studienkollegen und mein Großvater«). 1995 öffnete sich der Verein auch für Außenstehende. Der Investmentclub – mittlerweile einer der größten seiner Art in Deutschland – war zu stark gewachsen, um ihn weiterhin nur nebenbei managen zu können. Deshalb entsprach Grünewald mit der Gründung der FIVV, ausgeschrieben FinanzInformation und VermögensVerwaltung AG, dem Wunsch der Clubmitglieder, die Beratungstätigkeit auf professionelle Beine zu stellen. »Viele unserer Kunden kamen durch den Investmentclub zu uns«, erklärt Grünewald.

Grünewalds erster Angestellter war Alexander Kapfer, damals gerade mit dem Studium fertig und heute Berater des Fonds FIVV-Global-Select-UI. Kapfer und Grünewald hatten sich während des BWL-Studiums in München kennengelernt. Während einer Vorlesung hatte Grünewald den Investmentclub erwähnt und Kapfer für dessen Anlagekonzept begeistert. Noch als Student trat er bei und rückte wegen seines außergewöhnlichen Talents und Engagements schnell in den Anlageausschuss auf. Bei der FIVV AG beriet er zunächst vermögende Privatkunden, im Oktober 2000 kam der Fonds dazu, der die schwierige Zeit ebenso unbeschadet überstand wie Grünewalds Firma. Im Unterschied zum DAX oder gar zum TecDAX liegt der Fonds acht Jahre nach seiner Lancierung deutlich im Plus.

Inzwischen beschäftigt die FIVV AG 18 Mitarbeiter in München und drei in der 2005 eröffneten Repräsentanz in China. Das Standbein in Asien wurde laut Grünewald »aus der Überlegung heraus gegründet, Schritt für Schritt das aufzufangen, was Amerika in den nächsten Jahren an Wachstum einbüßen wird«. Auch einen eigenen China-Fonds bietet FIVV an. Gemanagt wird er von Christian Hofmann mit Unterstützung von zwei chinesischen Analysten. Ein begrenzter Kreis von Privatkunden kann auch die individuelle Vermögensverwaltung des Hauses FIVV nutzen.

Beim weltweit anlegenden FIVV-Global-Select-UI ist Alexander Kapfer allein für die Anlageempfehlungen verantwortlich, allerdings nutzt er dabei auch die Erkenntnisse seiner sieben direkt in die Vermögensverwaltung eingebundenen Kollegen. »Wenn Sie so wollen, spiegelt der Fonds unsere Hausmeinung wider«, erklärt er.

2. Die Strategie

Der FIVV-Aktien-Global-Select-UI war ursprünglich ein Mischfonds mit etwa 70 Prozent Aktien- und 30 Prozent Rentenanteil. Um auch institutionelle Anleger zu gewinnen, wurde er zum reinen Aktienfonds umfunktioniert. »Die Asset Allocation, also die Verteilung des Vermögens auf verschiedene Anlageklassen, machen Dachfondsmanager lieber selber«, sagt Vorstand Andreas Grünewald. 100 Prozent Aktienfonds heißt aber nicht, dass der Fonds immer zu 100 Prozent investiert ist. »Wenn keine Kaufgelegenheiten am Markt sind, können wir bis zu 50 Prozent Cash halten und unsere Positionen über die Terminmärkte absichern. In der Praxis wird es aber meist bei 25 Prozent Cashanteil bleiben, es sei denn, die Marktverfassung ist so miserabel, dass Aktien ein zu hohes Risiko darstellen würden. Bevor sie die Aktienquote drastisch zurückfahren, würden es Kapfer und Grünewald aber immer noch lieber mit dividendenstarken Titeln probieren, wenn die Zeiten unsicher sind. Denn Ausschüttungen sichern den Kurs wenigstens einigermaßen nach unten ab.

Es gibt aber auch Situationen, da geht gar nichts mehr. Der Fonds wurde im Oktober 2000 aufgelegt und musste erst einmal eine zweieinhalbjährige Baisse überstehen. Für Marktanomalien wie den Ausverkauf im Jahr 2002, als die Versicherer von den Aufsichtsbehörden gezwungen wurden, ihre Aktienquoten zu reduzieren, was den ohnehin angeschlagenen Markt noch tiefer ins Minus drückte, gibt es eben keine rationale Erklärung. Und keinen wirksamen Schutz. Wir haben diese Phase zwar überstanden, weil wir konsequent nachgekauft haben und durch das Verbilligen schneller wieder ins Plus gekommen sind«, sagt Fondsmanager Kapfer, für den es das Wichtigste ist, »das Ziel nicht aus den Augen verlieren, auch wenn der Weg dorthin nicht immer geradlinig verläuft«. Doch leichte Zweifel beschlichen damals wohl auch die letzten Aufrechten, als die Kurse noch ein halbes Jahr lang immer weiter dahinschmolzen. Kapfer: »Gut, wir haben uns gesagt, wir sind langfristig orientiert. Wir haben konsequent an unseren Storys festgehalten, weil sich ja fundamental nichts geändert hatte. Wir haben sogar unsere eigenen menschlichen Schwächen analysiert und kamen so zu der Disziplin, genau das Richtige zu tun.«

Trotzdem räumt er ein, dass an der Börse recht haben und recht bekommen zwei Paar Stiefel sein können: »Wir haben 2002 gekauft, weil es die Bewertungen gerechtfertigt haben. Aber es hat sehr lange gedauert, bis sich das ausgezahlt hat.« Im Unterschied zum Gros der Value-Investoren spielt Markttiming für die FIVV-Mannschaft eine Rolle. Grünewald: »Die Fundamentalanalyse bringt uns auf die richtigen Aktien, die technische Analyse auf den richtigen Zeitpunkt«. Der Mann, der das sagt, schrieb seine Diplomarbeit über Börsensoftware und kam zu dem Ergebnis, dass diese zwar sinnvoll zur Informationsbeschaffung sein kann, sich das Anlageergebnis durch die charttechnischen Kauf- und Verkaufssignale, die der Computer liefert, aber keineswegs verbessert. »Wir würden auch nie eine Aktie kaufen, weil die technische Analyse besagt: Diesen Titel muss man haben«, unterstreicht Grünewald, »Warren Buffet selbst sagt ja, sich auf Charts zu verlassen, ist wie ein Auto zu lenken und dabei ausschließlich in den Rückspiegel zu schauen.«

Der eigentliche Anlageprozess ist zweistufig. Zunächst versuchen Kapfer, Grünewald und Kollegen, makroökonomische Trends zu identifizieren, die über Jahre, am besten Jahrzehnte, Bestand haben können. Beispiele sind etwa die Schwäche des US-Dollars und die damit verbundene Renaissance des Goldes oder die zunehmende Bedeutung Asiens für die Weltwirtschaft, was – wegen der starken Nachfrage aus Fernost – für anhaltend hohe Rohstoffpreise sorgen sollte.

Anschließend werden im zweiten Schritt die Aktien der Unternehmen herausgefiltert, die von diesen Trends profitieren. Dazu bedient man sich einerseits klassischer Value-Kennzahlen wie Kurs-Cashflow-Verhältnis oder Marktkapitalisierung zu Umsatz.

Ein entscheidender Punkt ist das Studium der Bilanzen. »Wir sind überzeugt, dass es gängige Praxis ist, das Zahlenwerk zu manipulieren«, sagt Kapfer. Nicht nur, um bei den Investoren gut dazustehen, sondern mitunter auch, um Steuern zu sparen. VW[3] zum Beispiel habe seine Gewinne jahrelang versteckt. General Electric[4] dagegen treffe bis auf ein, zwei Cent immer punktgenau die Analystenschätzungen. Offenbar lassen sich Enttäuschungen im operativen Geschäft über das Finanzergebnis ausgleichen. »Wir müssen uns dann schon die Frage stellen, ob das die Unternehmen sind, die wir haben wollen.«

Am liebsten sind ihm Unternehmen, »die keinen Schmarrn erzählen müssen«. An das Versprechen von »Riesenmargen« glaubt er ebenso wenig wie an gigantische Wachstumsraten. Gegen Wachstum sei prinzipiell nichts einzuwenden, solange es werthaltig ist. Bezahlte Manager würden allerdings oft dazu tendieren, den Umsatz durch Zukäufe zu steigern, ohne dabei wirkliche Werte für das Unternehmen zu schaffen. Insofern sind ihm familiengeführte Unternehmen »tendenziell lieber, weil sie langfristig planen können und nicht von Quartal zu Quartal denken müssen«.

Am weltgrößten Kupferproduzenten Norddeutsche Affinerie[5] etwa hat ihm imponiert, dass der Vorstand ein geplantes Joint Venture in China abgeblasen hat, weil ein zu starker Know-how-Transfer zu befürchten war. »Also ließen sie es lieber sein, obwohl der Kapitalmarkt ja auf die China-Nummer abfährt«, so Kapfer. Am Neuen Markt habe er zu viele Unternehmen erlebt, die nach den Forderungen der Analysten agierten. »Da hieß es erst: Umsatzwachstum um jeden Preis. Dann schwenkte die ganze Zunft von heute auf morgen um und wollte plötzlich Erträge sehen. Wie soll das innerhalb eines Quartals funktionieren?«

Mit Fremd-Research ist er auch aus diesem Grund vorsichtig: »Wir wissen, welchen Analysten wir vertrauen können. Aber wir treffen auch jeden Tag Banker, die nicht von dem überzeugt sind, was sie erzählen. Summa summarum reden wir deshalb mit Vorliebe mit anderen Portfoliomanagern«.

Über den reinen Value-Ansatz hinaus, versucht das Analystenteam stets, durch eigene Logik Werte zu identifizieren, die in keiner Datenbank zu finden sind. »Wir suchen nach Aktien, für die Analysten die Schätzungen zu niedrig ansetzen, und warten auf den Überraschungseffekt«, erläutert Kapfer. Bei Energieunternehmen habe das prima funktioniert. »Nach dem Irakkrieg hieß es, der hohe Ölpreis sei nicht von Dauer. Die Analysten glaubten daran und haben das in ihre Schätzungen eingearbeitet. Wir waren der Ansicht, der Ölpreis bleibt hoch. Und wir lagen richtig.« Aktien wie Statoil[6)], ein norwegischer Ölförderer, Suncor[7)], eine kanadische Ölsand-Firma, oder auch der deutsche Schmierstoff-Hersteller Fuchs Petrolub[8)] machten Kapfer und Kollegen viel Freude. Neben dem Gewinnmomentum müssen natürlich auch alle anderen Kennziffern im grünen Bereich liegen. Kapfer: »Da wir die Aktien mehrere Jahre halten wollen, legen wir zum Beispiel Wert auf Dividendenkontinuität«.

Das Rezept »erst Makrotrends, dann Einzeltitelauswahl« funktioniert bislang perfekt. Egal, ob im Ein-, Drei- oder Fünfjahresrückblick, der weltweit anlegende FIVV-Global-Select-UI lief stets besser als der Vergleichsindex MSCI World GDR in Euro. Obwohl der nur 14 Millionen Euro schwere Fonds bei Standard & Poor's mit einem Single-A-Rating (bei Citywire sogar mit AAA) und bei Morningstar mit fünf Sternen ausgezeichnet wurde, ist er der Öffentlichkeit weitgehend unbekannt. Gute Anlageprodukte werden eben in der Regel nicht beworben.

3. Ein Dutzend offener Fragen

Alexander Kapfer im Interview

Wie definieren Sie Value?

Für uns sind Unternehmen dann Value-Investments, wenn sie nicht zu stark wachsen müssen, um die aktuelle Bewertung zu rechtfertigen. Wir haben lieber eine Aktie mit einem Kurs-Gewinn-Verhältnis von zehn als von 30, weil das letztlich ja besagt, dass die Börse erwartet, das Unternehmen wird seine Erträge um zehn Prozent pro Jahr steigern, nicht um 30. Das vermindert auf lange Sicht das Enttäuschungspotenzial. Wir glauben nicht, dass Wachstumsraten von 30 Prozent über einen langen Zeitraum hinweg aufrechtzuerhalten sind. Ebenso wenig halten wir es für realistisch, dass außerordentlich hohe Gewinnmargen auf Dauer Bestand haben können. Wenn ein Unternehmen, zum Beispiel durch bestimmte Alleinstellungsmerkmale oder Wettbewerbsvorteile, Riesenmargen ausweist, werden früher oder später Konkurrenten auf den Plan treten, die ihre Produkte etwas günstiger anbieten. Das einzige Unternehmen, das es meines Wissens geschafft hat, sich langfristig Margen von 70, 80 Prozent zu sichern, war Microsoft[9)]. Bei Cisco[10)] sah es eine Zeit lang so aus, aber diese Hoffnung hat sich zerschlagen. Wahrscheinlich ist das der Kern jedes Value-Investments: dass wenig Hoffnung, wenig Fantasie, wenig Zukunftsoptimismus in die Aktie eingepreist ist. Die ideale Situation für so etwas sind natürlich Marktanomalien wie 2002/2003: Nach dem Crash am Neuen Markt gab es Unternehmen, die hatten mehr Geld in der Kasse als Börsenwert und lieferten auch im operativen Geschäft schwarze Zahlen. Da war dann eher Hoffnungslosigkeit eingepreist.

Wie sind Sie auf Value-Investing aufmerksam geworden?

Ganz klar durch Andreas Grünewald. Er war gerade 19 Jahre alt, als er den Münchner Investment Club 1989 gegründet hatte. Ich kam erst ein paar Jahre später dazu, nachdem er in einer Vorlesung erwähnt hatte, dass sich der Club – anfangs ein geschlossener Personenkreis – öffnen will. Ich fand die Idee toll, dass mehrere Leute, die alle nur ein paar Tausend Euro zur Verfügung haben, zusammenlegen, um so eine vernünftige Risikostreuung für ihre Depots zu erreichen.

Haben Sie Vorbilder, die Sie beeinflusst haben?

Mit so etwas tun wir uns grundsätzlich schwer. Die Investoren, die klassischerweise als Vorbilder genannt werden, sind so weit jenseits von dem, was andere erreichen können, dass es anmaßend wäre zu sagen: Ich investiere wie Warren Buffett, weil ich zwei Bücher von ihm gelesen habe. Das wäre, als würde ich sagen: Ich fahre Auto wie

Michael Schumacher, nur weil ich mal ein Fahrertraining absolviert habe. Buffett geht bei seinen Investments so in die Tiefe wie kein anderer. Was genau sein Geheimnis ist, weiß die Welt ohnehin nicht, sonst hätte er vielleicht auch weniger Erfolg. Andererseits glaube ich nicht, dass man unbedingt Warren Buffett sein muss, um an der Börse Erfolg zu haben. Was man von den großen Investoren wie Buffett lernen kann, ist ihre Konsequenz und Disziplin. Jeder muss an der Börse seinen eigenen Weg finden. Für manche ist es die technische Analyse, für uns die Fundamentalanalyse.

Was hat Ihrer Meinung nach Warren Buffett zum erfolgreichsten Value-Investor aller Zeiten gemacht – oder kennen Sie sogar bessere?

Seine Disziplin und die Konsequenz, mit der er seine Ideen umsetzt. Er lässt sich auch von kurzfristigen Misserfolgen nicht aus der Bahn werfen, weil er weiß, dass er tiefer reingeschaut hat als alle anderen. Im Jahr 2000 ist er bekanntlich sogar ausgebuht worden, als er vor der Überbewertung der Technologieaktie gewarnt hat. Aber davon hat er sich nicht beeinflussen lassen. Ob er der beste ist – nun ja, darüber führen wir keine Statistiken. Vermutlich ist er es, sonst wäre er nicht nur durch Investieren der zweitreichste Mensch der Erde geworden. Allerdings finde ich auch Peter Lynch sehr beeindruckend. Als angestellter Fondsmanager stand er viel mehr unter Druck von allen Seiten und hat eine ähnliche Performance geschafft wie Buffett, der mit weniger Widerständen zu kämpfen hatte, weil ihm keiner reinquatschen konnte.

Gibt es gewisse Voraussetzungen wie Ausbildung, Charakter, Alter oder Temperament, die ein erfolgreicher Value-Investor unbedingt mitbringen sollte?

Es ist unstreitig, dass Erfahrung an der Börse ein wichtiges Kriterium ist. Mit den Jahren wird man wohl immer einen Tick besser. Trotzdem können wir natürlich nicht sagen: Der ist noch keine 60, der ist kein guter Vermögensverwalter. Auch ein 25-Jähriger kann ein guter Value-Investor sein, er darf nur nicht hektisch agieren und jedem Trend hinterherhecheln. Ob das eine Frage des Charakters ist, weiß ich nicht. Ich gestehe jedem zu, dass er beruflich einen anderen Charakter an den Tag legt als privat. Wenn es ums Geschäftliche geht, muss ein Value-Investor eine gewisse Ruhe ausstrahlen und auch etwas Distanz zum Börsengeschehen und der Flut an Nachrichten wahren, die täglich über den Ticker läuft. Ansonsten würde ich sagen, dass er in erster Linie Begeisterung für die Materie mitbringen muss plus die richtige Ausbildung – ohne ein gewisses volks- und betriebswirtschaftliches Verständnis geht es einfach nicht. In erster Linie zählt aber wirklich die Begeisterung: Seinen Acht-Stunden-Tag im Büro abzusitzen, reicht mit Sicherheit nicht. Man muss auch nach Dienstschluss offenen Auges durch die Welt gehen und Informationen sammeln, um neue Entwicklungen frühzeitig zu erkennen.

Benötigen Value-Investoren Ihrer Meinung nach ein bestimmtes Umfeld, um erfolgreich arbeiten zu können?

Auf alle Fälle. Inzwischen müssen Fondsmanager oft nicht mehr nur vierteljährlich, sondern auch zur Quartalsmitte Rechenschaft ablegen. Ratingagenturen wie Morningstar oder S & P forcieren das zusätzlich. Wenn ich so getrieben bin, dass ich mich Monat für Monat an einer Benchmark messen lassen muss, kann ich keinen Value-Stil pflegen. Die Grundtendenz ist wohl: Je größer das Haus, umso schwieriger das Umfeld. Wenn ich über ein Jahr gesehen um 1.000 Basispunkte besser bin als der Markt und dann mal ein Quartal um 200 Basispunkte schlechter abschneide, darf das doch kein Grund sein, Druck von oben zu bekommen. Ein schwaches Quartal können Sie sich in einem großen Institut meist noch erlauben, ein ganzes Jahr aber nicht: Dann können Sie Karotten züchten gehen. Oft ist deshalb gerade bei Nebenwerten keinerlei Bereitschaft da, mal eine Durststrecke durchzustehen: Wenn die Stimmung dreht, hauen viele Kollegen die Aktien raus, ohne auf den Kurs zu achten. So etwas geht eigentlich nur mit fremdem Geld, kein vernünftiger Mensch würde sein eigenes Vermögen so anlegen. Wir investieren deshalb auch unser eigenes Geld in unseren Fonds. Damit können wir zwar keine Garantie geben, nichts zu verlieren, aber wir können Anlegern ehrlich sagen: Wenn der Fonds verliert, verlieren wir auch.

Aus wie vielen Werten sollte ein Portfolio idealerweise bestehen und wie lange sollten die Aktien gehalten werden?

Wir investieren im Fonds höchstens drei Prozent in einen Einzeltitel, das heißt: Unser Minimum sind 33 Werte. Eine ähnlich breite Risikostreuung würden wir auch Privatanlegern empfehlen. In unseren Kundendepots stellen 25 Aktien in der Regel die Untergrenze dar, mehr als 50 würden wir aber auch nicht empfehlen, sonst verliert man völlig den Überblick. Die Haltedauer wäre im Idealfall natürlich unendlich, aber die Zeiträume sind kürzer geworden, die Weltwirtschaft instabiler. Das heißt aber nicht, dass man ständig rein- und rausgehen sollte, das kostet im Endeffekt nur Geld. Da es keine Ultima Ratio für den Anlagehorizont gibt, würde ich sagen: Man hält eine Aktie so lange, wie die Story intakt ist oder bis sie zu teuer ist. Oder um es mit Keynes[11)] zu sagen: Ich ändere meine Meinung, wenn sich die Fakten ändern.

Welches waren Ihre drei besten Investments?

Um ehrlich zu sein, lagen wir auch mit Cisco Systems irgendwann mal 1.000 Prozent vorne, obwohl wir die Aktie – streng genommen – zu diesem Zeitpunkt gar nicht mehr hätten haben dürfen. Das Wachstum war längst nicht mehr werthaltig. Cisco steigerte Umsatz und Gewinn zwar regelmäßig, aber vornehmlich durch Zukäufe anderer Unternehmen. Das ist also wahrscheinlich nicht das, worauf die Frage abzielt.

Ein Beispiel, wo unsere eigentliche Strategie aufging, war Stada Arzneimittel[12)]. Das im MDAX notierte Unternehmen bietet kostengünstig Generika an, das sind Nachahmermedikamente, die auf den Markt gebracht werden dürfen, wenn der Patentschutz für das Originalpräparat abgelaufen ist. Da der Kostendruck im Gesundheitswesen immer stärker wird, profitiert derjenige, der den Wirkstoff zum niedrigsten Preis anbietet. Wir waren bereits vorbörslich dabei, der Kurs hat sich seitdem vervielfacht, und da in den nächsten Jahren reihenweise Patente für umsatzstarke Blockbuster[13)] auslaufen, kann sich die Wachsstumsstory durchaus noch fortsetzen.

Ähnliches Potenzial sehen wir für Fresenius, ebenfalls im MDAX, ebenfalls Gesundheitsbranche. Der Fresenius-Konzern[14] ist Weltmarktführer für Diabetes- und Dialyseprodukte. Durch die Überalterung der Gesellschaft steigt die Nachfrage mehr oder weniger automatisch. Fresenius ist übrigens ein gutes Beispiel dafür, dass eine gute Aktie auch zu teuer sein kann. Während des Börsenbooms Ende der neunziger Jahre war die Firma mit mehr als dem 30-fachen Jahresgewinn bewertet. Andreas Grünewald – damals Analyst in Diensten von Hauck & Aufhäuser – fand das übertrieben teuer und empfahl den Verkauf. Damals ging ein regelrechter Aufschrei durch die Analystenzunft, weil es einer gewagt hatte, sich gegen den Mainstream zu stellen. Wir haben den Titel dann einige Jahre später zu einem Bruchteil dieses Kurses gekauft, als das Kurs-Gewinn-Verhältnis bei acht lag.

Ähnlich billig sind wir beim Tabak- und Lebensmittelkonzern Philip Morris[15] eingestiegen, als die Dividendenrendite bei acht Prozent lag und niemand die Aktie haben wollte.

Und Ihre drei größten Flops?

Die haben wir eigentlich immer dann gelandet, wenn wir vom Value-Gedanken abgewichen sind. Bei Thiel Logistik[16], einem der vermeintlichen Wachstumsstars vom Neuen Markt, haben wir zu lange an die Fähigkeiten des Managements geglaubt, mit denen es am Ende aber doch nicht so weit her war. Wir hatten sogar alles kritisch hinterfragt, aber da sind eben auch Dinge kommuniziert worden, die sich hinterher als falsch herausstellten.

Beim einstigen Medien-Überflieger EM.TV & Merchandising[17] war es ähnlich. Die Aktie hatten wir nicht für den Fonds gekauft, sondern für den Investmentclub, aber das tut dem Reinfall keinen Abbruch. Wir hatten zwei Jahre lang nicht an die Story geglaubt, doch der Kurs stieg immer weiter. Als es dann zu einem 50-prozentigen Einbruch kam und das Management versicherte, an den Zielen festzuhalten, hielten wir die Aktie für günstig. Hier haben wir die kriminelle Energie der Vorstände unterschätzt. Außerdem war

EM.TV einer der klassischen Fälle, in denen ein Unternehmen über einen längeren Zeitraum 30 Prozent wachsen muss, um die Bewertung zu rechtfertigen. Das gelingt aber selbst seriösen Managern nur sehr selten.

Der dritte Fall, wo wir uns richtig geärgert haben, war die Allianz[18)]. Wir haben zum ersten Mal bei 200 Euro gekauft, aber dann hat sich herausgestellt, dass das Management konsequent jeden Trend verpennt: Nicht nur, dass die Direktversicherer ihnen im Kerngeschäft das Leben schwer machen, sie haben es auch geschafft, ihre Beteiligung an der Dresdner Bank anzubieten wie Sauerbier, um den Laden am Ende doch selber zu übernehmen, obwohl sie genau wussten, dass die Zahl der Angestellten viel zu hoch ist, um profitabel arbeiten zu können. Um dem ganzen die Krone aufzusetzen, haben sie es fertig gebracht, im Jahr 2003, zum Tiefpunkt der Börsenbaisse, eine Kapitalerhöhung durchziehen zu müssen – für 39 Euro je Aktie. Man darf gar nicht darüber nachdenken, wie viel Geld da verschenkt wurde. Gut, wir haben die Kapitalerhöhung damals mitgemacht, weil wir wussten, dass allein die Gebäude mehr wert waren, als damals für den gesamten Konzern an der Börse bezahlt wurde. Wir haben unsere Position mit der Kapitalerhöhung sogar noch ins Plus gerettet, aber so viel Dilettantismus bei einem Weltkonzern ist schon mehr als ungewöhnlich.

Wenn Sie eine Firma nur nach einer einzigen Kennzahl beurteilen dürften, welche würden Sie verwenden?

Price/Earnings to Growth Ratio, kurz PEG. Diese Kennzahl vergleicht das Kurs-Gewinn-Verhältnis mit der Wachstumsrate eines Unternehmens. Der Theorie nach ist ein Unternehmen, das seine Gewinne um zehn Prozent im Jahr steigert, mit einem Kurs-Gewinn-Verhältnis von zehn angemessen bewertet, bei 20 Prozent Wachstum darf das KGV 20 betragen. Wenn eine Firma ihre Gewinne aber um 20 Prozent steigert und nur mit einem KGV von zehn bewertet ist, beträgt die PEG-Ratio nur 0,5. Das deutet auf eine Unterbewertung hin, während Werte größer eins signalisieren, dass die Aktie zu teuer ist. Auch wenn bei diesem Modell entscheidende Faktoren wie der

Substanzwert außen vor bleiben, halten wir sie für die aussagekräftigste, gerade wenn es darum geht, Wachstum bewerten zu wollen.

Ihre Lieblingsaktie?

Die darf es nicht geben. Man darf nie den Fehler machen, sich in eine Aktie zu verlieben. Ein Portfolio ist wie ein Puzzle, in unserem Fall (wenn auch Renten beigemischt werden sollen) besteht es aus 60 bis 80 einzelnen Puzzlestückchen.

Die muss man vernünftig zusammensetzen können, da macht es keinen Sinn, ein einzelnes herauszugreifen, weil man es besonders schön findet. Sicher gibt es Titel wie Stada oder Altria, die über einen langen Zeitraum sehr gut laufen. Aber auch die muss man immer wieder kritisch überprüfen. Zugegeben: Es gab schon Aktien, bei denen uns der Verkauf schwerfiel, aber letzten Endes hat sich unsere Entscheidung meistens als richtig herausgestellt.

Welches Buch sollten Anleger unbedingt gelesen haben, bevor sie sich aufs glitschige Börsenparkett begeben?

Wenn jemand wirklich Anfänger ist, sollte er auf jeden Fall »Was Gewinner von Verlierern unterscheidet« von Jim Paul und Brendan Moynihan lesen[19)]. Das Buch hilft, die gröbsten Fehler zu vermeiden und auch mit Verlusten umzugehen. Denn in erster Linie erzielt man seine Performance nicht über die Maximierung der Gewinne, sondern über die Minimierung von Verlusten. Oberstes Ziel sollte zunächst der Kapitalerhalt sein, alles andere ergibt sich dann irgendwann von selbst.

4. Die Fonds

FIVV-Aktien-Global-Select-UI:
Erst die globalen Makrotrends identifizieren, dann nach Value-Kriterien die Aktien herausfiltern, die davon am meisten profitie-

ren, lautet das Erfolgsrezept von Fondsmanager Alexander Kapfer. Der Fonds legt weltweit an, allerdings behält sich Kapfer vor, in der Gewichtung erheblich vom MSCI-World-Index abzuweichen. Jeweils ein Drittel des Anlagevolumens war Mitte 2008 in Deutschland und Amerika investiert. Ein Einzeltitel erhält eine maximale Gewichtung von drei Prozent, das heißt, das Risiko verteilt sich auf mindestens 33 Werte. Der Fonds hat keine starren Ober- oder Untergrenzen bezüglich Marktkapitalisierung und Handelsvolumen, in der Regel sollten die Aktien aber mindestens MDAX-Format haben. Im Fondsmeter-Ranking belegte der Fonds Platz eins im Ein-Jahres-Rückblick und Platz zwei auf Sicht von fünf Jahren. Der Fonds ist sparplanfähig (ab 50 Euro monatlicher Einzahlung).

ISIN: DE0009790865
Fondsleitung: Universal Investmentgesellschaft mbH, Frankfurt
Fondsberater: FIVV AG, München
Total Expense Ratio (TER): 2,23 % p.a.
Verwaltungsgebühr: 1,10 % p.a.
Ausgabeaufschlag: bis zu 4,00 %
Rücknahmekommission: keine
Performance 2009: -1,5 %
Performance seit Auflegung: +5,2 % (per 30.04.2010)
Fondsvolumen: 14 Millionen Euro

FIVV-Aktien-China-Select-UI:
Der Fonds wird von Christian Hofmann mit Hilfe zweier chinesischer Analysten nach dem gleichen Ansatz beraten wie der FIVV-Aktien-Global-Select-UI, konzentriert sich bei seinen Investments aber auf chinesische Unternehmen, insbesondere unter Einbeziehung der Inlandsbörsen in Shanghai und Shenzhen.

ISIN: DE000A0JELL5
Fondsleitung: Universal Investmentgesellschaft mbH, Frankfurt
Fondsberater: FIVV AG, Beijing
Total Expense Ratio (TER): 2,48 %
Verwaltungsgebühr: 1,40 % p.a.
Ausgabeaufschlag: bis zu 5,00 %

Rücknahmekommission: keine
Performance 2009: +22,5 %
Performance seit Auflegung: +36,8 % (per 30.04.2010)
Fondsvolumen: 7,8 Millionen Euro

FIVV-Vermögensverwalterfonds:
Die neuen, erst am 2. Juni 2008 aufgelegten Vermögensverwalterfonds der FIVV AG bieten sich für langfristig orientierte Anleger an. Durch das aktive Management kann der Investor von den Chancen der weltweiten Anlagemärkte profitieren. Die Portfoliomanager der Vermögensverwalterfonds analysieren die weltweit lukrativsten Anlagethemen und identifizieren Wirtschaftsbereiche, die überdurchschnittliche Renditechancen bieten können. Während der Fonds FIVV-Mandat-Rendite-UI defensive Anlageklassen relativ stark gewichtet, überwiegt im FIVV-Mandat-Wachstum-UI der Anteil offensiver Anlageklassen. Clever kombiniert, können Investoren mit den Fonds eine individuelle und steuerlich interessante Anlagestrategie abbilden.

- **Strategie Rendite (ISIN: DE000A0NAAE3):** Die renditeorientierte Strategie ist für vorsichtige Anleger konzipiert, die ein vergleichsweise geringes Risiko eingehen wollen und eine Rendite über dem Tagesgeldniveau anstreben. Um diese Strategie umzusetzen, bieten sich defensive Investmentinstrumente an. Der Vermögensverwalterfonds FIVV-Mandat-Rendite-UI nimmt Anlegern die schwierige Wahl der Titel ab, ohne auf die Chancen anderer Anlageklassen zu verzichten.
- **Strategie Wachstum (ISIN: DE000A0NAAF0):** Für Investoren, die eine Rendite auf dem Niveau internationaler Kapitalmärkte erzielen möchten und bereit sind, hierzu ein höheres Risiko einzugehen, bietet sich die wachstumsorientierte Strategie an. Offensive Anlageklassen, wie beispielsweise Aktien und Rohstoffe, bilden hier den größten Teil der Vermögensstruktur. An diese Anleger richtet sich der Vermögensverwalterfonds FIVV-Mandat-Wachstum-UI.
- **Strategie Ausgewogen:** Die ausgewogene Anlagestrategie richtet sich an Chancen suchende Investoren. Hierbei halten sich offensive und defensive Anlageklassen in etwa die Waage und wer-

den je nach Marktlage entsprechend gewichtet. Um die Strategie Ausgewogen umzusetzen, können Anleger die Fonds FIVV-Mandat-Rendite-UI und FIVV-Mandat-Wachstum-UI miteinander kombinieren.

5. Kontaktadresse

FIVV AG
Herterichstraße 101
D-81477 München
Tel.: + 49 (0) 89 374100-0
Fax: + 49 (0) 89 374100-100
E-Mail: info@fivv.de
Internet: www.fivv.de

Anmerkungen:

1) Hauck & Aufhäuser Privatbankiers KGaA: Deutsche Privatbank. Kontaktadressen: Kaiserstraße 24, 60311 Frankfurt oder Löwengrube 18, 80333 München. Internet: www.hauck-aufhaeuser.de.
2) Münchner Investment Club: Kontaktadresse: Herterichstraße 101, 81477 München. Internet: www.mic-online.de.
3) Volkswagen AG: Deutscher Automobilhersteller, ISIN: DE0007664005.
4) General Electric Co., US-Mischkonzern, ISIN: US3696041033.
5) Norddeutsche Affinerie, heute Aurubis AG: Deutscher Kupferproduzent, -recycler und -veredler. ISIN: DE0006766504.
6) StatoilHydro ASA: Norwegischer Ölkonzern. ISIN: NO0010096985.
7) Suncor Energy Inc.: Kanadischer Ölkonzern, ISIN: CA8672291066.
8) Fuchs Petrolub AG: Deutscher Schmierstoff- und Spezialchemieproduzent. ISIN: DE0005790406.
9) Microsoft Inc.: US-Softwarekonzern, ISIN: US5949181045.
10) Cisco Systems Inc.: US-amerikanischer Hersteller von Netzwerktechnik und –systemen, ISIN: US17275R1023.
11) Keynes, John Maynard: Britischer Ökonom, Politiker und Mathematiker (1883-1946). Hauptwerk: »The General Theory of Employment, Interest and Money«, 1936. Titel der deutschsprachigen Ausgabe: »Allgemeine Theorie der Beschäftigung, des Zinses und des Geldes«. Duncker & Humblot, Berlin, 2000.
12) Stada Arzneimittel AG: Deutscher Hersteller von Generika, ISIN: DE0007251803.
13) Blockbuster: In der Pharmabranche gebräuchliches Wort für Verkaufsschlager. Gemeint sind Medikamente, die mehr als eine Milliarde US-Dollar Umsatz einspielen. Ursprünglich bezeichnete das Wort Fliegerbomben, die im Zweiten Weltkrieg verheerende Schäden anrichteten (»Wohnblock-Knacker«).
14) Fresenius SE: Deutscher Hersteller von Medizintechnik und Klinikbetreiber, ISIN: DE0005785638. Die im DAX notierte Tochter Fresenius Medical Care KGaA, ISIN: DE0005785802, ist die ausgegliederte Dialyse-Sparte des Konzerns.
15) Philip Morris Inc., heute Altria Group Inc.; US-Nahrungsmittel und Tabakwarenhersteller, ISIN: US02209S1033.

16) Thiel Logistik AG, heute Logwin AG: Luxemburger Logistikdienstleister, ISIN: LU0106198319.
17) EM.TV & Merchandising AG, heute Constantin Medien AG: Deutsches Medienunternehmen, unter anderem Betreiber des Senders Deutsches Sportfernsehen (Sport1), ISIN: DE0009147207.
18) Allianz SE: Deutscher Versicherungs- und Finanzkonzern, ISIN: DE0008404005.
19) Paul, Jim/Moynihan, Brendan: »Was Gewinner von Verlierern unterscheidet«. FinanzBuch Verlag, München, 1996. Titel der englischen Orginalausgabe: »What I Learned Losing a Million Dollars«, Infrared Press, Nashville/Tennessee, 1994.

VI. Der Fokussierte: Martin Wirth und Frankfurt Performance Management AG

1. Die handelnden Personen

Die Wand im Besprechungszimmer ist mit Auszeichnungen zugepflastert. Obwohl Frankfurt Performance Management, kurz FPM, erst im Jahr 2000 gegründet wurde, deuten die Urkunden von Sauren[1)], Lipper[2)] und namhaften Wirtschaftszeitungen darauf hin, dass in der noblen Jugendstilvilla im Frankfurter Westend alte Hasen am Werk sind. Die mittlerweile fünf in den Investmentprozess eingebundenen Mitarbeiter bringen es zusammen auf »mehr als 80 Jahre Börsenerfahrung«, rechnet FPM-Vorstand Manfred Piontke vor. Mehr Mannjahre würden auch die Research-Abteilungen der meisten großen Investmenthäuser nicht zusammenbringen.

Die Frankfurter Performance-Macher Martin Wirth und Manfred Piontke hatten sich bereits Anfang der neunziger Jahre kennengelernt. Damals arbeiteten beide als Aktienanalysten bei Credit Suisse First Boston[3)] und wechselten später gemeinsam zum Schweizer Bankhaus Julius Bär[4)]. Die Wege trennten sich schließlich wieder, Martin Wirth arbeitete nach einer kurzen Zwischenstation bei Sal. Oppenheim[5)] von 1998 bis 2001 als Portfoliomanager bei der Credit Suisse. Manfred Piontke verschlug es unterdessen zur Deutschen Bank[6)], wo er zuletzt stellvertretender Leiter der Abteilung Aktienanalyse war. »Die Voraussetzung, unter der ich 1998 eingestellt wurde«, erinnert sich Piontke, »war es, Frankfurt im Research genauso stark zu machen wie London«. Dieser Plan zerschlug sich wenig später, als die Deutsche Bank Bankers Trust[7] übernahm. London wurde dadurch gestärkt, Mitarbeiter aus Frankfurt abgezogen. Piontke hatte sich in seinem Arbeitsvertrag den Dienstsitz Frankfurt wohlweislich festschreiben lassen. »Die haben mich dann gefragt, was ich jetzt machen will, und ich habe gesagt: Gebt mir eine Milliarde«. Natürlich nicht für sich, sondern um sie zu verwalten. Die Milliarde bekam Piontke nicht, aber die Zusage, Fonds über die Verwaltungsgesellschaft DWS[8] managen zu dürfen. Da Wirth und er schon öfter darüber nachgedacht hatten, sich als Vermögensverwalter selbstständig zu machen, erschien der Zeitpunkt ideal. Allerdings war die Startphase mehr als schwierig. Piontke: »Wir hatten uns auf zwei Jahre Baisse eingestellt, aber es wurden drei.« Mit ein paar wenigen Millionen Fondsvolumen und den ausbleibenden Performance-Gebühren sei es finanziell richtig eng geworden für die junge Firma. Der Markt drehte im Frühjahr 2003 gerade noch rechtzeitig. Piontke und Wirth machten mit ihrem Fonds 2003 mehr als 85 Prozent Plus und avancierten in kürzester Zeit zu den Stars der Branche.

Das Duo ergänzt sich nahezu perfekt. Martin Wirth, der sicherheitsbewusste Value-Purist, will in erster Linie kein Geld verlieren. Als »extrem bewertungsorientiert« beschreibt Piontke den Anlagestil seines Kollegen. Wirth wiederum sieht in Piontke »den Aggressiveren von uns beiden, der schon auch mal größere Risiken eingeht, wenn er einer Aktie die Kursverdoppelung zutraut«. Piontke formuliert das anders: Er hege nur bei bestimmten wachstumsschwachen Aktien die Befürchtung »Ist billig, bleibt billig«. Es bleibt also keinem der beiden erspart, hin und wieder die Spaßbremse für den anderen zu spielen. Denn über die Portfolioaufnahme wird stets gemeinsam entschieden.

Mit Hilfe von drei angestellten Analysten managen Wirth und Piontke heute drei Fonds für die größte deutsche Kapitalanlagegesellschaft DWS. Zusätzlich besteht eine Kooperation mit der französischen Fondsgesellschaft Sycomore[9] für deren Sechs-Länder-Fonds, außerdem kam als zweites Standbein kürzlich die erste deutsche Publikums-Investmentgesellschaft[10] hinzu. Bei der Titelauswahl konzentrieren sich die FPM-Mitarbeiter ausschließlich auf Deutschland. Hier kennen sie den Markt, hier sind sie gut verdrahtet, der Kontakt zum Management ist leichter und schneller herzustellen. Der Erfolg gibt ihnen recht. Die bisher erzielte Performance spricht nicht dafür, sich in andere Märkte vorzuwagen.

2. Die Strategie

Die Titelauswahl beschreibt Martin Wirth als »dreistufigen Investmentprozess«. Fällt ein Unternehmen, beispielsweise durch besonders günstige Bewertungskennzahlen oder hohe Wachstumsraten, auf, durchleuchten Piontke und Wirth zunächst das Geschäftsmodell. Typische Fragen sind:

- Was produziert das Unternehmen?
- Wie ist es innerhalb der Branche aufgestellt?
- Wie stabil ist das Wachstum?
- Wie zyklisch ist das Geschäft?
- Wie sicher sind wiederkehrende Umsätze?

Am liebsten sind Wirth dabei »Firmen, die ihr Schicksal selbst gestalten können, weil sie innovativer oder kosteneffizienter sind als die Konkurrenz«. Im Idealfall kontrolliert das Unternehmen außerdem seine Branche oder definiert eine ganze Industrie neu. Etwa so, wie Dell[11)] die Computerindustrie verändert hat, indem PCs und Laptops nicht wie bei den Mitbewerbern als Standardware vorproduziert, sondern erst nach der Bestellung, den individuellen Wünschen der Kunden entsprechend, zusammengebaut und konfiguriert werden. Etwa so, wie SAP[12)] den Markt für Unternehmenssoftware revolutioniert hat, indem die Kunden nicht einfach nur ein neues Computerprogramm installieren mussten, sondern mehr oder weniger gezwungen waren, ihre betrieblichen Abläufe dem neuen System anzupassen, wodurch sie schlagartig effizienter wurden. Etwa so, wie MLP[13)] die etablierten Versicherungskonzerne das Fürchten lehrte, indem sich die Vertriebstruppe die spätere, zahlungskräftige Akademiker-Klientel bereits während des Studiums sicherte.

Der zweite Schritt besteht darin, das Management kennenzulernen. Für Wirth ist dieser Teil des Investmentprozesses unabdingbar, »denn niemand kennt ein Unternehmen besser, niemand kann Geschäftsmodell und Strategie besser erklären, niemand antizipiert früher, ob es gut oder schlecht läuft, niemand weiß besser, ob und welche Investitionen notwendig sind«. Die Vorstände deutscher Unternehmen geben sich in der Frankfurter Jugendstilvilla quasi die Klinke in die Hand: Zwischen 200 und 400 Unternehmen werden von jedem FPM-Analysten und Portfoliomanager pro Jahr unter die Lupe genommen, im Schnitt also eines bis zwei pro Arbeitstag. So kamen im Jahr 2007 insgesamt 1350 Management-Kontakte zusammen. Dabei müssen die Fondsmanager sehr genau hinhören, da Vorstände die Angewohnheit haben, nur scheibchenweise mit der Wahrheit herauszurücken, wenn es schlecht läuft. Ein gutes Gefühl für Zwischentöne und psychologisches Gespür sind also gefragt. Ist der Vorstand ehrlich oder geht es ihm nur ums Geld? Ist er zu optimistisch? Was ist ihm wichtiger: um jeden Preis Marktanteile zu erobern oder steht Profitabilität an erster Stelle – oder traut man ihm zu, einen gesunden Mittelweg zu finden? Für Wirth ist es »ein Irrglaube, dass Shareholder-Value[14)] darin besteht, Leute rauszuschmeißen. Ein Unternehmen muss Werte schaffen. Wenn es dazu nicht in der Lage ist, ist es auch kein Investment wert.«

War das Management glaubwürdig und kompetent, wird in Stufe drei der faire Wert der Aktie bestimmt. Neben klassischen Bewertungskennziffern wie Kurs-Gewinn-Verhältnis (KGV), Kurs-Umsatz-Verhältnis (KUV), Kurs-Buchwert-Verhältnis (KBV) oder Dividendenrendite steht für Wirth vor allem der ökonomische Mehrwert im Vordergrund, den das Management erwirtschaftet. Einen allgemeingültigen Bewertungsansatz gibt es nicht, je nach Geschäftsmodell sind die Kriterien unterschiedlich. Mit der Zeit oder mit Marktströmungen geht FPM dabei aber nicht, wie Wirth am Beispiel Deutsche Telekom[15)] verdeutlicht: »Da im Jahr 2000 die Grenzen der Vernunft längst gesprengt waren, erfanden die Analysten Hilfsgrößen wie die Kundenzahl, um das Unternehmen bewerten und mit anderen vergleichen zu können. Drei Jahre später und nach über 90 Prozent Kursverlust wurde die Aktie mit Abschlag auf den Buchwert gehandelt. Je nach Übertreibungsphase ändert der Markt die Kriterien. Wir nicht!« Kapitalrendite, Margen, Managementleistung und Bewertung müssen stimmen; wo das nicht der Fall ist, wird nicht investiert. Basta. »Der Aktienmarkt ist keine Lotterie«, unterstreicht Wirth. »Irgendwann kommt jede Aktie auf ihren fairen Wert zurück, ob nun von oben oder von unten.« Wenn der Markt nach oben übertreibt, nehmen Piontke und Wirth auch mal eine vorübergehende Underperformance[16)] in Kauf. »Zyklische Aktien wie MAN[17)] waren Anfang 2006 so bewertet, als gäbe es keine Rezessionen mehr«, sagt Piontke. »Das ist nicht der Zeitpunkt, zu dem wir in solche Werte investieren würden.«

FPM sucht nach dem, was auf Englisch mit dem Kürzel »GARP« treffend zusammengefasst ist: Growth At a Reasonable Price, vernünftig bewertetes Wachstum also. Der Grund, warum kontinuierlich wachsende Unternehmen Zyklikern und Substanzwerten vorgezogen werden, ist einfach: »Bei wachsenden Unternehmen kann man Fehler beim Timing besser aussitzen«, meint Wirth. Denn Markttiming spielt in der FPM-Strategie keine Rolle – mit einer Ausnahme: »Bei bestimmten Marktströmungen werden wir skeptisch«, erklärt er. Wenn Themen wie Internet im Jahr 2000 oder Solaraktien Anfang 2006 in aller Munde sind und jeder eine Erfolgsgeschichte aus dem eigenen Portfolio zu berichten weiß, ist Vorsicht geboten.

Vor allem Privatanleger würden in solchen Situationen zu arglos agieren, warnt der Experte. »Die anderen, die Institutionellen, wissen immer mehr. Die Banken verkaufen, was gerade geht – und dabei stehen nicht immer die Interessen der Privatanleger im Vordergrund.« Aktionäre sollten sich bewusst sein, dass sie das ultimative Risiko tragen. Im Fall einer Pleite bedienen sich erst die Banken und die Arbeitnehmer, dann Vater Staat und die Juristen. Für die Aktionäre bleibt dann oft nichts mehr übrig.

Und auch an Wachstumswerte, rät er Anlegern, sollten keine zu hohen Erwartungen gestellt werden. »Rechnen Sie mit moderaten Gewinnsteigerungen, nicht mit dem, was Analysten annehmen. Nur zwei Unternehmen haben es geschafft, eine ganze Dekade lang mit 40 Prozent pro Jahr zu wachsen: Microsoft[18)] und Dell. Und beide wurden bei deutschen Anlegern erst populär, als die Wachstumsphase fast schon am Ende war.« Wegen des guten Namens oder Kurssteigerungen der Vergangenheit in eine Aktie zu investieren, ohne sich vorher intensiv mit dem Unternehmen beschäftigt zu haben, ist für ihn »wie mit Mike Tyson oder Wladimir Klitschko in den Ring steigen.«

Ausreden zählen für Wirth nicht. Wenn es schiefgeht, sind für ihn nicht die bösen Vorstände schuld, die ihn belogen haben, nicht die Banken und Broker, die Anleger reihenweise wider besseres Wissen in die Aktie getrieben haben, sondern die eigene Arglosigkeit. »Das wäre, wie am Tag nach einem Volksfest mit einem Kater aufzuwachen und dann den bösen Brauereien, den Bedienungen und der Blasmusik die Schuld am eigenen jämmerlichen Zustand zuzuschieben.« Die Auswahl der Titel müsse jeder Anleger vor sich selbst verantworten. Piontke und Wirth machen es selbst vor: »Auch unsere eigenen Analysten müssen uns von der Qualität eines Investments überzeugen. Das ist die Hürde, die jede Aktie nehmen muss.«

3. Ein Dutzend offener Fragen

Martin Wirth im Interview

Wie definieren Sie Value?

Als Differenz zwischen dem Preis einer Aktie und ihrem Wert. Wir kaufen eine Aktie, wenn wir sie als billig erachten. Das setzt voraus, dass das Unternehmen eine aussichtsreiche Marktposition innehat oder erreichen kann. Außerdem muss uns das Management gefallen. Für uns kann sich Value auch über starke Wachstumsraten definieren. Wir ziehen keine Trennlinie zwischen Substanz- und Wachstumswerten. Wer sich ausschließlich auf unterbewertete Substanz konzentriert, kommt mir vor wie ein Raucher, der Aschenbecher nach Zigarettenstummeln durchsucht, aus denen er noch zwei oder drei Züge nehmen kann. Das ist natürlich schön, wenn man etwas ganz umsonst bekommt Aber man kann auch ein Zigarrenliebhaber sein, für den eine teure Havanna einen gewissen Wert darstellt. Deshalb greifen wir schon auch mal bei Aktien zu, die wir nicht geschenkt bekommen, solange Wachstumsperspektiven und Preis in Ordnung sind.

Wie sind Sie auf Value-Investing aufmerksam geworden?

Zum Investieren insgesamt hat mich ein Freund gebracht, der bei der Deutschen Bank arbeitete. Im Crash von 1987 habe ich viel Geld verloren. Also habe ich mir überlegt, wie ich mehr Konsistenz in mein Depot bringen kann. Ich habe dann zunächst einen Topdown-Ansatz[19)] gewählt, in dem man seine Investments anhand makroökonomischer Daten auswählt. Das Ergebnis war zwar insgesamt positiv, aber ziemlich schwankend. Man vermeidet grobe Fehler, aber die Performance ist auch nicht das Gelbe vom Ei. Zum Value-Investing kam ich dann nach der Lektüre des McKinsey-Buchs »Valuation«[20)], von da an hat mich der Gedanke nicht mehr losgelassen.

Haben Sie Vorbilder, die Sie beeinflusst haben?

Neben Warren Buffett würde ich vor allem George Soros[21)] und Jim Rogers[22)] nennen, die Manager des legendären Quantum-Hedgefonds. Zudem hat mich der Schweizer Ökonom Felix Zulauf[23)] sehr beeindruckt, der früher regelmäßig bei dem Round-Table-Gespräch dabei war, das die US-Wirtschaftszeitung Barron's[24)] am Jahresanfang veranstaltete.

Was hat Ihrer Meinung nach Warren Buffett zum erfolgreichsten Value-Investor aller Zeiten gemacht – oder kennen Sie sogar bessere?

Buffett ist der beste. Nicht, weil er die Aktie von Coca-Cola[25)] so lange gehalten hat, sondern weil er sie gekauft hat, als es der Firma dreckig ging. In guten Börsenzeiten kann fast jeder Performance zeigen. Worauf es aber ankommt, ist es, im entscheidenden

Moment die Nerven zu behalten – so ähnlich wie Andreas Brehme beim Finale der Fußball-WM 1990 in Rom. Er hat in seinem Leben im Training sicher viele Elfmeter verwandelt, aber das war eben der entscheidende, der Deutschland zum Weltmeister machte. So ähnlich hat Buffet seiner Beteiligungsgesellschaft Berkshire-Hathaway zu einer weltmeisterlichen Performance verholfen. Beeindruckend ist schon allein, dass er den Namen nie geändert hat. Berkshire war eine Textilfirma, die er für 20 Millionen Dollar gekauft hatte, weil sie Assets im Wert von 100 Millionen hatte. Nur hatte er dabei vergessen, dass das Unternehmen seine Kapitalkosten nicht verdiente. Um sich sein Leben lang an dieses schlechte Investment zu erinnern, behielt er den Namen bei. Eine weitere herausragende Leistung Buffetts war es, Ende der neunziger Jahre massiv in nicht börsennotierte Unternehmen, englisch: »Private Equity«[26)], zu investieren. Er hatte erkannt, dass Aktien zu teuer sind, aufgrund der Größe seines Portfolios konnte er aber nicht in nennenswertem Umfang verkaufen. Also wählte er diesen Kunstgriff, um seine Investments zu diversifizieren.

Gibt es gewisse Voraussetzungen wie Ausbildung, Charakter, Alter oder Temperament, die ein erfolgreicher Value-Investor unbedingt mitbringen sollte?

Die beste Ausbildung ist mit Sicherheit ein BWL-Studium. Man sollte auf jeden Fall fundierte Kenntnisse der Bilanzierung haben, die kann man sich nicht einfach so in Abendkursen aneignen. Neben dem richtigen Handwerkszeug ist aber auch die Überzeugung unabdingbar, dem eigenen Wissen zu vertrauen. Die Hektik und Panik, die jeden Tag an der Börse herrscht, muss man außen vor lassen und sich stattdessen die Mechanismen klarmachen, die am Markt wirken, und sich diese zunutze machen. Ein Problem unserer Branche ist doch, dass man wöchentlich bewertet wird, also schaut jeder darauf, was der andere macht. Die machen's aber wiederum genauso und so kommen dann irgendwann, wie in der Übertreibungsphase 1999/2000, absurde Bewertungsmodelle zustande, etwa im Telekommunikationssektor 10.000 Euro pro Mobilfunkkunde. Um so etwas zu erkennen, ist Erfahrung notwendig, was wiederum ein gewisses Alter voraussetzt, ohne dass ich hier eine konkrete Zahl nennen könnte.

Benötigen Value-Investoren Ihrer Meinung nach ein bestimmtes Umfeld, um erfolgreich arbeiten zu können?

Unabhängigkeit ist das A und O. Uns redet niemand in die Anlageentscheidungen hinein, die Manfred Piontke und ich dann einvernehmlich treffen. Unsere beiden angestellten Analysten können Vorschläge machen, müssen uns beide letztlich aber überzeugen, warum eine Aktie kaufenswert ist. Unsere Verwaltungsgesellschaft greift nicht in unsere Entscheidungen ein, sondern prüft lediglich, ob sie sich im gesetzlichen Rahmen und innerhalb der Regeln des Prospektes bewegen. Ich halte unser Umfeld, die gerade genannten Voraussetzungen und unser Vorgehen für optimal. Ein Grundproblem unserer Branche ist: Wenn ein Manager den Vergleichsindex, die Benchmark, in einem Jahr um fünf Prozent geschlagen hat, gibt es in einem großen Haus immer jemanden, der unter allen Umständen verhindern will, dass er im nächsten Jahr fünf Prozent schlechter abschneidet. Also wird der Fondsmanager angewiesen, im nächsten Jahr weitgehend den Vergleichsindex abzubilden und damit ist dessen guter Investmentansatz dahin.

Aus wie vielen Werten sollte ein Portfolio idealerweise bestehen und wie lange sollten die Aktien gehalten werden?

Das alte Dilemma: Lieber ein hohes Maß an Diversifikation oder lieber gute Kenntnis der Firmen? Obwohl spätestens bei 20 verschiedenen Werten der maximale Grad der Diversifikation erreicht ist, sind wir aufgrund der KAG-Gesetze[27)] gezwungen, mehr Aktien zu halten. Privatanlegern würde ich jedoch raten, maximal zehn bis 20 verschiedene Aktien im Portfolio zu halten, um den Überblick nicht zu verlieren. Gehalten werden sollten die Aktien, bis sie definitiv zu teuer sind, wobei man bei kontinuierlich wachsenden Gesellschaften durchaus auch einmal eine temporäre Überbewertung akzeptieren kann.

Welches waren Ihre drei besten Investments?

MLP hatte ich 1991 gekauft. Die Firma hatte ein überragendes Geschäftsmodell, indem sie sich darauf spezialisierte, Versicherungen und Finanzprodukte an Akademiker zu vertreiben. Das Unternehmen geht bereits während des Studiums auf die spätere Zielgruppe zu, gibt zum Beispiel praktische Tipps zum Vermögensaufbau und sichert sich auf diesem Weg einen treuen Kundenstamm. MLP hat sich während der sieben Jahre, in denen ich Aktionär war, vervielfacht.

Noch etwas schneller mit der Vervielfachung ging es bei Tele Atlas[28)]. Die Aktie habe ich in der Börsenkrise 2002/2003 gekauft. Das Unternehmen produziert Datenbanken für Navigationssysteme, vor allem digitalisierte Straßenkarten, ein essenzielles Produkt für die mobile Welt. Mir war deshalb klar, dass die Firma nicht pleitegehen würde. Zwar hatte Tele Atlas in der 20-jährigen Firmengeschichte noch nie einen Gewinn erzielt, andererseits hatte ich noch nie ein Unternehmen mit einer so bedeutenden Technologie gesehen, dessen Marktkapitalisierung so gering war: Die Börse bewertete die Firma damals mit gerade 40 Millionen Euro.

Mein drittbestes Investment war wohl, 1990 in Japan short zu gehen, also Optionsscheine auf fallende Kurse zu kaufen. Ich war damals noch Student. Ein Analyst von Nomura Securities[29)] referierte bei uns an der Uni und erzählte, dass der Nikkei[30)] bei 38.000 Punkten immer noch billig sei. Die Bewertung war allerdings damals so absurd, dass er weder meine Kommilitonen noch mich überzeugen konnte.

Und Ihre drei größten Flops?

Nachdem das mit den Nikkei-Puts[31)] so gut funktioniert hatte, wollte ich dasselbe kurze Zeit später auch in den USA probieren. Die Konjunktur war schlecht, die Infrastruktur auch, trotzdem war der Aktienmarkt zehn Jahre lang gestiegen. Das passte irgendwie nicht zusammen. Dabei habe ich wohl übersehen, dass der US-Markt im

Unterschied zu Japan damals keineswegs zu hoch bewertet war. Meine Put-Optionsscheine verfielen wertlos. Im Nachhinein musste ich einsehen, dass es ein Trugschluss war, zu glauben, man könne von Deutschland aus die Situation in den USA besser beurteilen als die Amerikaner selbst.

Ein weiterer Fehler war es wohl, in den neunziger Jahren keine Technologieaktien zu besitzen. Ich war damals Analyst für Versorger- und Pharmawerte und habe diesen Megatrend schlicht verpasst. Dabei hatte ich sogar die Vorstände von Microsoft und SAP selbst bei Präsentationen erlebt. Das Geld lag auf der Straße, ich hätte es nur aufsammeln müssen. Doch es gab so viele Kritiker, von denen ich mich habe beeinflussen lassen, dass ich die Aktien schließlich nicht gekauft habe. Es war einfach falsch, andere Meinungen einzuholen, statt sich auf den eigenen Sachverstand zu verlassen.

Der drittgrößte Misserfolg war die unmittelbare Folge davon: 2002 habe ich schließlich doch Technologiewerte gekauft, hauptsächlich US-Titel, weil ich dachte, nach 80 Prozent Kursverlust kann es nicht mehr sonderlich dramatisch nach unten gehen. Es hat mich einiges an Zeit und Nerven gekostet, diese Verluste auszusitzen.

Wenn Sie eine Firma nur nach einer einzigen Kennzahl beurteilen dürften, welche würden Sie verwenden?

Einsteigern würde ich raten, sich am Kurs-Gewinn-Verhältnis, kurz KGV, zu orientieren. Unterstellt man konstante Gewinne, sagt diese Zahl, wie viele Jahre es dauert, bis die Firma das Geld verdient, das man hineingesteckt hat. Da die Unternehmensgewinne aber von Jahr zu Jahr differieren, ist diese Methode mit jeder Menge Fehlerquellen behaftet. Wenn man mehr in die Tiefe gehen will, ist wohl der EVA – Economic Value Added – die aussagekräftigste Kennzahl. Den EVA berechnet man, indem man vom Nettogewinn nach Steuern die Kapitalkosten abzieht. Je mehr dann übrig bleibt, desto besser. Die Kennziffer gibt also Aufschluss darüber, wie effizient das Management das Kapital investiert.

Ihre Lieblingsaktie?

Eigentlich darf es die nicht geben, denn die Meinung zu einer Aktie hängt ja immer von der aktuellen Bewertung ab. Wenn ich mir eine aussuchen müsste, um 20 Jahre investiert zu bleiben, würde ich vom Geschäftsmodell her ganz klar auf Celesio[32)], die frühere Gehe AG, setzen. Das Unternehmen ist ein Pharma-Großhändler, der Apotheken mit Medikamenten versorgt. Celesio profitiert also von der Entwicklung der Alterspyramide, die zu einer immer höheren Nachfrage nach Medikamenten führen wird, muss aber nicht wie die Pharma-Firmen selbst in riskante Forschungs- und Entwicklungsarbeit investieren. Und der Endkunde hat auch noch einen direkten Nutzen von dieser Dienstleistung, da es lästig bis unmöglich wäre, sich die Medikamente selbst bei den Herstellern abzuholen. Zugegeben: Ich mag auch den US-Zigarettenhersteller Altria[33)], obwohl es sich da genau umgekehrt verhält. Das Produkt ist extrem schädlich für den Endkunden. Trotzdem beeindruckt mich, dass die Aktie trotz aller Raucherprozesse der Topperformer der vergangenen 50 Jahre im Dow-Jones-Index[34)] war. Zigaretten sind irgendwie eine eigene Währung.

Welches Buch sollten Anleger unbedingt gelesen haben, bevor sie sich aufs glitschige Börsenparkett begeben?

Auf jeden Fall das McKinsey-Buch, das mich selbst zum Value-Investor gemacht hat. Es heißt schlicht und einfach »Valuation«, die Verfasser sind Tom Copeland, Tim Koller und Jack Murrin. Die Kernaussage, dass die Erträge eines Unternehmens oberhalb der Kapitalkosten liegen müssen, klingt zwar aus heutiger Sicht banal. Für die Zeit, als das Buch geschrieben wurde – und das war erst 1990 – galt das allerdings als revolutionär!

4. Die Fonds

FPM Funds Stockpicker Germany All Cap:
Der am 29. Januar 2001 aufgelegte Fonds investiert in deutsche Aktien, wobei die Größe des Unternehmens eine untergeordnete Rol-

le spielt. Um auch im Nebenwerte-Segment manövrierfähig zu bleiben, wurde der Fonds am 10. Januar 2005 für neue Kundengelder geschlossen, kann aber weiterhin über die Börse gekauft werden. Außerdem ist nicht auszuschließen, dass er eines Tages wieder geöffnet wird. Die Investments werden allein auf Basis fundamentaler Kriterien getätigt. Dazu muss ein Unternehmen in seiner Branche eine prägende Rolle spielen, über Preis-, Kosten- und Qualitätsführerschaft, Wettbewerbsvorteile haben und gleichzeitig attraktiv bewertet sein. Alternativ wird in solide Qualitätstitel investiert, wenn diese sehr niedrig bewertet sind. Ziel der Anlagepolitik ist eine absolut positive Rendite. Das Portfolio besteht in der Regel aus 30 bis 35 Titeln. Wenn keine ausreichende Zahl attraktiver Investments zu finden ist, behalten sich die Manager Martin Wirth und Manfred Piontke vor, Kasse zu halten.

ISIN: LU0124167924
Fondsleitung: DWS Investment S.A., Luxemburg
Portfoliomanagement: Frankfurt Performance Management AG, Frankfurt am Main
Total Expense Ratio (TER): 0,95 % p. a.
Verwaltungsgebühr: 0,9 % p.a. plus erfolgsabhängige Gebühr
Ausgabeaufschlag: bis zu 4,00 %
Rücknahmekommission: keine
Performance 2009: +56,5 %
Performance seit Auflegung: +90,9 % (per 30.04.2010)
Fondsvolumen: 167 Millionen Euro

FPM Funds Stockpicker Germany Small/Mid Cap:
Nur neun Monate nach seiner Auflegung am 20. Dezember 2004 wurde auch der zweite Fonds aus dem Hause FPM im September 2005 geschlossen. »Wir heißen ja Frankfurt Performance Management, nicht Frankfurt Volumen Management«, witzelt FPM-Vorstand Manfred Piontke. Die erfolgreiche Anlagestrategie hatte sich seinerzeit offenbar schnell herumgesprochen. Anteile können auch in diesem Fall über die Börse erworben werden. Das Portfolio wird nach den gleichen Prinzipien gemanagt wie der FPM Funds Stockpicker Germany All Cap, allerdings bleiben Standardtitel außen vor.

ISIN: LU0207947044
Fondsleitung: DWS Investment S.A., Luxemburg
Portfoliomanagement: Frankfurt Performance Management AG, Frankfurt am Main
Total Expense Ratio (TER): 1,29 % p. a.
Verwaltungsgebühr: 1,25 % p.a. plus erfolgsabhängige Gebühr
Depotbankgebühr: 0,03 %
Ausgabeaufschlag: bis zu 4,00 %
Rücknahmekommission: keine
Depotbank: State Street Bank Luxemburg S.A.
Performance 2009: +44,6 %
Performance seit Auflegung: +31,5 % (per 30.04.2010)
Fondsvolumen: 31 Millionen Euro

FPM Funds Stockpicker Germany Large Cap:
Um auch einen langfristig sparplanfähigen Fonds anbieten zu können, erweiterte FPM die Palette am 7. November 2005 um einen Blue-Chip-Fonds, der nicht Gefahr läuft, bei starken Mittelzuflüssen geschlossen werden zu müssen. Da nur in Unternehmen mit mehreren Milliarden Euro Börsenwert und ausreichendem Handelsvolumen investiert wird, können Positionen in einzelnen Aktien hier »theoretisch in 20 Minuten auf- oder abgebaut werden«, wie Piontke und Wirth betonen. Bei kleineren Werten, wie sie in den anderen Fonds enthalten sind, ist das natürlich nicht möglich.

ISIN: LU0232955988
Fondsleitung: DWS Investment S.A., Luxemburg
Portfoliomanagement: Frankfurt Performance Management AG, Frankfurt am Main
Total Expense Ratio (TER): 0,97 % p. a.
Verwaltungsgebühr: 0,9 % p.a. plus erfolgsabhängige Gebühr
Depotbankgebühr: 0,03 %
Ausgabeaufschlag: bis zu 4,00 %
Rücknahmekommission: keine
Depotbank: State Street Bank Luxemburg S.A.
Performance 2009: +29,1 %
Performance seit Auflegung: +14,8 % (per 30.04.2010)
Fondsvolumen: 13 Millionen Euro

5. Kontaktadresse

FPM Frankfurt Performance Management AG
Freiherr-vom-Stein-Straße 11
D-60323 Frankfurt am Main
Tel.: +49 (0) 69 79 58 86 0
Fax: +49 (0) 69 79 58 86 14
E-Mail: info@fpm-ag.de
Internet: www.fpm-ag.de

Anmerkungen:

1) Sauren: Deutscher Dachfondsanbieter, der Fondsmanager-Ratings, Gütesiegel und Auszeichnungen (Golden Awards) verleiht. Kontaktadresse: Sauren Finanzdienstleistungen GmbH & Co. KG, Im Mediapark 8 (Köln Turm), 50670 Köln. Internet: www.sauren.de
2) Lipper Leading Fund Intelligence ist seit über 30 Jahren ein führender Anbieter qualitativ hochwertiger Fondsanalysen, der jährlich die Lipper Fund Awards verleiht. Kontaktadresse: 3 Times Square, New York, NY 10036, USA. Internet: www.lipperweb.com
3) Credit Suisse First Boston: Der Investmentarm der Schweizer Großbank Credit Suisse entstand 1988 durch die Übernahme einer maßgeblichen Beteiligung an The First Boston Corporation und wurde 2006 vollständig in den Credit-Suisse-Konzern (ISIN: CH0012138530) integriert. Adresse: Paradeplatz 8, CH-8070 Zürich. Internet: www. credit-suisse.com
4) Julius Bär Holding AG: Börsennotierte Schweizer Privatbank (ISIN: CH0029758650). Adresse: Bahnhofstr. 36, CH-8010 Zürich. Internet: www.juliusbaer.com
5) Sal. Oppenheim jr. & Cie. KGaA: Deutsche Privatbank, die in der Finanzkrise 2008 Liquiditätsprobleme bekam und zu Teilen von der Deutschen Bank und der australischen Macquarie-Gruppe, ISIN: AU000000MBL3, übernommen wurde. Kontakt: Unter Sachsenhausen 4, D-50667 Köln. Internet: www.oppenheim.de
6) Deutsche Bank AG: Größte börsennotierte Privatbank in Deutschland (ISIN: DE0005140008). Adresse: Theodor-Heuss-Allee 70, D-60486 Frankfurt. Internet: www.deutsche-bank.de
7) Bankers Trust Co.: 1917 gegründete US-Privatkunden- und Investmentbank mit Sitz in Des Moines, Iowa, wurde am 4. Juni 1999 von der Deutschen Bank übernommen.
8) DWS Investment GmbH: Fondsgesellschaft der Deutschen Bank, wurde im August 1956 als Deutsche Gesellschaft für Wertpapiersparen mbH gegründet. Heute steht die Abkürzung DWS nach Eigendefinition des Hauses für Die Wertpapier-Spezialisten.
9) Sycomore Asset Management: Französische Fondsgesellschaft. Anschrift: 24, rue Jean Goujon, F-75008 Paris. Neben hauseigenen Experten und FPM beraten Portfoliomanager aus Spanien, Italien, Estland und den Niederlanden den Sechs-Länder-Fonds namens Synergy Smaller Cies (ISIN: FR0010376343).
10) Die »FPM Deutsche Investmentaktiengesellschaft mit Teilgesellschaftsvermögen« (ISIN: DE0005152540) ist eine Art Fonds, der analog zur Luxemburger SICAV in eine neue Rechtsform verpackt wurde, die seit der Novellierung des Investmentgesetzes Ende 2007 in Deutschland zulässig ist. Anleger erwerben nach diesem Modell keine Fondsanteile, sondern Aktien einer Investment-AG, deren einziger Zweck die Verwaltung und Vermehrung ihres eigenen Vermögens ist. Hierdurch ist eine schnelle und unkomplizierte Lancierung von Teilfonds unter einem Dach möglich (Umbrella-Prinzip). Das erste Teilgesellschaftsvermögen der FPM-Investment-AG heißt TOP 25 S. Investiert wird in die nach FPM-Meinung 25 aussichtsreichsten deutschen Aktien, wobei zur Risikominimierung auch der Einsatz von Derivaten zulässig ist. Partner ist, wie bei den drei herkömmlichen Investmentfonds, die DWS Investment GmbH.
11) Dell Inc.; US-amerikanischer Hardwarehersteller, ISIN: US24702R1014.

12) SAP AG: Deutscher Software-Konzern, ISIN: DE0007164600. Die Abkürzung SAP steht für Systeme, Anwendungen und Produkte in der Datenverarbeitung.
13) MLP AG: Deutscher Finanzdienstleister, ISIN: DE0006569908. Die Abkürzung steht für Marschollek, Lautenschläger & Partner.
14) Shareholder Value: Englisch für Wert für die Aktionäre.
15) Deutsche Telekom AG: Größter Deutscher Telekommunikationsanbieter, ISIN: DE0005557508.
16) Underperfomance: Englisch für schlechtere Kursentwicklung im Vergleich zum Gesamtmarkt.
17) MAN AG: Deutscher Lkw-Hersteller, ISIN: DE0005937007. Die Abkürzung stand ursprünglich für Maschinenwerke Augsburg-Nürnberg.
18) Microsoft Corp.: Weltgrößter Softwarehersteller, ISIN: US5949181045.
19) Top-down-Ansatz: Englisch für »von oben nach unten«. Bei dieser Analysemethode werden zunächst das makroökonomische und das Branchenumfeld betrachtet, und auf Basis dieser Erkenntnisse Aktien einzelner Unternehmen als Investmentmöglichkeiten ausgewählt. Das Gegenteil, das von den meisten Value-Investoren bevorzugt wird, bezeichnet man als Bottom-up-Analyse (»von unten nach oben«). Hier werden zunächst die einzelnen Unternehmen ausführlich untersucht, bevor die Aussichten von Branche und Marktregion durchleuchtet werden.
20) Copeland, Tom/Koller, Tim/ Murrin, Jack: »Valuation. Measuring and Managing the Value of Companies« (Herausgeber ist die Unternehmensberatung McKinsey & Company Inc.). J. Wiley & Sons, New York, 1990.
21) Soros, George (ursprünglich: György Schwartz): US-amerikanischer Fondsmanager und Spekulant ungarischer Herkunft.
22) Rogers, Jim: US-amerikanischer Fondsmanager und Schriftsteller, managte gemeinsam mit Soros von 1970 bis 1980 den Quantum-Hedgefonds.
23) Zulauf, Felix W.: Schweizer Ökonom und Portfoliomanager. Gründete 1990 die Zulauf Asset Mangement AG, Grafenweg 4, CH-6301 Zug. Internet: www.zuam.ch.
24) Barron's Magazine: Eines der führenden US-Wirtschafts- und Börsenmagazine aus dem Verlag Dow Jones & Company, 1155 Avenue of the Americas, 8th Floor, New York, NY 10036, USA. Internet: www.barronsmag.com.
25) The Coca-Cola Company: US-Getränkehersteller, ISIN: US1912161007.
26) Private Equity: Privates Beteiligungskapital bzw. Investments in nicht börsennotierte Unternehmen. Nach dem Börsenzusammenbruch in den Jahren 2000 bis 2003 erlebte diese Anlageform einen Boom, der schließlich dazu führte, dass nicht börsennotierte Unternehmen zu deutlich höheren Preisen gehandelt wurden als börsennotierte. Mehrfach wurden deshalb börsennotierte Unternehmen von Private-Equity-Fonds aufgekauft und von der Börse genommen, was bei den Zielgesellschaften nicht selten zu drastischen Personalmaßnahmen und zur Entnahme von Eigenkapital führte. Der SPD-Politiker Franz Müntefering beschimpfte Private-Equity-Firmen daraufhin im Jahr 2005 als »Heuschrecken«.
27) KAG steht für Kapitalanlagegesellschaft, die KAG-Gesetze bilden den rechtlichen Rahmen für die Fondsindustrie.
28) Tele Atlas N.V.: Niederländisch-belgischer Anbieter von digitalem Kartenmaterial für Navigationssysteme, ISIN: NL0000233948, ursprünglich eine Tochter der nicht börsennotierten Robert Bosch GmbH. Tele Atlas wurde im Mai 2008 vom Navigationsgerätehersteller Tomtom N.V., ISIN: NL0000387058, übernommen.
29) Nomura Securities: Größtes japanisches Wertpapierhaus und Kernunternehmen der Nomura Holdings Ltd., ISIN: JP3762600009.
30) Nikkei-225: Leitindex der japanischen Börse, vergleichbar mit dem DAX-30, jedoch marktbreiter, da 225 Aktien enthalten sind.
31) Puts sind Optionen, die bei fallenden Kursen im Wert steigen, da sie dem Inhaber das Recht zusichern, eine Aktie zu einem bestimmten Kurs zu verkaufen. Das Gegenteil sind Call-Optionen, die dem Inhaber das Recht zusichern, ein Wertpapier zu einem bestimmten Kurs zu kaufen.
32) Celesio AG: Deutscher Großhändler von Arzneimitteln, ISIN: DE000CLS1001.
33) Altria Group Inc.: US-Tabakwaren- und Lebensmittelkonzern, ISIN: US02209S1033.
34) Dow Jones Industrial Average: Aus 30 Aktien zusammengesetzter Leitindex der US-Börse.

VII. Der Akribische: Frank Lingohr

1. Die handelnde Person

Nein, zu Marktvorhersagen lässt sich Frank Lingohr nicht mehr hinreißen. Er habe »Jahre gebraucht, um dieses Gift aus dem Körper zu bekommen«, sagt er. Ob es mit dem DAX in den nächsten sechs Monaten bergauf oder bergab geht, mag er nicht prognostizieren. Und letztlich spielt es für seine Strategie auch keine Rolle. In der ersten Etage eines schmucklosen Zweckbaus im Gewerbegebiet von Erkrath bei Düsseldorf suchen die Mitarbeiter der Vermögensverwaltung Lingohr & Partner in Datenbanken nach unterbewerteten Aktien, die sich unabhängig von der allgemeinen Marktverfassung entwickeln sollen.

Klingt nach Numbercrunching, doch überraschenderweise ist der Firmenchef ein eloquenter Gesprächspartner mit feinem, hintergründigen Humor. Frank Lingohr, Jahrgang 1946, ist der Grandseigneur des deutschen Value-Investing. Mit Aktien beschäftigte er sich bereits Mitte der 60er-Jahre. 1968, als die meisten seiner heutigen Fondsmanager-Kollegen noch nicht einmal eingeschult waren, studierte er Benjamin Grahams »Security Analysis«[1], die Bibel aller Value-Investoren. Und er hatte das große Glück, 1974, zum Tiefpunkt der Ölkrise, zu lesen, dass Warren Buffett den Zeitpunkt gekommen sah, sich langsam wieder am Aktienmarkt zu engagieren. »Das hat mich begeistert, vor allem hat es mich damals in meiner Idee bestärkt, selbst wieder zu investieren«.

Lingohr war seinerzeit für ein EDV-Unternehmen tätig, erst als Programmierer, später als Systemanalytiker, Vertriebsbeauftragter und Marketing-Manager. Der Weg zum Vermögensverwalter und vor allem zum Value-Investor verlief alles andere als geradlinig. Ab 1965 vertickerte er als Strukturvertriebler nebenberuflich Investmentfonds für Bernie Cornfelds[2)] Firma Investors Overseas Services (IOS). »Der erste große Börsenskandal in Deutschland«, erinnert sich Lingohr. »IOS hätte nie an die Börse gehen dürfen, denn von da an waren sie gezwungen, ihre Bilanzen offenzulegen. Wer den Wertpapierprospekt aufmerksam las, merkte sofort, dass der Kaiser keine Kleider anhatte«. IOS-Aktien hat er nie besessen. »Ich hatte ja meinen Graham gelesen«.

Hauptberuflich blieb Lingohr der Textverarbeitungsindustrie noch bis 1976 treu. Dann wechselte er zur Investmentbank Merrill Lynch[3)] und legte in den USA die Prüfung zum Account Executive[4)] ab. Seitdem habe er »nichts anderes mehr getan, als auf Basis fundamentaler Analyse in Aktien zu investieren«, wobei er von Anfang an versuchte, seine EDV-Kenntnisse mit einfließen zu lassen.

Seine ursprüngliche Datenquelle war Value Line[5)], ein Investment-Informationsdienst. Jede Woche wurde ein 150 Seiten starkes Heft geliefert, jede Seite war einem Unternehmen gewidmet: »Die obere Hälfte waren die Daten, die untere Hälfte die Einschätzungen der Analysten. Im Lauf der Jahre habe ich gelernt, dass die obere Hälfte die wichtige war«, merkt Lingohr trocken an.

Schon kurz nachdem er bei Merrill Lynch angefangen hatte, begann er damit, den Zentralrechner in New York zu nutzen, um nach eigenen Bewertungsmodellen unterbewertete Aktien auszufiltern. »Das war schon ein Unterschied, ob man 150 oder dann im Zentralrechner 1000 Unternehmen vergleichen konnte«, erklärt er. Sein erstes quantitatives Modell war geboren. Im Lauf der Jahre trieb er es zur Perfektion. »Als Steve Jobs 1978 mit dem ersten Apple[6)] aus der Garage kam, habe ich von da an mit diesen Rechnern gearbeitet«. Der Marke bleib er bis heute treu, auch bei seinen zwischenzeitlichen Stationen bei Prudential Bache[7)] und der Vermögensverwaltung Großbötzl, Schmitz & Partner[8)]. 1993 schließlich gründete er seine eigene Firma Lingohr & Partner Asset Management.

Heute zählt Lingohr mit einem verwalteten Vermögen von 7,4 Milliarden Euro und 33 Mitarbeitern – sieben davon sind direkt in die Analyse- und Anlageprozesse eingebunden – zu den größten bankenunabhängigen Vermögensverwaltern in Deutschland. Die Datenbank namens Chicco (italienisch für Schmuckstück, Perle), die eigentlich Cico heißen müsste (»Cash in, cash out«) umfasst 22000 Unternehmen aus elf Ländern und Regionen.

2. Die Strategie

Quantitative Modelle wie das von Lingohr & Partner beruhen einzig und allein auf statistischen Kennzahlen. Das habe den Vorteil, dass man nicht belogen wird, sagt Frank Lingohr. Interviews mit dem Management lehnt er strikt ab. »Dadurch erliege ich nicht dem Schicksal, mich begeistern zu lassen. Über die Jahre habe ich festgestellt, dass nahezu jeder Vorstandsvorsitzende auch ein glänzender Verkäufer ist und es eine ganze Menge von Blendern und Betrügern gibt. Deshalb verfahre ich nach dem Prinzip: Zeige mir Deine Zahlen und ich sage Dir, wer Du bist.«

Aber welche Zahlen sind die entscheidenden? Der Screening-Prozess, also das statistische Auswahlverfahren der Chicco-Datenbank, durchforstet die Märkte nach 16 Kennziffern:

- KBV = Kurs/Buchwert-Verhältnis
- KGV = Kurs/Gewinn-Verhältnis des zurückliegenden Geschäftsjahres
- KGVe = erwartetes Kurs/Gewinn-Verhältnis des laufenden Geschäftsjahres
- DR = Dividendenrendite
- KCV = Kurs/Cashflow-Verhältnis
- MW = Marktwert
- KUV = Kurs/Umsatz-Verhältnis
- KGW = Kurs/Gewinnverhältnis zu Wachstum

- GWa = Gewinnwachstum aktuell
- GWe = Gewinnwachstum erwartet
- CFM = Cashflow-Momentum
- ROE1 = Return on Equity (Eigenkapitalrendite) für ein Jahr
- ROE5 = Return on Equity (Eigenkapitalrendite) für fünf Jahre
- ROA = Return on Assets (Gesamtkapitalrendite)
- CFR = Cashflow Return on Capital (Cashflow-Rendite des eingesetzten Kapitals)
- LEV = Leverage (Verschuldungsgrad)

Quelle des Suchprozesses, der sich jeden Montag wiederholt, ist die Datenbank von HOLT Value Associates, heute eine Tochter der Großbank Credit Suisse[9]. Die HOLT-Daten sind bereits so aufbereitet, dass Unternehmen über Länder und Branchengrenzen hinweg vergleichbar werden. »In den frühen 90er-Jahren war es noch so, dass der Chef die aufbereiteten Daten alle drei Monate in zwei Pilotenkoffern voller Papier persönlich vorbeibrachte«, erklärt Lingohr. Heute freilich geht das tagesaktuell und online.

Das verleitet zu der Annahme, dass jeder, der Zugriff auf das Datenmaterial hat, die Lingohr-Strategie einfach nachahmen könnte, doch so einfach macht es Lingohr der Konkurrenz nicht: Chicco gewichtet anhand historischer Rückrechnungen für die einzelnen Märkte je nach Land die Kennzahlen völlig unterschiedlich. Für deutsche Aktien zum Beispiel ist das Kurs/Gewinn-Verhältnis (KGV) die wichtigste Kennziffer, wobei er das zurückgerechnete KGV auf Basis tatsächlich realisierter Gewinne des zurückliegenden Geschäftsjahrs verwendet, Das funktioniere wunderbar, viel besser als das »handelsübliche« KGV auf Basis von Analystenschätzungen nach vorne. Für französische Aktien ist hingegen die Dividendenrendite die wichtigste Kennzahl, für japanische das Kurs/Buchwert-Verhältnis. Das Kurs/Umsatz-Verhältnis spielt in den meisten Märkten eine untergeordnete Rolle, in Singapur oder Australien, so lehrt die Erfahrung, ist es aber durchaus eine entscheidende Größe. Wie stark welche Kennziffern in welchen Ländern gewichtet werden, bleibt sein Geheimnis. Wie ein guter Küchenchef mit bekannten Zutaten kocht, aber eben das genaue Mischverhältnis für sich behält, schweigt sich

Lingohr beharrlich darüber aus, welche Zahlen wie stark in sein Bewertungsmodell einfließen.

Das Verfahren ist ohnehin ein dynamischer Prozess. »Wir versuchen ständig, es zu verfeinern und zu verbessern. Ein Modell kann schon mal in Rente geschickt und durch ein besseres ersetzt werden«, sagt Lingohr, der zudem auch mit unkonventionellen Zahlen wie dem Z-Score-Modell[10)] von Professor Edward Altman – einem Konkursindikator – experimentiert. Oder mit verhaltenspsychologischen Erkenntnissen wie dem Hagin-Torpedo-Modell[11)], das besagt, je höher das erwartete Gewinnwachstum im Konsensus der Analysten für die nächsten zwölf Monate ist und je höher das KGV, desto schlechter ist die Performance der Aktie. Die Erwartungen der Analysten sind dann meist überzogen, das Enttäuschungspotenzial entsprechend groß. Deshalb nutzt er den Marktkonsens schon mal frech als Kontraindikator.

Und selbst wenn die Mixtur bekannt wäre, bliebe die Lingohr-Methodik wohl immer noch einzigartig. Aus den Ranglisten, die die Datenbank ausspuckt, qualifizieren sich stets die besten 20 Prozent als Kaufkandidaten. Das wären bei weltweit 4500 Großunternehmen allein 900 Blue-Chips. Zöge man alle 22000 Aktien aus der Datenbank zum Vergleich heran, müsste das Portfolio gar aus 4400 Werten bestehen. Zu viel, meint selbst Lingohr, obwohl Diversifikation für ihn einer der entscheidenden Schlüssel zum Erfolg ist. Trotzdem belässt er es bei etwa 160 Aktien pro Fonds.

Denn nach dem Screening-Prozess beginnt die eigentliche Arbeit, die für Lingohr viel mit gesundem Menschenverstand zu tun hat: In einer ersten Stufe müssen Fehler in der Datenbank, etwa noch nicht erfasste Aktiensplits oder Spin-Offs (Ausgliederung von Unternehmensteilen) festgestellt und eliminiert werden. »Man kann nicht alles dem Computer überlassen«.

Die zweite Stufe des gesunden Menschenverstandes ist die unabdingbare Plausibilitätsprüfung. Hier kann Lingohr seine vier Jahrzehnte Börsenerfahrung ausspielen oder, wie er selbst formuliert, »seinen Vorurteilen freien Lauf lassen«. Wenn ein Energiekonzern wie Enron[12] sehr viel stärkere Wachstumsraten aufweist als alle anderen in der Branche, erscheint ihm das grundsätzlich verdächtig. Das liegt an einem mahnenden Beispiel aus den 80er-Jahren. Damals glänzte in den USA die Continental Illinois Bank[13] mit unglaublichen Wachstumsraten und wurde zudem wegen ihres vermeintlich beispiellos wirkungsvollen Risikomanagements von der Fachpresse mit Auszeichnungen überschüttet. Lingohr: »Sechs Monate später waren sie pleite. Da waren einige der zuständigen Herren in der Kreditabteilung Amok gelaufen. Diese Erinnerung kam in mir hoch, als wir versuchten Enron zu verstehen«.

Nimmt eine Aktie im Unterschied zu Enron auch diese Hürde, geht es ans Eingemachte. Um die potenziellen Kaufkandidaten besser zu verstehen, greifen Lingohr und seine Mitarbeiter auf Fremdresearch zurück. »Wir können nicht selbst jedes Unternehmen bis ins Detail analysieren«, sagt er. »Dazu bräuchten wir einen Stab von mehreren 100 Mitarbeitern, und die Qualität der Anlageentscheidungen würde sich nicht verbessern.« Geprüft wird aber auch hier nur das Zahlenmaterial. »Das Anlageurteil machen wir uns nicht zueigen. Letztendlich ist uns egal, ob Kaufen, Halten oder Verkaufen draufsteht«. Das Sekundärresearch diene vor allem dazu, ein Gefühl dafür zu entwickeln, wie realistisch die Umsatz- und Gewinnprognosen der Analystenkollegen sind. Pflichtlektüre ist auch der Geschäftsbericht, um herauszufinden, ob die Bilanz solide ist oder ob eine zu optimistische Bewertung von Lagerbeständen und Verpflichtungen aus Pensionsfonds zum Problem werden könnten. Wenn eine Aktie auch dann noch unterbewertet erscheint, stehen die Chancen auf eine Portfolio-Aufnahme nicht schlecht.

Allerdings stehen vorher weitere Prüfungen an: »Über allem steht die Frage, ob wir das ganze Unternehmen zum aktuellen Enterprise Value, also Börsenkapitalisierung plus Schulden, kaufen würden«, erklärt Lingohr. »Das bedeutet, dass man unternehmerischer vorgeht als wenn man sich vom Kursdiagramm leiten lässt – und vielleicht auch etwas emotionsloser. Wir sehen eine Aktie nicht als Lotterielos an«. Idealerweise sollte das Unternehmen, ganz im Sinne von Buffett und Graham, wie durch einen Burggraben voller Krokodile vor Konkurrenz geschützt sein und zudem gute Wachstumsperspektiven haben. »Wert und Wachstum sind an der Hüfte zusammengewachsen«, erklärt Lingohr. »Wir sind, wenn man so will, growthorientierte Value-Investoren«. Das bedeutet aber nicht, dass Börsenlieblinge gekauft werden, die wegen ihrer Wachstumsperspektiven bereits hoch bewertet sind. Das verhindert schon der Computer. Denn solche Titel tauchen im Screening meist gar nicht erst unter den besten 20 Prozent auf. Lingohr behält sich zwar ein Vetorecht vor, aber nur dahingehend, dass eine als Kaufkandidat identifizierte Aktie nicht ins Portfolio aufgenommen wird. Eine Aktie, die nicht zu den günstigsten 20 Prozent zählt, kann er umgekehrt nicht gegen den Willen des Computers durchdrücken – nicht einmal, wenn er wollte. »Das verhindert unser Handelssystem«.

Last, but not least, müssen Klumpenrisiken vermieden werden. Es spricht bei einem Portfolio aus 160 Aktien zwar nichts dagegen, neben Lufthansa[14)] auch noch Air France-KLM[15)] aufzunehmen. Wenn eine Branche verstärkt im Screening auftaucht und die Einzelwerte ins Schema passen, kann sich ja ein neuer Trend abzeichnen. Aber starke Übergewichte einzelner Branchen verhindert das System. Übergewichtungen einzelner Märkte sowieso. Denn alle Länder und alle Aktien werden immer exakt gleich gewichtet. Einen Teil seiner Outperformance führt Lingohr auf dieses Verfahren zurück: Er ist überzeugt, »dass nahezu alle gängigen Aktienindizes Fehlkonstruktionen sind, weil die Einzeltitel nach Marktkapitalisierung gewichtet werden«. In letzter Konsequenz bedeute das, dass jede Aktie zum Höchstkurs das größte und zum Tiefststand das niedrigste Gewicht hat. »Damit haben Sie einen Anti-Value-Bias im Portfolio. Nichts ist leichter, als eine kapitalisierungsgewichtete Benchmark zu schlagen. Man muss die Titel nur ins Gleichgewicht bringen!«

In Blasenmärkten wie im Jahr 2000, als es im Prinzip nur vier Aktien waren, die den DAX nach oben getrieben haben (Deutsche Telekom, Mannesmann, Siemens und SAP) bleibe man zwar hinter dem Index zurück, »aber in solchen Situationen können Value-Strategien ohnehin nicht mithalten«. Langfristig dagegen schon, weil es nicht in vollem Umfang mit nach unten geht, wenn die Blase platzt. Für weltweit anlegende Fonds sei es sogar noch leichter, die Indizes zu schlagen, weil nur die Länder ins Gleichgewicht gebracht werden müssten. Fehler, wie 1990 bei einem Nikkei-Stand von 40000 über 50 Prozent in Japan zu investieren oder zehn Jahre später 50 Prozent in den USA, würden so automatisch vermieden. Für Lingohr ist deshalb eine kontinuierliche Outperformance von drei Prozent zum MSCI-World-Index keine Meisterleistung, sondern lediglich eine Frage der Gewichtung. »Das Zweitdümmste, das man tun kann«, folgert er daraus, sei es, ein Indexzertifikat zu kaufen. Und das Dümmste? »Ist es sein Geld irgendeinem aktiven Fondsmanager anzuvertrauen.« Wie bitte? »Die Betonung liegt auf irgendeinem!«, stellt Lingohr klar. Gegen gutes aktives Management spreche natürlich nichts.

Da sich die Gewichte im Lauf der Zeit mit der Wertentwicklung der einzelnen Aktien verschieben, findet alle halben Jahre ein Rebalancing statt, bei dem das Portfolio wieder ins Gleichgewicht gebracht wird. Den Sechs-Monats-Rhythmus findet er heute ideal, gibt allerdings zu, dass ihn auf diese Idee erst Tobias Klein[16)], ein anderer Value-Fondsmanager, gebracht hat.

Beim halbjährlichen Rebalancing werden auch alle Titel aus dem Portfolio eliminiert, die nicht mehr zu den besten 20 Prozent der kennzahlengewichteten Rangliste gehören. Normalerweise werden Aktien erst zwangsläufig verkauft, wenn sie nicht mehr zu den besseren 50 Prozent zählen, aber zu den Überprüfungsterminen gelten strengere Regeln.

In steigenden Märkten schnitt Lingohr mit dieser Methode im Schnitt 1,3 Prozent besser ab als die Vergleichsindizes. In fallenden Märkten liegt die Outperformance bei 5,5 Prozent. Damit ist er in den jährlichen Fondsstatistiken fast immer weit vorne, allerdings reichte es noch in keinem Jahr zu Platz 1. Dort will er auch gar nicht unbedingt hin: Den besten Fonds des vorangegangenen Jahres zu kaufen, hält er für einen Fehler, denn im Jahr darauf könne der Manager meist die Performance nicht halten. Das führe in schöner Regelmäßigkeit zu Enttäuschungen.

3. Ein Dutzend offener Fragen

Frank Lingohr im Interview

Wie definieren Sie Value?

Wir ermitteln den Wert eines Unternehmens vor allem anhand von zwei Parametern: Dies ist zum einen der Substanz- oder Wiederbeschaffungswert, zum anderen der abdiskontierte Cashflow über fünf bis zehn Jahre. Alles, was darüber hinausgeht, lässt sich nicht voraussagen, schon ein Zeitraum von zehn Jahren ist schwierig. In unserer Modellrechnung verwenden wir deshalb fünf Jahre. Alles in allem ist unser Bewertungsschema damit wohl etwas »growthier«, als wenn wir uns nur am Kurs/Buchwert-Verhältnis und solchen Kennzahlen orientieren würden. Es gibt eben zwei Möglichkeiten, mit einer Kuh umzugehen: Hardcore-Value-Investoren würden sie sofort schlachten, Fleisch und Häute verkaufen. Man kann sie aber füttern und die Milch verkaufen – und wenn das eines Tages nicht mehr funktioniert, kann man sie immer noch schlachten.

Wie sind Sie auf Value-Investing aufmerksam geworden?

Durch die Bücher von Benjamin Graham, Phil Fisher[17)] und Warren Buffett.

Haben Sie Vorbilder, die Sie beeinflusst haben?

Mein größtes Vorbild ist nicht Buffett, sondern John Neff[18)], der langjährige Manager des Windsor Fund. Inzwischen ist er pensioniert. Aber solange er noch aktiv war, nannten andere Portfoliomanager, wenn sie gefragt wurden, wem sie ihr Geld anvertrauen würden, am häufigsten seinen Namen. Viele Jahre hat er mit Fundamentalanalyse besser abgeschnitten als die Vergleichsindizes. Ich selbst habe viel gelernt, indem ich zu meiner Zeit als Broker sein Portfolio im Computer nachgebildet habe, um herauszufinden, wo seine Vorlieben liegen.

Was hat Ihrer Meinung nach Warren Buffett zum erfolgreichsten Value-Investor aller Zeiten gemacht oder kennen Sie sogar bessere – zum Beispiel John Neff?

Das kann man nicht vergleichen. John Neff hatte kein so konzentriertes Portfolio wie Buffett, das ist im institutionellen Portfoliomanagement auch gar nicht möglich. Natürlich habe ich auch viel von Buffett gelernt, hilfreich war, dass ich an der Übersetzung des Cunningham-Buchs »Die Essays von Warren Buffett«[19] mitgewirkt habe. Was Buffett allen anderen voraushat, sind Konzentration und Geduld. Trotzdem halte ich bei Berkshire Hathaway Charlie Munger sogar für den wichtigeren Mann, weil er in seinen Vorträgen und Büchern sehr genau erklärt, worauf man als Anleger achten muss[20].

Gibt es gewisse Voraussetzungen wie Ausbildung, Charakter, Alter oder Temperament, die ein erfolgreicher Value-Investor unbedingt mitbringen sollte?

Alter ist nicht wichtig, man kann erfolgreich sein, so lange der Kopf mitspielt. Philip Carret, der Gründer des Pioneer-Fund[21] hat bis kurz vor seinem Tod gearbeitet, der ihn im Alter von 102 ereilte. Seine armen Söhne konnten deshalb nicht in Rente gehen weil es ja mehr als ungewöhnlich wäre, dass die Junioren vor dem Senior pensioniert werden. Andererseits können auch sehr junge Menschen erfolgreiche Investoren werden. Ein gutes Beispiel waren die Turtle-Trader[22] in den 80er-Jahren. Hintergrund war eine Wette zwischen zwei sehr erfolgreichen Rohstoffhändlern: Der eine sagte während der Besichtigung einer Schildkrötenfarm, es sei möglich, erfolgreiche Trader zu züchten wie Schildkröten. Der andere hielt dagegen. Von den 20 Leuten, die dann zu Tradern ausgebildet wurden, war ausgerechnet Curtis Faith, der jüngste und unerfahrenste am erfolgreichsten. Warum? Weil er sich strikt an die Regeln hielt, die ihm beigebracht worden waren. Alle anderen haben das nicht so konsequent verfolgt. Das heißt: Wenn ein junger Investor die Disziplin hat, alle Regeln zu befolgen, wird er auch erfolgreich sein. Die Regeln des Money-Management sind fast noch wichtiger als eine einzelne gute Aktie auszuwählen. Dazu sind eben Charakter und Temperament sehr wichtig. Zur Frage der Ausbildung: Nun, ich selbst habe kein Abitur und auch keine mittlere Reife. Ich habe mir alles selbst beigebracht. Man muss bereit sein, sehr, sehr viel zu lesen, ein fast schon manisches Lesebedürfnis haben, vor allem Bücher. Man muss sich davor hüten, zu viele Zeitungen zu lesen und zuviel fernzusehen. Wenn man zu viele aktuelle Informationen sammelt, wächst das Selbstvertrauen. Aber die Qualität der Entscheidungen wird dadurch nicht besser.

Benötigen Value-Investoren Ihrer Meinung nach ein bestimmtes Umfeld, um erfolgreich arbeiten zu können?

Man muss seine Ruhe haben. Wir sitzen in Erkrath auch ein wenig abseits des Börsengeschehens. Finanzzentren irritieren nur. Auch wenn man in einem großen Konzern arbeitet und bestimmte Vorgaben erfüllen muss, wird es schwierig, Value-Investing zu praktizieren, es sei denn, man hat einen Vorgesetzten, der auf der gleichen Wellenlänge denkt und einem den Rücken freihält. Aber das ist selten. Es gibt für Portfoliomanager kein größeres Risiko als das Karriererisiko. Man ist am erfolgreichsten, wenn man nicht mehr Karriere machen muss, sondern sein eigener Herr ist.

Aus wie vielen Werten sollte ein Portfolio idealerweise bestehen und wie lange sollten die Aktien gehalten werden?

Im Idealfall für immer, aber das tritt eben nur sehr, sehr selten ein. Wir handhaben es so, dass die Aktien so lange gehalten werden, wie sie sich für Aufnahme und Verbleib im Portfolio qualifizieren. Die Titel bleiben also so lange drin, bis sie ein Verkaufssignal geben, das heißt, dass sie in der Rangliste auf Platz 51 abrutschen oder beim halbjährlichen Rebalancing nicht mehr zu den besten 20 Prozent gehören, denn dann müssen auch alle Halten-Kandidaten verkauft werden. Das führt zu einer durchschnittlichen Verweildauer einer Aktie von 639 Tagen, aber es gibt natürlich auch Titel, denen wir sehr viel länger treu bleiben. Altria[23)], zum Kaufzeitpunkt noch Philip Morris, hatten wir über zehn Jahre. Wie viele Titel ideal sind, ist schwer zu sagen. Eigentlich gibt es nur zwei Erfolg versprechende Methoden: Entweder man macht es wie Buffett, indem man auf die Qualität der eigenen Analyse vertraut und sehr fokussiert investiert, aber das ist höllisch schwer. Oder aber man diversifiziert möglichst breit – so breit, wie es die Transaktionskosten eben zulassen. Unser Portfolio besteht aus 160 Werten, weil wir der Meinung sind, dass Fokussieren falsch ist. Wir wissen, dass wir eine Trefferquote von 65 Prozent haben. wenn wir nur 20 Werte hätten, wäre die Gefahr viel größer, dass ein oder zwei Loser das ganze Portfolio zerschießen. Außerdem vermeidet man so, eine emotionale Bindung zu einer Aktie zu entwickeln. Wenn Sie in einer monogamen Beziehung leben, ist die emotionale Bindung ja auch viel größer als wenn Sie einen Harem mit 100 Frauen hätten. Wir haben mit unserem diversifizierten Portfolio eine konstante Outperformance erzielt, also warum sollten wir etwas ändern?

Welches waren Ihre drei besten Investments?

Die habe ich, ehrlich gesagt, vergessen. Unser bester Kauf war wahrscheinlich Vallourec[24)], ein französischer Hersteller von Bohrgestängen für Ölplattformen. Mit der Aktie haben wir seit dem Einstieg im Juni 2004 mehr als 1100 Prozent verdient. Trotz der Kursexplosion blieb sie mehr als drei Jahre im Portfolio, weil sie bei jedem Rebalancing immer noch zu den günstigsten gehörte. Das zeigt vielleicht exemplarisch die Stärke unseres Ansatzes, der uns automatisch zu Disziplin zwingt. Denn früher – ohne Hilfe unserer Datenbank – hätte ich wahrscheinlich mit 200 oder 300 Prozent Gewinn verkauft.

Ansonsten würde ich sagen, dass wir mit Minen- und Rohstoffwerten außerordentlich gut verdient haben. Viele Value-Investoren packen diese Aktien nicht an, weil sie zyklisch sind und die Unternehmen jahrelang kein Wachstum verzeichnen konnten. Ich sehe das aus meiner Erfahrung heraus anders: Mitte 50er Jahre galten Stahl, Chemie und Aluminium als Wachstumsbranchen. Ende der 60er Jahre wurde mir klar, dass Stahl eine sterbende Indsutrie ist, und jeder hat gelacht. Heute ist die gängige Meinung, dass dieses Geschäft zyklisch ist, aber durch Indien und China haben wir möglicherweise eine völlig andere Situation, die wieder an die 50er-Jahre erinnert.

Zu guter Letzt würde ich noch die Vermeidung eines katastrophalen Fehlers als Erfolgserlebnis bezeichnen: Enron haben wir nicht gekauft, obwohl es laut unserer Datenbank das billigste, unterbewertetste Unternehmen der Welt war. Wir haben vier Wochen lang recherchiert, analysiert und versucht, zu verstehen, wo die Kapitalströme herkamen, aber keine Erklärung gefunden, warum ausgerechnet dieses Unternehmen so viel stärker wächst als der Rest der Branche. Also haben wir uns diesem Fall über den Computer hinweggesetzt. Das hat uns den Totalverlust erspart, als Enron pleite ging.

Und Ihre drei größten Flops?

Am Beispiel Vallourec zeigen sich Stärken und Schwächen unseres Systems gleichermaßen. Wir haben nach der ersten Verdoppelung zwar nicht Kasse gemacht, weil die Aktie immer noch zu den Top-Werten in unserer Datenbank gehörte. Aber wir haben immer wieder Teilgewinne mitgenommen, da wir ja alle halben Jahre wieder gleich gewichten und damit eine Scheibe abschneiden, um das Risiko zu kontrollieren. In diesem Fall haben wir damit viel Performance verschenkt, aber das ist, wie gesagt, systemimmanent.

Eines meiner wirklich schlechten Investments war die Bäckereikette Kamps[25)], obwohl ich dabei Geld verdient habe. Ich glaubte damals an Bill Millers[26)] Aussage, man müsse ein konzentriertes Portfolio haben. Also hatte ich in der Spitze außerhalb des Fonds für mehrere Privatkunden etwa eine Milliarde D-Mark in Kamps investiert. Da bin ich in die Falle getappt: Ich habe eine emotionale Bindung zu der Aktie entwickelt, schon allein weil die Position so groß war.

Ich habe mich auch immer wieder mit dem Vorstand unterhalten, wovon ich heute Abstand nehme. Ich habe daraus gelernt, dass das nichts bringt und die Performance umso besser wird, je breiter man streut.

So richtig schlimm erwischt hat es mich 1990 bei einem Börsenspiel, das die Wirtschaftswoche veranstaltete. Durch einen Artikel im Outstanding Investor Digest[27)], einem amerikanischen Börsenbrief für Value-Investoren, war ich auf den Sportschuh-Hersteller L.A. Gear[28)] aufmerksam geworden. Also habe ich den Titel für's Börsenspiel gekauft und bin prompt in die psychologische Falle getappt. Erst legte die Aktie enorm zu, dann stürzte sie ganz schnell wieder ab. Als sie von 50 auf 35 Dollar gefallen war, habe ich sogar Schuhgeschäfte abgeklappert und mich mit dem Personal unterhalten; die sprachen von Lieferrückständen, weil die Nachfrage so riesig war. Also blieb ich dabei. Schließlich fiel sie auf 25. Da wollte ich verkaufen, aber der Journalist, der das Börsenspiel betreute, sagte: Das können Sie doch nicht machen. Folglich blieb ich weiter dabei, und die Aktie fiel auf acht Dollar. Ich hatte dann das Glück, durch einen Short-Squeeze[29)], der die Aktie noch mal auf 18 Dollar brachte, einigermaßen glimpflich davonzukommen. Natürlich ging die Firma später pleite, weil das Top-Management die Aktionäre mit falschen Zahlen betrogen hatte. Sie können analysieren, bis Sie blau im Gesicht werden: Wenn die Zahlen gefälscht sind, sind Sie machtlos.

Wenn Sie eine Firma nur nach einer einzigen Kennzahl beurteilen dürften, welche würden Sie verwenden?

Das wäre schrecklich, das würde ich nie tun. Das würde unser gesamtes Analysemodell auf den Kopf stellen. Alle unsere Kennzahlen laufen immer parallel, ein edler Wein besteht ja auch nicht nur aus einer Facette. Wenn Sie mich nach der wichtigsten in einer Reihe von Kennzahlen fragen, würde ich den freien Cash-Flow nennen, der aussagt, wie viel ein Unternehmen ausschütten kann, ohne im Bestand gefährdet zu sein. Das ist zumindest sinnvoller, als das Kurs/Cashflow-Verhältnis heranzuziehen. Ein Technologieunternehmen wie Texas Instruments[30] nach seinem ungeheuren Cashflow zu beurteilen, führt in die Irre, denn der Cashflow muss immer wieder reinvestiert werden, damit das Unternehmen überlebt. Wenn ich unternehmerisch denke, muss ich ja auf der Rechnung haben, wie viel ich maximal rausziehen kann, unter anderem, weil ich davon leben will. Dann ist es wichtig, dass ein Unternehmen möglichst rentabel ist. Das heißt: Die Rendite auf Eigen- und Fremdkapital sollte höher sein als die Opportunitätskosten. Und der Trend dieser Rentabilität sollte positiv sein. Stagniert er oder ist er rückläufig, sinkt auch der Aktienkurs.

Ihre Lieblingsaktie?

Keine. Dazu fällt mit nur ein Zitat von Königin Victoria ein: Wir haben keine Freunde, wir haben nur Interessen.

Welches Buch sollten Anleger außerdem noch gelesen haben, bevor sie sich aufs glitschige Börsenparkett begeben?

Mal abgesehen von den Klassikern wie Benjamin Graham oder Charlie Munger, würde ich zwei Titel von Nassim Nicholas Taleb nennen: »Narren des Zufalls[31]« und »The Black Swan[32]«. Letzteres ist leider nur in englischer Sprache erhältlich. Beide beschäftigen sich mit der Macht des Zufalls und der Wahrscheinlichkeit des Unwahrscheinlichen an den Finanzmärkten.

4. Ausgewählte Fonds

Lingohr-Systematic-LBB-Invest:
Der am 1. Oktober 1996 aufgelegte Fonds investiert weltweit in günstig bewertete Value-Titel. Grundlage des Auswahlverfahrens sind die Daten, die das hauseigene Chicco-System liefert, wobei alle in Frage kommenden Aktien einer Plausibilitätsprüfung unterzogen werden und Klumpenrisiken durch breite Länder- und Branchenstreuung vermieden werden sollen. Das identi-

sche Anlagekonzept wird auch in drei regional anlegenden Fonds angewendet: Im Lingohr-Amerika-Systematik-LBB-Invest (ISIN: DE0008479437), im Lingohr-Asien-Pazifik-Systematik-LBB-Invest (ISIN: DE0008479387) und im Lingohr-Europa-Sytematik-LBB-Invest (ISIN: DE0005320097).

ISIN: DE0009774794
Fondsleitung: Landesbank Berlin Investment GmbH
Anlageberater: Lingohr & Partner Asset Management GmbH, Erkrath
Total Expense Ratio (TER): 1,77 % p.a.
Verwaltungsgebühr: 1,65 % p.a.
Ausgabeaufschlag: bis zu 5,00 %
Rücknahmekommission: keine
Performance 2009: +47,5 %
Performance 10 Jahre: +105,2 % (per 30.04.2010)
Fondsvolumen: 1,11 Milliarden Euro

Keppler Lingohr Global Equity:
Bei diesem Fonds vom 2. Mai 2006 arbeiten zwei erfolgreiche Value-Investoren zusammen, um ein ideales Anlageergebnis zu erreichen. Der in New York ansässige Fondsmanager Michael Keppler[33)] wählt zunächst anhand eines quantitativen Modells die weltweit günstigsten Märkte aus, Lingohr bestückt anschließend das Portfolio mit Einzeltiteln.

ISIN: DE000A0JDCH4
Fondsleitung: INKA Internationale Kapitalanlagegesellschaft mbH, Düsseldorf
Anlageberater: Keppler Asset Management, New York, Lingohr & Partner GmbH, Erkrath
Total Expense Ratio (TER): n/a
Verwaltungsgebühr: 1,50 % p.a.
Ausgabeaufschlag: bis zu 5,00 %
Rücknahmekommission: keine
Performance 2009: +60,7 %
Performance seit Auflegung: -4,4 % (per 30.04.2010)
Fondsvolumen: 206 Millionen Euro

5. Kontaktadresse:

Lingohr & Partner Asset Management GmbH
Heinrich-Hertz-Straße 2
D-40699 Erkrath
Tel.: +49 (0) 211 95707-0
Tel.: +49 (0) 211 95707-114
E-Mail: vertraulich@lingohr.de
Internet: www.lingohr.de

Anmerkungen:

1) Graham, Benjamin/Dodd, David: »Security Analysis«, McGraw-Hill, New York, 1934. Das Standardwerk der Aktienanalyse. Aktualisierte Ausgaben erschienen 1940, 1951 und 1962. Auch nach Grahams Tod im Jahr 1976 gab es noch eine Reihe von überarbeiteten Fassungen, z. B. die fünfte Auflage von 1988 (mit Updates von Cottle, Murray und Block).
2) Vgl. Raw, Charles/Page, Bruce/Hodgson, Jeffrey: »Do You Sincerely Want to Be Rich? The Full Story of Bernard Cornfeld and IOS«, Broadway Books, New York, 2005 (Reprint).
3) Merrill Lynch: US-Investmentbank, ISIN: US5901881087, geriet 2008 in Schieflage und wurde von der Bank of America, ISIN: US0605051046, übernommen.
4) Account Executive: Im Investmentbanking gebräuchlicher englischer Ausdruck für Kunden(konto)-betreuer.
5) Value Line Inc.: Börsendienst, Datenlieferant. Adresse: 220 East 42nd Street, New York, NY 10017, Internet: www.valueline.com. Das Unternehmen ist an der Nasdaq notiert, ISIN: US9204371002.
6) Apple Inc.: US-amerikanischer Computer- und Hardwarehersteller, ISIN: US0378331005.
7) Prudential Bache Commodities Group, Inc.: US-Brokerfirma, Anschrift: 1 New York Plaza, 13th Floor, New York, NY10292-2013, Internet: www.prudentialbache.com.
8) Großbötzl, Schmitz & Partner Vermögensverwaltersozietät GmbH: Einer der größten bankenunabhängigen Vermögensverwalter in Deutschland. Kontaktadresse: Königsallee 60-62, D-40212 Düsseldorf, Internet: www.gsp-d.com.
9) Credit Suisse Group AG: Schweizer Großbank, ISIN: CH0012138530.
10) vgl. Altman, Edward I.: »Financial Ratios and the Prediction of Corporate Bancruptcy«, Journal of Finance, Band 23, New York, 1968.
11) vgl. Hagin, Robert L.: »Investment Management«, Wiley Finance, New York, 2004.
12) Enron Inc.: Ehemaliger Energiekonzern mit Sitz in Houston, Texas, der nach einem Skandal um gefälschte Unternehmensbilanzen Insolvenz anmelden musste.
13) Continental Illinois Bank and Trust Company: Die ehedem siebtgrößte US-Bank geriet nach dem Zukauf mehrerer angeschlagener Konkurrenten selbst in Schieflage und wurde 1984 unter Zwangsverwaltung der US-Notenbank Federal Reserve gestellt. Wie etliche andere Häuser in der Finanzkrise 2008 wurde die Bank als »too big to fail« (zu groß , um zu scheitern) eingestuft. Zehn Jahre nach der Beinahepleite wurde Continental Illinois von der Bank America übernommen, die später in Bank of America umfirmierte, ISIN: US0605051046.
14) Deutsche Lufthansa AG: Eine der größten europäischen Fluggesellschaften, ISIN: DE0008232125.
15) Air France-KLM: französisch-niederländische Fluggesellschaft, ISIN: FR0000031122.
16) Klein, Tobias: Manager des First Private Ulm Aktienfonds, ISIN: DE0009795831.
17) Fisher, Philip Arthur: US-Investor und Buchautor, u.a. Autor von »Conservative Investors Sleep Well«, Harper & Row, New York, 1975.

18) Neff, John: US-Investor. Über 30 Jahre lang Manager des Vanguard Windsor Fund, ISIN: US9220182052.
19) Buffett, Warren/Cunningham, Lawrence A., »Die Essays von Warren Buffett«. FinanzBuch Verlag, München, 2006.
20) Charles Thomas Mungers Bücher »Poor Charlie's Almanack« und »Seeking Wisdom« sind nur in englischer Sprache erhältlich über die Website www.poorcharliesalmanack.com
21) U.S. Pioneer Fund, gegründet 1928, viertältester Publikumsfonds der USA. Value-Fonds mit Anlageschwerpunkt Nordamerika, ISIN: LU0133643469.
22) Faith, Curtis M. »Die Strategien der Turtle Trader«, FinanzBuch Verlag, München, 2007.
23) Altria Group Inc.: US-Nahrungsmittel- und Tabakwarenhersteller, ISIN: US02209S1033.
24) Vallourec S.A.: Französischer Zulieferer für die Öl- und Gasindustrie, ISIN: FR0000120354.
25) Kamps AG: Als erste deutsche Bäckereikette ging das von Heiner Kamps aufgebaute Unternehmen 1998 an die Börse. Im Jahr 2002 wurde Kamps vom italienischen Nudel- und Backwarenhersteller Barilla S.p.A. für 1,8 Milliarden Euro übernommen. Ein Teil der 920 Filialen wurde 2008 wieder zum Verkauf gestellt.
26) Miller, Bill, Fondsmanager, Manager, des Legg Mason Value Trust, gilt als einer der erfolgreichsten Anlagestrategen in den USA.
27) Outstanding Investor Digest Inc.: US-Börsendienst bzw. -Börsenbrief. Kontakt: 295 Greenwich Street, PMB 282, New York, NY 10007, Internet: www.oid.com.
28) L.A. Gear Inc., Insolventer US-Sportartikelhersteller, ISIN: US5017081010.
29) Short Squeeze: Der Effekt, wenn Leerverkäufer (englisch: Short Seller, die Aktien verkaufen, um von fallenden Kursen zu profitieren) ihre Positionen schließen müssen, um die Aktien, die sie verkauft haben, ohne sie zu besitzen, zurückgeben zu können. Bei Aktien, die stark im Kurs verfallen sind, führt das oft zu heftigen Ausschlägen nach oben.
30) Texas Instruments Inc.: US-Hersteller von Halbleitern und Computerbauteilen, ISIN: US8825081040.
31) Taleb, Nassim N., »Narren des Zufalls – Die verborgene Rolle des Glücks an den Finanzmärkten und im Rest des Lebens«, Wiley-VCH, New York, 2002.
32) Taleb, Nassim N., »The Black Swan: The Impact of the Highly Improbable«. Random House, New York, 2007.
33) Michael Keppler ist Gründer und Vorstand von Keppler Asset Management Inc., 350 West 57th Street, New York, NY 10019, USA. Internet: www.kamny.com

VIII. Der Königsweg: Max Otte und die Privatinvestor Verwaltungs AG

1. Die handelnden Personen

Die tiefe Stimme macht Eindruck. Und das Know-how noch mehr. Wer Max Otte nur vom Telefon kennt, fühlt sich wie ein Kind im Vorschulalter, wenn der Nikolaus das Buch mit den Schandtaten des zurückliegenden Jahres aufschlägt. Hier spricht die geballte Börsenkompetenz, die keine Widerworte duldet.

»Erfolgreiches Investieren hat nichts mit Makroökonomie zu tun«, sagt er, was zunächst angesichts seiner Ausbildung als Ökonom überrascht. Otte schloss sein Studium an der Universität zu Köln als Diplom-Volkswirt ab und vertiefte sein Wissen durch M.B.A.-Kurse[1)] in Finanzierung an der American University, ehe er in Princeton promovierte, wo er unter anderem bei Burton Malkiel[2)], Paul Volcker[3)] und Ben Bernanke[4)] Kurse belegte. »Auch John Maynard Keynes[5)], der von 1927 bis 1945 das Vermögen des King´s College der Cambridge University sehr erfolgreich verwaltete, wurde erst dann ein erfolgreicher Investor, als er aufgab, von makroökonomischen Zyklen und Prognosen profitieren zu wollen und sich auf einzelne Unternehmen und Aktien konzentrierte«.

Otte würde auch dann einen wesentlichen Teil seines Geldes in Aktien anlegen, wenn er wüsste, dass die Konjunktur das nächste Jahrzehnt lang schlecht läuft. Von Portfoliodiversifizierung nach der

Markowitz-Methode[6] hält er ebenso wenig wie von Momentum-Strategien, bei denen die Aktien gekauft werden, die am Markt gerade in sind. Auch wenn sich andere mit den Erfolgen dieser Investmentansätze brüsten, glaubt man ihm lieber. Widerspruch zwecklos, der Mann weiß sowieso mehr.

Die Scheu, sich mit seinen unkonventionellen Thesen auseinanderzusetzen, weicht bei der ersten persönlichen Begegnung. So groß wie der Nikolaus aus der Perspektive eines Fünfjährigen ist Max Otte gar nicht. Irgendwie haftet ihm sogar etwas Gemütliches an. Otte ist Professor für Betriebswirtschaftslehre an der Fachhochschule Worms und Leiter des gemeinnützigen Zentrums für Value-Investing[7]. Wenn er seine Studenten über die Bewertung von Unternehmen abfragt, macht er einen fast väterlichen Eindruck. Zusammen mit Prof. Bruce Greenwald[8] unterrichtet Max Otte die europäische Variante des bekannten Executive Education Seminar in Value Investing der Columbia University.

Ehemalige Studenten besuchen ihn immer noch gerne, wenn sie gerade in Worms oder Köln sind, den beiden Städten, zwischen denen der promovierte Volkswirt hin- und herpendelt. In Herdern in der Schweiz sitzt Ottes Privatinvestor Verwaltungs AG, die vermögende Privatkunden berät. Doch auch weniger Betuchte können sich das Börsenwissen des Professors zunutze machen, etwa mit einem Abonnement des von Ottes Institut für Vermögensentwicklung (IFVE GmbH) herausgegebenen Privatinvestor-Newsletters[9], in dem profunde Aktienanalysen, aktuelle Marktkommentare sowie konkrete Kauf- und Verkaufstipps veröffentlicht werden.

Seit März 2008 managt Otte den von ihm aufgelegten PI Global Value Fonds, ein Hedgefonds, der größere Freiheiten hat als ein klassischer Aktienfonds. Otte rückt den in Misskredit geratenen Begriff Hedgefonds ins rechte Licht: »Mit dem PI Global Value Fonds investiere ich ausschließlich in Aktien, Termingelder, Anleihen und Gold.« Dem Fonds ist es laut Zulassungsprojekt nicht gestattet, Kredite aufzunehmen und damit das Fondsvermögen zu hebeln. »Der PI Global Value Fonds verfolgt eine sehr konservative Anlagepolitik. Ich kann aber erheblich größere Anteile des Fondsvermögens in einzelne Aktien investieren, als dies bei einem traditionellen Aktienfonds möglich ist. Damit habe ich nicht die Performancebeschränkungen wie ein traditioneller Aktienfonds, wenn ich mir bei einer guten Aktie oder Anlage sicher bin und mehr in dieses Wertpapier investieren will.«

Der Start des Fonds ist vielversprechend: Von der Auflegung Ende März bis Sommer 2008 steht der Fonds mit zwei Prozent im Plus, während die Weltbörsen massiv korrigierten. Otte warnt allerdings davor, dies als Maßstab zu nehmen: »Ob ein Fondsmanager etwas taugt, erfahren Sie leider nicht aus den jährlichen Ranking-Listen, sondern erst, wenn Sie sich intensiv mit der Strategie des Managers auseinandersetzen und sich mehrere Jahre Zeit lassen, seine Performance zu verfolgen und zu überprüfen. Da ich eine konträre und fokussierte Strategie fahre, kann es sein, dass der Fonds ein oder zwei Jahre deutlich schlechter performt als der Markt. Wenn Sie dies nervös macht, sollten Sie lieber in indexnahe Produkte investieren.« Otte ficht es nicht an, dass er seinen PI Global Value Fonds alleine managt. »Erfolgreiche Investoren wie Mohnish Pabrai[10)], Francisco Garcia Parames[11)] oder Warren Buffett tätigten ihre Investments auch lange alleine oder machen dies wie Pabrai noch, bevor sie Partner oder Analysten mit ins Boot nahmen.« Wichtig sei ein bestimmter Abstand zum Börsengeschehen, so Otte. »Auch der kürzlich verstorbene Sir John Templeton sagte, dass seine Anlageergebnisse immer besser wurden, je weiter er sich vom aktuellen Börsengeschehen entfernte.« Natürlich ist auch für Otte der Austausch mit anderen Investoren wichtig. Im Rahmen des von ihm initiierten Zentrums für Value-Investing finden regelmäßige Konferenzen statt. Außerdem gibt es mittlerweile in Europa ein Netzwerk von Value-Investoren, innerhalb dessen ein reger Ideenaustausch stattfindet. Überdies versucht Otte, »mit offenen Augen durch die Welt zu gehen.« Er fragt sich, welche Preise steigen und wo Preise und Realität nicht mehr übereinzustimmen scheinen (zum Beispiel bei spanischen oder englischen Immobilen) und was die Insider in bestimmten Branchen machen. »Value-Investing ist das stetige Hinterfragen der Realität. Da helfen große Datenbanken nur wenig, denn diese bauen auf den Zahlen der Vergangenheit auf. Solche Zahlen haben für die Zukunft nur eine begrenzte Aussagekraft.«

2. Die Strategie

Im PI Global Value Fonds investiert Otte vorzugsweise in unterbewertete Qualitätsaktien, Festgeld, Anleihen und Gold, das in Form von Barren im Safe der Depotbank liegt. Gold gehört für den Wirtschaftsprofessor zur Absicherung eines Vermögens unbedingt dazu. Im Sommer 2006 veröffentlichte Otte seinen Bestseller »Der Crash kommt«[12)], in welchem der Wirtschaftsprofessor die Subprime-Krise mit großer Präzision voraussagte. Allerdings kann nach Otte Gold immer nur einer Absicherungsstrategie dienen, da es langfristig lediglich das Vermögen erhält. In der jetzigen Situation rechnet Otte damit, dass der Goldpreis auf deutlich über 2000 Dollar je Unze steigt. Dann ist er bereit, auch wieder zu verkaufen.

Aktien bilden als Realvermögen für Otte auch in krisenbehafteten Zeiten die Basis eines Depots, wenn sie zu einem Preis unterhalb des intrinsischen Wertes erworben werden können. »Idealerweise habe ich beim Kauf Sicherheitsmargen von 30, 40 oder 50 Prozent, dann kaufe ich, selbst wenn morgen eine Rezession bevorstehen sollte. Von makroökonomischen Prognosen halte ich mich fern.«

Noch bevor er im August 2005 zum Börsenspiel der Fernsehsendung »3Sat-Börse« antrat (und souverän gewann), hatte sich Otte durch seine Königsanalyse© bereits einen Namen in Investorenkreisen gemacht. Die Königsanalyse ist ein Scoring-Modell, um Qualität und Wert eines Unternehmens anhand von zehn Kriterien herauszufinden. In jeder Kategorie werden maximal zehn Punkte vergeben. Ähnlich wie bei den Parker-Punkten für Wein können so 100 Punkte zusammenkommen, mit welchen die Investmentqualität eines Unternehmens gemessen wird.

Anders als bei Parker ist die Höchstzahl von 100 Königspunkten so gut wie ausgeschlossen, da es »das perfekte Unternehmen« oder »das perfekte Investment« nicht gibt. »75 ist bereits eine außergewöhnlich hohe Punktzahl«, so Otte. Ab 50 spricht er von Investmentqualität, »darunter geht in der Regel nichts, es sei denn, ich bin sehr, sehr zuversichtlich für ein Turnaround-Unternehmen«.

In der Königsanalyse werden fünf harte Finanzkriterien und fünf weiche Faktoren geprüft. Die allgemeinen Kriterien lassen sich an folgenden Fragen festmachen:

- Hat das Unternehmen einen bekannten Markennamen?
- Produziert es Waren oder Dienstleistungen des täglichen Bedarfs, die wenig konjunkturabhängig sind (am besten möglichst geringwertige Wirtschaftsgüter und Dienstleistungen)?
- Hat das Unternehmen Wettbewerbsvorteile und kann es diese verteidigen?
- Konzentriert sich das Unternehmen auf sein Kerngeschäft?
- Welche Wachstumsmöglichkeiten bieten sich dem Unternehmen innerhalb seines Kerngeschäfts?

Wenn ein Unternehmen genügend Punkte sammelt, um einen königlichen Eindruck zu hinterlassen, geht es ans Eingemachte. Denn während die weichen Kriterien Raum für eigene Interpretationen lassen, sind die Spielregeln im Finanzteil knallhart definiert. Die Kernfragen lauten hier:

- Wie hoch sind die Margen (brutto mindestens 40 Prozent, netto 20 Prozent)?
- Kann das Unternehmen wachsen, ohne viel zu investieren zu müssen?
- Wie verzinst sich der einbehaltene Teil der Gewinne (idealerweise mit mehr als 15 Prozent)?
- Wie hoch sind Eigenkapitalquote und Verschuldung (Verbindlichkeiten am besten unter 50 Prozent der Bilanzsumme)?
- Wie hoch ist die Eigenkapitalrendite (im Idealfall über 25 Prozent)?

Im Prinzip will Otte mit seinem Königstest Unternehmen finden, die Warren Buffett »Franchises« nennen würde – Unternehmen mit sehr stabilen Wettbewerbsvorteilen und relativ geringem Kapitalbedarf, die langfristig wachsen können. Aber – so Otte – Buffetts Partner Charlie Munger habe angemerkt, dass es sich zwar einfach anhöre, aber gar nicht so einfach sei, Franchises zu entdecken. Munger habe gefragt, warum es einfach sein solle, etwas zu tun, das einen reich machen würde, wenn man es im Leben zwei- bis dreimal richtig anwenden würde.

Basis von Ottes Aktiendepot sind die Markenartikler Procter & Gamble[13] (in das Unternehmen ist auch Buffett investiert) und Nestlé[14]. Die beiden Aktien zählt Otte zu den sichersten der Welt – P&G als Weltmarktführer im Non-Food-Bereich, Nestlé im Food-Bereich. »Auch in einer Krise werden die Produkte der beiden Unternehmen weiter gekauft, und beide können wahrscheinlich auch weiter ihre Preise erhöhen. Zudem decke ich mit diesen Unternehmen fast die gesamte Weltwirtschaft ab. In der Dritten Welt kennen viele die Produkte dieser Unternehmen und werden erst mit zunehmendem Wirtschaftswachstum in diesen Ländern in die Lage versetzt werden, sie sich auch zu leisten. Es steckt also auch Emerging-Markets-Phantasie in diesen Titeln.« Otte würde beide Titel – abweichend von seinen sonstigen Grundsätzen nur verkaufen, wenn sie mit 20 Prozent deutlich über ihrem Inneren Wert notieren, denn ein Depot brauche einen Grundstein. Es mache aber auch keinen Sinn, Aktien ewig zu halten. Wenn sie eindeutig zu teuer seien, müssten sie verkauft werden.

Nicht immer lassen sich billige Franchises auffinden. Otte sucht auch nach Unternehmen, die nicht unbedingt Franchise-Qualität haben, dafür aber spottbillig sind. »Wenn durch sorgfältige Recherche bestätigt wurde, dass sich die Bedingungen in einer Branche wieder normalisieren, kann man auch in solche Unternehmen investieren,« so Otte. Dies ist dann die von Benjamin Graham praktizierte Methode des Deep-Value, bei dem der Kaufpreis eines Unternehmens durch die Substanz abgesichert ist. Hier ist nicht das Wachstum entscheidend. Im Sommer 2008 sah Otte hier sehr viele Möglichkeiten, wie zum Beispiel die Aktie des Weltmarktführers unter den Ziegelherstellern Wienerberger[15], die zu 60 Prozent des Buchwertes notierte.

Bei der Bewertung von Aktien unterscheidet Otte dementsprechend zwischen unterbewerteter Substanz, unterbewertetem Ertrag und unterbewertetem Wachstum. Je nachdem, um welche Art von Investment es sich handelt, legt er unterschiedliche Kriterien an. »Diese Art der Fallunterscheidung habe ich von Prof. Bruce Greenwald übernommen, der meinen Analysestil entscheidend geprägt hat,« erklärt Otte. »Normalerweise rechne ich zur Bemessung des Ertragswerts von Unternehmen mit durchschnittlichen Margen der letzten 10 Jahre, so kann ich den Einfluss des Konjunkturzyklus heraushalten.« Außerdem werden einmalige Ereignisse herausgerechnet. Unterbewertetes Wachstum ist laut Otte die schwierigste Kategorie, hier müsse sehr sorgfältig geprüft werden, wie dauerhaft die Wettbewerbsvorteile seien. Wachstum werde oft an der Börse überschätzt, es seien oft die langweiligen Unternehmen, mit denen sich die besten Ergebnisse erzielen ließen.

Dennoch mag Otte durchaus wachstumsstarke Aktien und sieht seine größte Stärke im Erkennen zukunftsträchtiger Geschäftsmodelle. Hier gibt es auch die potenziellen Verzehnfacher (Peter Lynchs »Tenbagger«[16)]), deshalb darf der Börsenwert nicht allzu groß sein: Bei Unternehmen, die bereits mit 20 Milliarden Euro bewertet sind, ist es unwahrscheinlich, dass sie eines Tages 200 Milliarden auf die Börsenwaage bringen werden. Eine Entwicklung von 100 Millionen auf eine Milliarde ist schon eher realistisch.

Die potenziellen Tenbagger heißen bei Otte Revolutionäre. »Ein Revolutionär muss etwas haben, das die gegenwärtigen Wirtschaftsabläufe radikal verändern kann – ein Produkt, eine Technologie oder zumindest eine Vision«, bringt Otte es auf den Punkt. »Das Unternehmen sollte Pionier seiner Branche sein, nicht erst später auf den Zug aufspringen.« Auch ein Revolutionär muss Wettbewerbsvorteile haben, entweder durch eine überlegene Kostenstruktur oder durch technologischen Vorsprung. Und dazu ein Management, das in der Lage ist, diese Wettbewerbsvorteile zu verteidigen.

Die Revolutionäre sorgen für die Würze im Portfolio, allerdings schwanken die Kurse stärker, und das Investment ist insgesamt ungleich riskanter: Nicht jede Revolution führt zum Erfolg. Um die Marktchancen besser beurteilen zu können, sind Otte Unternehmen mit Endkundengeschäft lieber als solche, die andere Firmen beliefern. Lieber also Business-to-Consumer (B2C) als Business-to-Business (B2B). »Wichtig ist«, so der Wirtschaftsprofessor, »dass nur ein geringer Kapitaleinsatz notwendig ist, um hohe Erträge und starkes Wachstum zu erzielen«. Hellhörig wird er dagegen, wenn Gesellschaften hauptsächlich durch Zukäufe anderer Unternehmen oder massive Investitionen wachsen, »denn das ist oft ein Anzeichen für eine Stagnation des Kerngeschäfts«.

Der Dialog mit dem Management ist für ihn normalerweise nicht entscheidend, er verlässt sich lieber auf die Zahlen. Nur in Ausnahmefällen, etwa bei Salzgitter[17)], gab der Kontakt zum Management den Ausschlag. Dabei ist die Managementqualität auch für Otte wichtig: Auf Hauptversammlungen und Investorenveranstaltungen fühlt er den Vorständen gerne auf den Zahn. Da stellt er, wie im Fall Freenet[18)], schon mal die unbequeme Frage, warum das Unternehmen mit der Holzhammer-Methode versucht, alte Rechnungen der Mutter Mobilcom[19)] einzutreiben und sich damit bei den eigenen Kunden in Misskredit bringt. Dann klingt die tiefe Stimme noch tiefer und selbst gestandene Vorstände fühlen sich wie Vorschulkinder, wenn der Nikolaus kommt. In den zwei Monaten nach Ottes HV-Auftritt im Sommer 2004 fiel die Freenet-Aktie wie ein Stein und verlor in der Spitze 60 Prozent ihres Wertes. Ein Jahr später fand Otte dann wieder lobende Worte für das Management.

3. Ein Dutzend offener Fragen

Max Otte im Interview

Wie definieren Sie Value?

Value ist für mich, wie der Name schon sagt, Wert zu einem günstigen Preis. Nach unserem Schema bedeutet das konkret: Die Summe der abgezinsten freien Cashflows je Aktie muss den aktuellen Kurs übersteigen. Das ist natürlich mit zwei Fragezeichen behaftet: Wie hoch sind die Zinsen (Kapitalkosten)? Und wie sicher sind die Cashflows? Wir rechnen hier bewusst einfach mit dem langfristigen Durchschnittszins, da wir uns von kurzfristigen Trends nicht beeinflussen lassen. Die eigentliche Kunst des

Investierens liegt darin, die Sicherheit der Cashflows anhand des Geschäftsmodells, der Branche und der Fähigkeiten des Managements kritisch zu hinterfragen und anschließend belastbar zu prognostizieren.

Wie sind Sie auf Value-Investing aufmerksam geworden?

Zum methodischen Investieren hat mich 1996 ein alter Schulfreund gebracht, der im Controlling arbeitete und sich täglich mit den einschlägigen Kennzahlen beschäftigte. Der nächste Schritt war 1998 bis 1999 der Versuch, eine deutsche Version der hervorragend gemachten US-Internetseite »The Motley Fool« zu etablieren[20]. Leider war ich da schon 34 und habe meine Karriere quasi neu gestartet. Ich wünschte, ich wäre früher mit Value-Investing in Kontakt gekommen. Seit 1999 beschäftige ich mich systematisch mit Value-Investing, seit 2002 auch mit Greenwalds Schriften. Warren Buffett habe ich erst 2004 persönlich erlebt.

Haben Sie Vorbilder, die Sie beeinflusst haben?

Mehrere sogar. O'Neil[21], obwohl kein reiner Value-Investor, hat mich überhaupt darauf aufmerksam gemacht, dass es so etwas wie systematisches Investieren gibt, Greenwald hat meine theoretische Auffassung abgerundet. Da er Theoretiker ist, kann er allerdings als Investor kein Vorbild sein. Hier wären natürlich Warren Buffett und Peter Lynch zu nennen. Je länger ich mich mit Ben Graham beschäftige, desto mehr entdecke ich dort meine wahre Seelenverwandtschaft: Graham – obwohl exzellenter Investor – war es mindestens ebenso wichtig, sein Wissen weiterzugeben, wie Geld zu verdienen. Auch ansonsten war er ein Mensch mit vielen Facetten. Das liegt mir näher als Buffetts schon fast manische Fokussierung der Lebensenergien auf ein einziges Ziel: bester Investor der Welt zu sein. Aber auch in Kenntnis aller großen Investoren und ihrer Ansätze bleibt einem beim Finden des eigenen Stils die Trial-and-Error-Methode[22] und das damit verbundene Schmerzensgeld nicht erspart.

Was hat Ihrer Meinung nach Warren Buffett zum erfolgreichsten Value-Investor aller Zeiten gemacht – oder kennen Sie sogar bessere?

Nein, nein, Buffett ist schon mit Abstand der beste. Er ist ein Genie im Aussuchen von Unternehmen. Er geht sehr fokussiert vor, indem er sich auf drei bis vier Branchen konzentriert. Dank seines, sagen wir, Computerhirns, sortiert er blitzschnell aus und setzt exakt das um, was ihm sein Lehrmeister Benjamin Graham mit auf den Weg gegeben hat – und das seit mehr als 50 Jahren. Ob sich sein Erfolgsmodell auf die nächsten 50 Jahre fortschreiben lässt, ist allerdings fraglich. Zum einen ist womöglich in den nächsten Jahren eine größere Börsenkorrektur zu erwarten, zum anderen ist Buffetts Beteiligungsgesellschaft Berkshire Hathaway zu schwer geworden. Wenn er sich an chancenreichen jungen Unternehmen beteiligt, würde das die Gesamtperformance des Portfolios nur marginal beeinflussen, so dass er fast nur noch in Large Caps[23)] investieren oder ganze Unternehmen kaufen kann.

Gibt es gewisse Voraussetzungen wie Ausbildung, Charakter, Alter oder Temperament, die ein erfolgreicher Value-Investor unbedingt mitbringen sollte?

Vom Temperament her sicher: Man muss emotionslos vorgehen, was wiederum mit Alter und Erfahrung zusammenhängt. 20-Jährige werden wohl nur in Ausnahmefällen Value-Investoren sein. Was den Charakter betrifft, würde ich behaupten, Value-Investoren sind ehrlicher als viele der zwielichtigen Gestalten, die sich sonst so im Umfeld der Börse tummeln. Bei Value-Investing geht es ja nicht darum, die Kurse kurzfristig hochzutreiben, sondern über Jahre hinweg investiert zu bleiben. Eine unabdingbare Voraussetzung ist natürlich auch, etwas von Wirtschaft im Allgemeinen und von Betriebswirtschaft im Besonderen zu verstehen. Bilanzen sind nun einmal die Sprache der Wirtschaft. Wie man sich dieses Wissen aneignet, ist letzten Endes aber egal.

Benötigen Value-Investoren Ihrer Meinung nach ein bestimmtes Umfeld, um erfolgreich arbeiten zu können?

Wichtig ist, dass sich der Investor für sein Investment verantwortlich fühlt. Das Team, das die Anlageentscheidungen verantwortet, sollte deshalb nicht zu groß sein. Ein kleines, autarkes Team kann auch in einer Großbank erfolgreich arbeiten, das ist aber die Ausnahme. Für das einzelne Team sollten 4 bis 6 Mitarbeiter das Maximum sein. Beim PI Global Value Fonds treffe ich die Entscheidungen alleine und fühle mich sehr wohl damit. Hilfreich ist es sicher, wenn der Teamleiter auch der Chefanalyst ist und kein Marketing-Mann, der nur herumreist und verkauft. Value-Investing heißt schließlich Expertenwissen, Branchenkenntnis und schnelles Reagieren auf bestimmte Marktsituationen.

Aus wie vielen Werten sollte ein Portfolio idealerweise bestehen und wie lange sollten die Aktien gehalten werden?

Ich verfahre nach dem Grundsatz »Keep it focused«. Acht bis 25 Werte reichen für ein diversifiziertes Depot vollkommen aus. Im Fonds richte ich mich danach. Die Frage nach dem Anlagehorizont ist nicht so einfach zu beantworten. Am liebsten sind mir Werte, die ich 30 Jahre lang halten kann, weil der Kurs und der Wert des Unternehmens kontinuierlich parallel zueinander wachsen. Wenn ich von einem Unternehmen überzeugt bin, lasse ich mich auch von einem schwachen Quartal nicht aus der Ruhe bringen. Bei der ersten Gewinnwarnung[24)] kann es sich um einen einmaligen Ausrutscher handeln. Entscheidend ist die zweite: Dann muss man wohl davon ausgehen, dass sich die fundamentale Lage eintrübt, und das Investment noch kritischer prüfen.

Welches waren Ihre drei besten Investments?

Bijou Brigitte[25)], eBay[26)] und Salzgitter. Die Modeschmuckkette Bijou Brigitte ist der Aldi der Branche und erzielt trotzdem eine für Handelsunternehmen absolut unüblich hohe Nettomarge jenseits von 20 Prozent, da die Waren kostengünstig in Asien produziert werden. Das Geschäft ist einfach zu verstehen, ernst zu nehmende Wettbewerber sind bislang nicht in Sicht.

Bei eBay, dem weltgrößten Internet-Auktionshaus, war mir von Anfang an klar: Das Unternehmen hat eines der besten Geschäftsmodelle der Welt. Die Leute wollen ihre gebrauchten Sachen dort verkaufen, wo diese auch weggehen, und vor allem dort, wo der beste Preis zu erzielen ist. Also entscheiden sie sich für die Nummer eins. Diesen Status hat eBay fast auf der ganzen Welt inne, außer zum Beispiel in Japan, wo Yahoo[27)] Marktführer ist. Dass eBay der Internetbranche zugeordnet wird, interessiert mich nur am Rande, für mich ist es ein reines Handelsunternehmen. Die Aktie hat zuletzt stark gelitten, da der Suchmaschinenbetreiber Google[28)] den gewerblichen eBay-Händlern günstigere Konditionen für Online-Shops anbietet und ihnen auch verspricht, besser und schneller gefunden zu werden. Man muss abwarten, wie sich das weiter entwickelt. Ich habe eBay allerdings so frühzeitig gekauft, dass ich mir das entspannt anschauen kann.

Besonders stolz bin ich auf die mehr als 400 Prozent Performance beim Stahl-Konzern Salzgitter, weil es eigentlich nicht meinem normalen Investmentstil entspricht. Die Branche ist zyklisch, das Unternehmen allerdings in wesentlich geringerem Maße als seine Konkurrenten. Auf Salzgitter bin ich durch Gespräche mit dem Management aufmerksam geworden, dem es im Jahr 2000 gelungen war, die Mannesmann-Röhrenwerke[29)] für einen Schnäppchenpreis zu übernehmen. Das ganze Unternehmen war seinerzeit spottbillig. Die Marktkapitalisierung lag gerade bei einem Drittel des Buchwertes. Trotzdem ist Salzgitter keine Aktie, die ich 30 Jahre lang halten würde. Wegen der Zyklizität der Branche kann das Unternehmen im Unterschied zu eBay und Bijou Brigitte nicht als »Consistent Earner« [30)] bezeichnet werden, also als Unternehmen, das durch Ertragskontinuität glänzt. Bei dem von mir errechneten fairen Wert von 70 Euro habe ich mich also auch konsequent von der Salzgitter-Aktie getrennt, die danach noch bis auf 150 Euro stieg.

Und Ihre drei größten Flops?

Das ist leider nicht so leicht zu beantworten. Zum Glück habe ich nie Aktien von Schrottunternehmen gekauft oder empfohlen. Gut, ich war vor dem New-Economy-Crash auch eine Zeit lang von Nokia[31)] oder den am damaligen Neuen Markt notierten Unternehmen Aixtron[32)] und Qiagen[33)] überzeugt. Deren Geschäftsmodelle halte ich nach wie vor für tragfähig, nur die Kurse waren damals wohl stark übertrieben. Größere Niederlagen waren für mich verfrühte Verkäufe. Es gehört ja quasi zum Wesen des Value-Investing, zu früh ein- und auszusteigen. Richtig ärgerliche Beispiele waren für mich Puma[34)] oder Samsung[35)] – und vor allem United Internet[36)]. Diese Aktie habe ich kurze Zeit später teurer zurückgekauft.

Wenn Sie eine Firma nur nach einer einzigen Kennzahl beurteilen dürften, welche würden Sie verwenden?

Leider geht das so nicht! Ich muss zuerst entscheiden, um was für ein Investment es sich handelt. Hier lassen sich im Großen und Ganzen drei Situationen ausmachen, bei denen dann jeweils eine Kennzahl für ein erstes Urteil reichen: 1. extrem billige Turnaround-Werte oder Werte aus völlig vernachlässigten Branchen, 2.«normale« Unternehmen und 3. Wachstumsunternehmen mit einem starken Franchise. Ist es ein sehr billiger Turaround-Wert, dann würde ich nach dem Kurs-Buchwert-Verhältnis oder besser dem Verhältnis von Kurs zu Wiederbeschaffungskosten des Vermögens bewerten. Ist es ein »normales« Unternehmen, welches ich nach dem Ertrag bewerte, dann würde ich mir das Verhältnis von Enterprise-Value[37)] zu normalisiertem EBIT[38)] anschauen und mit den Kapitalkosten als einfache ewige Rente bewerten[39)]. »Normalisiert« heißt dabei, dass ich mit durchschnittlichen Margen der letzten zehn Jahre rechne, um den Einfluss von Konjunkturzyklen zu neutralisieren. Bei Wachstumsunternehmen wird es etwas komplizierter. Da müssen Sie mehrere Dinge prüfen. Zunächst einmal müssen Sie verifizieren, ob das Unternehmen seine Wettbewerbsvorteile überhaupt verteidigen kann. Das ist viel schwerer, als die meisten Hobbybörsianer und viele Profis denken. Weit über 90 Prozent aller Unternehmen sind »normale« Unternehmen ohne dauerhafte Wettbewerbsvorteile. Fragt man aber das Management eines Unternehmens, haben alle irgendwelche tollen Vorteile. Buffett verwendet hierzu die Verzinsung der einbehaltenen Gewinne über die letzten 10 Jahre, womit er schon einmal Unternehmen ausschließt, die weniger als 10 Jahre existieren. Liegen tatsächlich Wettbewerbsvorteile vor, muss man Enterprise-Value zu EBIT in Relation zum Wachstum setzen und dann eine wachsende Rente annehmen.[40)]

Ihre Lieblingsaktie?

Wenn Sie nur in eine einzige Aktie investieren würden, sollten Sie sich nach meiner Auffassung für die Markenartikler Procter & Gamble oder Nestlé entscheiden. Hier handelt es sich um zwei der sichersten Aktien der Welt, die auch die Basis für meinen PI Global Value Fonds bilden. Derzeit sind diese Titel angemessen bewertet, was heißt, dass Sie damit im langfristigen Durchschnitt die Marktrendite von 10 Prozent erzielen sollten. Natürlich können auch diese Titel zu teuer werden, wie es Coca-Cola[41)] mit einem KGV von über 40 um das Jahr 2000 herum wurde, oder Procter & Gamble mit einer ähnlich hohen Bewertung im Jahr 1973. Sie sollten sich also in keine Aktie »verlieben« und selbst die Bewertung dieser Titel alle ein bis zwei Jahre anschauen. Ich traue aber auch United Internet zu, noch auf Jahre hinaus profitabel zu wachsen. Mit dem E-Mail-Service GMX und dem Zugangsdienst 1&1 sowie dem übernommenen Portal web.de hat das Unternehmen bereits drei Massenmarkennamen etabliert und ist mittlerweile reichweitenstärkster Portalanbieter in Deutschland. Die Deutsche Telekom[42)] räumte eine Zeit lang den großen, umsatzstarken Wiederverkäufern von DSL-Internetzugängen günstigere Konditionen ein als den kleinen, unbedeutenden, bis die Bundesnetzagentur diese Praxis stoppte. Das verschaffte United Internet als Nummer zwei am deutschen Markt einen komfortablen Wettbewerbsvorsprung gegenüber der Konkurrenz. Zugegeben: Es ist eine umstrittene Strategie, auf die Nummer zwei zu setzen. Aber in diesem Fall hat United Internet im DSL-Markt die Aussicht auf ein Quasiduopol und ist durch die Regulierungsbehörde auch noch vor der Telekom als Nummer eins geschützt. United Internet ist auch weltweit eines der größten Webhosting-Unternehmen und Marktführer in Deutschland und England. Zudem ist Vorstandschef Ralph Dommermuth Vollblutunternehmer in zweiter Generation und hält wesentliche Teile am Unternehmen. Das ist ein mächtiger Anreiz für das Management, aktionärsorientiert zu denken. Im Jahr 2008 kaufte Dommermuth eigene Aktien im Wert von etwa 10 Millionen Euro privat zurück. Zusätzlich führt das Unternehmen regelmäßig Aktienrückkäufe durch.

Welches Buch sollten Anleger unbedingt gelesen haben, bevor sie sich aufs glitschige Börsenparkett begeben?

Bruce Greenwalds Standardwerk »Value Investing«[43]. Es gibt auch eine deutsche Ausgabe namens »Handbuch Value Investing«, die Übersetzung ist allerdings nicht das Gelbe vom Ei. Ich empfehle deshalb die englischsprachige Originalausgabe. Und Ben Grahams »Intelligent Investor«[44] ist gerade aus der zeitlichen Distanz sehr anregend und dazu leichter zu lesen als »Security Analysis«[45].

4. Der Fonds

PI Global Value Fonds:
Der PI Global Value Fonds wird in der Rechtsform eines Investmentunternehmens für andere Werte (Anlagefonds) liechtensteinischen Rechts gemäß Gesetz über Investmentunternehmen (IUG) vom 19. Mai 2005, LGBl. 2005, Nr. 156, geführt und ist ein Hedgefonds, der größere Freiheiten hat als ein klassischer Aktienfonds. Der PI Global Value Fonds ist ein »Long-Only«-Hedgefonds[46], der in Aktien, Anleihen, ähnliche Wertpapiere, Termingelder und physisches Gold investieren kann. Die Bezeichnung »Long-Only« besagt hierbei, das der Fonds keine Schulden machen darf und damit eine konservative Anlagestrategie verfolgt. Ein »Hedgefonds« ist der Fonds unter anderem deshalb, weil er in physisches Gold investieren kann und größere Aktienpositionen aufbauen kann, wenn Otte von einem Titel überzeugt ist. So sind derzeit einige Positionen mit ungefähr zehn Prozent gewichtet. Das hat auch den Vorteil, dass Ot-

te Aktien mit guter Performance nicht automatisch verkaufen muss, um die Gewichtungsgrenzen einzuhalten, wenn diese noch Potenzial haben. Basis der Kapitalanlage bilden Goldbarren in Höhe von fünf bis sechs Prozent des Fondsvermögens sowie Aktienpositionen in Nestlé und Procter & Gamble von zusammen zehn Prozent. Diese Positionen würden nur verkauft, wenn die entsprechenden Titel deutlich überbewertet wären. Neben Basisinvestments investiert Otte einen Teil des Fondsvermögens auch in Small-Caps[47)], da er hier einen Vorteil seines relativ kleinen Fonds sieht: »Große Aktienfonds können nicht mehr in Unternehmen mit kleiner Marktkapitalisierung wie zum Beispiel Frosta[48)] investieren, da sie sich selber die Preise zerstören würden. Der PI Global Value kann das.« Außerdem, so Otte, hätten viele wissenschaftliche Studien erwiesen, dass sich mit Small und Mid-Caps ein langfristiger Renditevorteil gegenüber den Large Caps erzielen lasse. Ottes Renditeerwartung liegt bei zwölf bis 15 Prozent pro Jahr. Da der Fonds erst am 17. März 2008 aufgelegt wurde, lässt sich noch nicht absehen, inwieweit dieses Ziel realistisch ist. Der weltweit anlegende Fonds mit Schwerpunkt Europa orientiert sich nicht an einem Vergleichsindex (Benchmark). Das Vertrauen in die eigene Expertise führe dazu, sagt Otte, »dass auch ich mein eigenes Geld im PI Global Value Fonds angelegt habe, wenn auch nicht alles wie Braun, von Wyss und Müller«. Da er eine größere Krise auf die Weltwirtschaft zukommen sieht, sei es unabdingbar »auch einen Teil des Vermögens in Gold und schuldenfreien Immobilien anzulegen«. Das Gold habe er mit dem Fonds abgedeckt, Immobilien sollten aber nach seiner Ansicht individuell erworben werden.

ISIN: LI0034492384
Fondsleitung: Neue Bank AG
Fondsberater: Privatinvestor Verwaltungs AG
Total Expense Ratio (TER): 2,09%
Verwaltungsgebühr: 1,50 % p.a.
Ausgabeaufschlag: minimal 1,00% bis 5,00 %
Rücknahmekommission: keine
Performance 2009: +44,6 %
Performance seit Auflegung: +31,2 % (per 30.04.2010)
Fondsvolumen: 9,9 Mio. Euro

5. Kontaktadresse

Privatinvestor Verwaltungs AG
Berghofstr. 19
CH-8535 Herdern
Tel.: + 41 (0) 5 27 40 04 09
Fax: +49 (0) 26 31 97 91 56
E-Mail: service@privatinvestor.de
Internet: www.privatinvestor.de oder www.ifm.li

Anmerkungen:

1) M.B.A.: Master of Business Administration. Ein generalistischer Management-Studiengang in den USA, der alle wesentlichen Management-Funktionen abdecken soll. M.B.A. ist auch die Bezeichnung für den durch dieses Studium erworbenen akademischen Grad.
2) Malkiel Burton, Professor an der Princeton-University und Autor zahlreicher Börsenbücher, u.a. »The Random Walk Guide to Investing: Ten Rules for Financial Success«, Norton, New York, 2003.
3) Volcker, Paul: Von 1979 bis 1987 Vorsitzender des Federal Reserve System und damit der US-Notenbank. Ihm folgte 1987 Alan Greenspan nach.
4) Bernanke, Ben: Seit dem 1. Februar 2006 Chef der US-Notenbank und Nachfolger von Alan Greenspan.
5) Keynes, John Maynard: Britischer Ökonom, Mathematiker und Politiker (1883-1946).
6) Für seine 1952 entwickelte Portfoliotheorie erhielt Prof. Harry Max Markowitz 1990 gemeinsam mit Merton H. Miller und William F. Sharpe den Nobelpreis für Wirtschaftswissenschaften. Nach Markowitz' Theorie sinkt das Risiko eines Portfolios bei gleichzeitig steigenden Renditechancen, wenn viele unterschiedliche Wertpapiere aus unterschiedlichen Anlageklassen, die keine Korrelationen aufweisen, gemischt werden.
7) Zentrum für Value-Investing e.V.: Anschrift: Friedrich-Ebert-Str. 102, 67549 Worms. Internet: www.value-investing.net. Prof. Dr. Max Otte ist geschäftsführender Vorstand des gemeinnützigen Vereins. Weitere Vorstandsmitglieder sind Dr. Hendrik Leber (siehe Kapitel 1) und Peter E. Huber (Kapitel 10).
8) Greenwald, Bruce: Inhaber des Lehrstuhls für Graham- und Dodd-Investing an der Columbia University of New York und wissenschaftlicher Beirat des Zentrums für Vaue-Investing e.V.
9) Der Privatinvestor: Wöchentlich erscheinender Börsenbrief der IVFE GmbH, Aachener Str. 197-199, D-50931 Köln, Internet: www.privatinvestor.de.
10) Pabrai, Mohnish: Gründer und Geschäftsführer von Pabrai Ivestment Funds, 114 Pacifica, Suite 290, Irvine, CA 92618-3321, Internet: www.pabraifunds.com, sowie Buchautor, u.a. »The Dhandho Investor – The Low-Risk Method to High Returns«, Wiley & Sons, New York, 2007.
11) Parames, Francisco Garcia: Spanischer Value-Investor und Vorstandsmitglied von Bestinver Asset Management, C/Juan de Mena, 8 - 1ºD, E-28014 Madrid, Internet: www.bestinver.com.
12) Otte, Max: »Der Crash kommt – Die neue Weltwirtschaftskrise und wie Sie sich darauf vorbereiten«. Econ Verlag, Berlin, 2006.
13) Procter & Gamble Inc.: US-amerikanischer Hersteller von Konsumgütern, ISIN: US7427181091.
14) Nestlé AG: Schweizer Nahrungsmittelkonzern, ISIN: CH0038863350.
15) Wienerberger AG: Österreichischer Bauzulieferer, ISIN: AT0000831706.
16) Vgl. Lynch, Peter: »Der Börse einen Schritt voraus«, Börsenbuch Verlag, Kulmbach, 1990. Englischer Originaltitel »One up on Wall Street«, Simon & Schuster, New York, 1990.
17) Salzgitter AG: Deutscher Stahlkonzern, ISIN: DE 0006202005.
18) Freenet AG: Deutscher Internet- und Telekommunikationskonzern, ISIN: DE000A0EAMM0.
19) Mobilcom AG: Deutscher Mobilfunkdienstleister, heute Tochter der Freenet AG.

20) The Motley Fool: US-Internet-Börsendienst. Kontaktadresse: 2000 Duke St., Fourth Floor, Alexandria, VA 22134. Internet: www.fool.com
21) O'Neil, William: Gründer der Börsenzeitung »Investor's Business Daily« und der Brokerfirma William O'Neil + Co. Inc. sowie Autor mehrerer Börsenbücher wie »How to Make Money in Stocks – A Winning System in Good Times or Bad«, McGraw-Hill, New York, 2002. Auf Deutsch unter anderem »Fünf Schritte zum Börsenerfolg«, Börsenbuch Verlag, Kulmbach, 2005.
22) Trial and Error: Englisch für Versuch und Fehlschlag, beschreibt die Fähigkeit aus eigenen Fehlern zu lernen.
23) Large Caps: Englisch für große Unternehmen mit hoher Marktkapitalisierung.
24) Gewinnwarnung: Ankündigung eines Unternehmens, die eigenen Gewinnprognosen bzw. die Schätzungen der Analysten zu verfehlen.
25) Bijou Brigitte Modische Accessoires AG: Deutscher Modeschmuck-Filialist, ISIN: DE0005229504.
26) eBay Inc.: Führendes Internetportal für Online-Auktionen, ISIN: US2786421030.
27) Yahoo! Inc.: Betreiber eines Suchmaschinen-Internetportals, ISIN: US9843321061.
28) Google Inc.: Weltweit führendes Suchmaschinen-Portal und größter Yahoo-Konkurrent, ISIN: US38259P5089.
29) Mannesmann: Ehemaliger deutscher Mischkonzern, der u. a. das Mobilfunknetz D2 betrieb. Wurde nach dreimonatiger Übernahmeschlacht am 3. Februar 2000 vom britischen Mobilfunkanbieter Vodafone (ISIN: GB00B16GWD56) aufgekauft und zerschlagen. Die Mannesmann-Röhrenwerke gingen an Salzgitter.
30) Consistent Earner: Englische Bezeichnung für ein Unternehmen, das nachhaltig Geld verdient (auch in schwachen Konjunkturphasen).
31) Nokia Corp.: Finnischer Hersteller von Mobiltelefonen, ISIN: FI0009000681.
32) Aixtron AG: Deutscher Hersteller von Produktionsanlagen für Verbindungshalbleiter und andere Multikomponenten-Materialien, z.B. LED-Leuchtdioden, ISIN: DE0005066203.
33) Qiagen N.V.: Niederländisch-deutscher Zulieferer für die Biotechnologie-Branche, ISIN: NL0000240000.
34) Puma AG Rudolf Dassler Sport: Deutscher Sportartikel-Hersteller, ISIN: DE0006969603.
35) Samsung Electronics Ltd.: Koreanischer Elektronikkonzern, ISIN: KR7005930003.
36) United Internet AG: Deutscher Anbieter von Internet-Diensten, ISIN: DE0005089031.
37) Enterprise Value: Unternehmenswert berechnet aus Marktkapitalisierung plus Schulden.
38) EBIT: Earnings Before Interest and Taxes, englisch für Gewinn vor Zinsen und Steuern.
39) Siehe Band 1, S. 307 ff.: Verzinsung, Abzinsung, Zinseszins und die Bestimmung von Barwerten, Unterpunkt: Barwert einer ewigen Rente.
40) Siehe Band 1, S. 310 ff.: Verzinsung, Abzinsung, Zinseszins und die Bestimmung von Barwerten, Unterpunkt: Barwert einer ewigen Rente mit konstanter Wachstumsrate.
41) The Coca-Cola Company Inc.: US-Getränkehersteller, ISIN: US1912161007.
42) Deutsche Telekom AG: Größter deutscher Telefonkonzern, ISIN: DE0005557508.
43) Greenwald, Bruce/Kahn, Judd/ Sonkin, Paul/van Biema, Michael: »Value Investing – From Graham to Buffett and Beyond«, Wiley & Sons, New York, 2001. Die deutsche Ausgabe unter dem Titel »Handbuch Value Investing« ist ebenfalls bei Wiley erschienen und nur noch antiquarisch erhältlich.
44) Graham, Benjamin: »The Intelligent Investor«, HarperCollins, New York, 1949. Titel der deutschen Ausgabe: »Intelligent investieren«, neueste Auflage: FinanzBuch Verlag, München, 2005.
45) Graham, Benjamin/Dodd, David: »Security Analysis«, McGraw-Hill, New York, 1934.
46) Long-Only-Hedgefonds: Ein Fonds, der nur auf konventionelle Anlagevehikel setzt und nicht durch Leerverkäufe auf fallende Kurse wettet (wie zum Beispiel Long/Short-Equity-Hedgefonds).
47) Small Caps: Englisch für kleinere Unternehmen mit geringer Marktkapitalisierung.
48) Frosta AG: Deutscher Anbieter von Tiefkühlkost, ISIN: DE0006069008.

IX. Der Privatinvestor: Norman Rentrop

1. Die handelnde Person

Norman Rentrop war gerade zehn Jahre alt, als er seine erste Aktie kaufte. Sein erster Anlageberater war sein Großvater Siegfried Rentrop, Inhaber einer Wirtschaftsprüfungs-Gesellschaft in Köln. Er war es, der dem Knirps Stollwerck-Aktien[1] ans Herz legte, vor allem, weil der Besuch der Hauptversammlung damals wirklich lohnte. »Tausende von Zuhörern waren da, und das Essen für die Aktionäre war vorzüglich«, erzählt Rentrop. Damals gab es noch keine Steuervorschriften, die regelten, wie hoch die Pro-Kopf-Kosten einer Hauptversammlung hinsichtlich der Aktionärsverpflegung sein dürfen. Der damalige Stollwerck-Vorstandsvorsitzende Dr. Hans Imhoff hatte die Gabe, betriebswirtschaftliche Vorgänge so plastisch zu schildern, dass auch ein Schulkind verstand, worum es geht. »Und als es hinterher noch Schokolade mit auf den Nachhauseweg gab, wusste ich: Hier bin ich richtig, das ist meine Welt«, erinnert er sich.

Rentrop war wohl zum Unternehmer geboren. Im Alter von 16 Jahren wollte er sein erstes Anzeigenblatt gründen, ließ aber davon ab, als der Bonner General-Anzeiger[2] ihm zuvorkam. Nur einen Tag nach seinem 18. Geburtstag besorgte er sich einen Gewerbeschein und gründete die bis heute erfolgreiche Zeitschrift »Die Geschäftsidee«. Im Lauf der Jahre kamen weitere Publikationen dazu, etwa »Handbuch für Selbstständige und Unternehmer«, »Trendletter« oder »Der neue Redenberater«. Ob ihm die Affinität zu Ratgebern schon mit dem Nachnamen in die Wiege gelegt worden war (die Silbe »Ren« kommt wahrscheinlich vom althochdeutschen Wort »Ragan« und bedeutet Rat, Einsicht), darüber lässt sich nur spekulieren. Fest steht, dass die zur Verlagsgruppe gehörenden Unternehmen heute 600 Mitarbeiter und über 1.000 Autoren beschäftigen und einen Umsatz von 110 Millionen Euro erwirtschaften.

Im Alter von 41 Jahren zog sich Norman Rentrop 1998 aus dem operativen Verlagsgeschäft weitgehend zurück. Heute sitzt er dem Aufsichtsrat des Verlags für die Deutsche Wirtschaft[3)] vor, verwaltet sein Vermögen und unterstützt gemeinnützige Projekte wie Bibel TV[4)] oder die Bonner Bürgerstiftung[5)].

Um sich bei der Vermögensverwaltung selbst ein Bild machen zu können, besucht er Hauptversammlungen und Unternehmen, nimmt regelmäßig an Investorenkonferenzen teil. »Mein Ziel ist es, alle börsennotierten Gesellschaften in Deutschland kennenzulernen«, sagt er. »Und bei denjenigen, die vom Geschäftsmodell her interessant sind, suche ich dann den Dialog mit dem Management.« Ein bisschen viel Aufwand für jemanden, der seine Schäfchen eigentlich im Trockenen hat? Keineswegs. Auch nach seinem Rückzug aus dem operativen Verlagsbetrieb ließ ihn die Freude an anderen unternehmerischen Ideen nie los. Rentrop: »Ich bin kein Typ, der den ganzen Tag in der Sonne liegen könnte.«

Eine ganze Wand voll einschlägiger Fachliteratur und ein umfassendes Archiv an Börsenbriefen in der Bibliothek der Altbauvilla in Bad Godesberg, von der aus seine Verlagsgruppe gesteuert wird, zeugen von seiner Leidenschaft.

Ganz im Stile des Value-Gedankens lebt Rentrop ohne Statussymbole, ohne teure Autos, ohne Chauffeur. Wenn er Auto fährt, steuert er seinen vierzehneinhalb Jahre alten Mercedes-Kombi selbst. Wenn er durch Deutschland reist, nimmt er ohnehin am liebsten die Bahn. »Mein Fahrer ist der Lokführer.«

2. Die Strategie

Mechanische Investment-Strategien haben es Rentrop angetan. Von allen, die er ausprobiert hat, entpuppte sich die Dividendenstrategie von Michael O'Higgins[6] als erfolgreichste. Sie basiert auf der Annahme, dass Aktien mit hoher Dividendenrendite und gleichzeitig niedrigem Preis bessere Renditen abwerfen als der Gesamtmarkt. Deshalb wählte O'Higgins aus dem 30 Werte umfassenden US-Leitindex Dow Jones Industrial Average zunächst die zehn Aktien mit der höchsten Dividendenrendite aus. Von denen wiederum kaufte er die fünf Titel mit dem niedrigsten Kurswert (nicht die fundamental am günstigsten bewerteten), da er auf den psychologischen Effekt setzt, dass Anleger in der Regel möglichst viele Aktien für ihr Geld einkaufen wollen. Für 1.000 Euro kauft die breite Masse eben lieber 100 Aktien à zehn Euro als eine einzige teure. Der Erfolg der Methode gibt O'Higgins Recht. Von 1973 bis 1995 gelang es ihm, rund 20 Prozent Rendite pro Jahr einzufahren, während der Dow-Jones-Index nur um 10,9 Prozent pro Jahr stieg. Vier O'Higgins-Depots à fünf Aktien verwaltet Rentrop. Dabei setzt er auf die Leitindizes in Deutschland, Frankreich, Italien und Großbritannien.

Zusätzlich investiert Rentrop mittels Einzeltitelauswahl (Stockpicking). Sein Portfolio umfasst etwa 30 Werte. Bei der Auswahl orientiert sich Rentrop an den Kriterien von Warren Buffett:

1. Auf Dauer (zehn und mehr Jahre) verteidigbarer Wettbewerbsvorteil.
2. Integrität des Managements. Liebt das Management das Geld oder liebt es die Aufgabe? Liebe zum Geld ist die Wurzel allen Übels. In so einem Fall würde er nicht investieren. Liebt das Management jedoch seine Aufgabe und geht es ihr jeden Tag mit Freude nach, könnte er sich vorstellen, einem Investment näherzutreten.
3. Attraktiver Preis. Und dabei kann Rentrop wie Buffett viele Jahre warten, bis der Preis aufgrund des Verhaltens anderer Börsenteilnehmer attraktiv wird.

Ein Kernpunkt des Entscheidungsprozesses ist der Eindruck, den das Management hinterlässt. Auf Investorenkonferenzen und Hauptversammlungen fragt Rentrop auch schon mal tiefer, als es manchen Vorständen lieb ist. »Wenn eine sachlich vorgetragene Frage partout nicht beantwortet wird, lasse ich lieber die Finger weg – auch wenn die Zahlen eigentlich für die Aktie sprächen.«

Da der Dialog mit dem Management nicht selten den Ausschlag gibt, liegt der Anlageschwerpunkt auf Deutschland und den englischsprachigen Ländern. So blickt Rentrop gerne über den Tellerrand hinaus, nicht zuletzt in die USA. Vor allem der Besuch der Hauptversammlung von Warren Buffetts Beteiligungsfirma Berkshire Hathaway ist ein Pflichttermin. Alljährlich trifft sich Rentrop am Vortag des »Woodstock des Kapitalismus« mit anderen deutschsprachigen Berkshire-Hathaway-Aktionären in Omaha/Nebraska. »Wir sitzen dann den ganzen Tag zusammen und tauschen uns über Aktien und Anlagestrategien aus«, sagt Rentrop, der dabei »natürlich auch Anregungen für eigene Investments« sammelt.

Er habe früher auch in Immobilien investiert, sagt er. Aber das machte ihm keinen Spaß und die Rendite war niedrig. Deshalb: »Volle Pulle Aktien« – auch wenn die Schwankungen größer sind als bei Bundesschatzbriefen. Bei seiner auf 30 Jahre angelegten Strategie spielen kurzfristige Marktschwankungen nur eine untergeordnete Rolle. Rentrop geht davon aus, dass der DAX in 30 Jahren deutlich höher stehen wird als heute, selbst wenn er aktuell auf Rekordhoch notieren würde. »Wer 1929 auf dem Höhepunkt investierte, brauchte bis 1953, bis er wieder vorne lag. 30 Jahre nach 1929, also 1959, war der zurückgerechnete DAX weit über den Höchststand von 1929 hinaus gestiegen. Wer 1960 auf dem dann erneuten Höhepunkt investierte, hatte bis Anfang der achtziger Jahre eine Seitwärtsbörse mit starken Schwankungen, danach vervielfachten sich die Kurse. Jeweils 30 Jahre später lag man in beiden Fällen deutlich vorne«, sagt er.

Rentrop steckt seine Ziele höher – er will den Index übertreffen: »Mit Aktien verdiene ich gegenüber vermeintlich sicheren festverzinslichen Anleihen wie Bundesschatzbriefen eine Art Zitterprämie dafür, dass Kurse schwanken. Die Wissenschaft nennt das Equity

Risk Premium[7]. Wenn ich es nun schaffe, den Index zu übertreffen, verdiene ich eine zweite Prämie. Meine Ziele sind drei Prozent jährliche Überrendite auf den Index mit mechanischen Strategien wie der Dividendenstrategie nach O'Higgins und zehn Prozent Überrendite mit einzelnen Aktien.« Natürlich erfordere das starke Nerven, insbesondere wenn der deutsche Leitindex wie im Zeitraum 2000 bis 2003 um 70 Prozent sinkt. »Zum Tiefpunkt März 2003 lagen meine deutschen O'Higgins-Werte sogar noch mal 20 Prozent schlechter als der Index«, gibt er zu . »Die drei Prozent Überperformance treten ja nicht jedes Jahr automatisch wie eine Garantie ein, sondern sind ein gemittelter Erfahrungswert über viele Jahre. Im Nachhinein bin ich froh, durchgehalten zu haben.«

Mit drei Prozent Outperformance pro Jahr für mechanische Dividendenstrategien und zehn Prozent Überrendite pro Jahr mit der Auswahl einzelner Aktien setzt sich Rentrop hohe Ziele. Wie erklärt er, dass man den Markt überhaupt auf Dauer schlagen kann, obwohl das Studien zufolge 85 Prozent der professionellen Fondsmanager nicht schaffen? »Der Aktienmarkt ist eben nicht so rational wie die Efficient Capital Market Theory[8] annimmt«, erklärt er. »In der Realität gibt es Anomalien. Dort gibt es deutliche Überrenditen. Hinzu kommen institutionelle Zwänge, die prima Gelegenheiten für freie Privatinvestoren wie mich schaffen.«

In Schule und Universität habe er das Konzept des »homo oeconomicus« gelernt – des sich in jeder Lebenslage rational verhaltenden Menschen. Ein gutes Erklärungsmodell für viele Phänomene, nur nicht für alle. Inzwischen greift die Wirtschaftswissenschaft gerne auf ergänzende verhaltenswissenschaftliche Erkenntnisse unter den Stichworten »Behavioral Economics« und »Behavioral Finance« zurück. Rentrop erachtet dieses Wissen um das Verhalten von Marktteilnehmern als wesentliche Bereicherung der Erklärungsansätze. Benjamin Graham nutzte »Mr. Market« (Herrn Markt) als Figur. Mal steht er gut gelaunt auf und zahlt Höchstpreise, mal schlecht gelaunt und kauft nur noch zu Tiefstkursen. Darin finde er »eine der Erklärungen, warum dieselbe Allianz-Aktie innerhalb von acht Jahren mal 440 Euro, mal 45 Euro und mal 135 Euro kosten kann«.

3. Ein Dutzend offener Fragen

Norman Rentrop im Interview

Wie definieren Sie Value?

Wenn man sich am Investmentansatz von Warren Buffett orientieren will, sind vor allem drei Dinge entscheidend. Erstens ein herausragendes Geschäftsmodell, das möglichst wie durch einen Burggraben vor Wettbewerb geschützt ist. Zweitens die Integrität des Managements. Ich frage: Liebt die Führungscrew ihre Aufgabe oder nur das Geld? Da sind familiengeführte Unternehmen oft im Vorteil, allerdings muss man auch hier sehr stark differenzieren. Wenn die Kleinaktionäre nur als lästiges Beiwerk empfunden werden, kann es auch ein Nachteil sein. Drittens gehört zu einem Value-Investment auch ein attraktiver Preis. Ein Value-Investor darf sich nicht von den Launen des Marktes anstecken lassen.

Wie sind Sie auf Value-Investing aufmerksam geworden?

Auf Aktien im Allgemeinen durch meinen Großvater, der sich nach dem Bombenhagel des Zweiten Weltkriegs vorgenommen hatte, nie wieder innerstädtischen Grundbesitz zu kaufen. Mein Großvater und mein Vater betonten immer, dass Aktien »ein Stück vom Unternehmen« sind. Also kein losgelöstes Zockerpapier, sondern werthaltige Substanz. Ich habe mir damals schon als Schulkind – von Opa beraten – meine ersten Aktien gekauft. Später holte ich mir meine Tipps aus Börsendiensten zum Beispiel aus der »Finanzwoche« von Dr. Jens Ehrhardt[9)]. In dieser Zeit habe ich Story-Picking betrieben, indem ich in die Unternehmen investierte, deren Geschäftsmodelle mir aufgrund der Darstellung in den Medien am aussichtsreichsten erschienen. Der Value-Gedanke war zu diesem Zeitpunkt natürlich schon da – irgendwie ist ja jedes langfristige Investment auf

Value ausgerichtet. Dann stieß ich Ende der achtziger Jahre auf das Buch »The Money Masters« von John Train[10)], in dem ich erstmals über Warren Buffett und dessen Investmentansatz las. 1992 kaufte ich die erste Aktie von Berkshire Hathaway[11)] und 1998 fuhr ich nach Omaha, Nebraska, um mir ein persönliches Bild von den Aktivitäten Warren Buffetts zu machen.

Haben Sie Vorbilder, die Sie beeinflusst haben?

Schon Jesus Christus spricht im Gleichnis vom anvertrauten Geld davon, das Geld nicht zu vergraben, also Risiko zu scheuen, sondern die Talente zu nutzen und zu investieren.

Viel gelernt habe ich aus Büchern und persönlichen Begegnungen von und mit John Train, Warren Buffett und Berkshire Hathaways Vice-Chairman Charlie Munger. Ganz früh schon haben mein Großvater, mein Vater und ein Onkel meinen Investmentstil geprägt.

Was hat Ihrer Meinung nach Warren Buffett zum erfolgreichsten Value-Investor aller Zeiten gemacht – oder kennen Sie sogar bessere?

Am meisten schätze ich an ihm, dass er den gesunden Menschenverstand aufs Investieren anwendet. Man glaubt ja immer, jeder hat eine Portion davon, aber an der Börse ist der gesunde Menschenverstand ein knappes Gut. Buffett lässt sich – anders als die meisten Investoren – nicht verrückt machen und konzentriert sich einfach auf seine bewährte Methode. Buffett ist von starken Werten geprägt. Er besitzt eine bewundernswerte Konsequenz, seine Werte umzusetzen. Und er lässt andere an seinem Erfolg und Wissen teilhaben. Buffett verwaltet mein Geld, das ich ihm durch den Kauf von Berkshire-Hathaway-Aktien anvertraut habe, zu denselben Konditionen wie sein eigenes Geld. Er begnügt sich mit 100.000 US-Dollar Jahresgehalt, die gleichmäßig nach Aktienkapital von allen Aktionären gezahlt werden, obwohl er als Hedgefondsmanager die heute üblichen zwei Prozent vom verwalteten Kapital zuzüglich 20 Prozent vom erwirtschafteten Gewinn bekommen könnte. Dafür habe ich ihm auf der Hauptversammlung öffentlich gedankt. Sicher: Es gibt Investoren, die mit weniger Kapital höhere Renditen als Warren Buffett erzielen. Das liegt in der Natur der Sache. Während jeder beim Einkauf von Lebensmitteln, Industriegütern und vielen anderen Waren Größenvorteile erzielt – Aldi kann günstiger einkaufen als »Tante Emma« – gibt es beim Investieren genau den entgegengesetzten Effekt: nämlich Größennachteile, so genannte »Diseconomies of Scale«. 100 Aktien eines DAX-Wertes kann jeder problemlos zum Briefkurs kaufen, bei 100.000 Aktien gibt es zum Briefkurs nicht genügend abgabewillige Verkäufer. Durch eine solch große Order wird der Kurs nach oben getrieben – die so genannten Marktbeeinflussungskosten. Und die gibt's beim Verkauf genauso wieder. Mit über 100 Milliarden Dollar verwaltet Buffett eines der größten Vermögen der Welt. Buffetts Leistung, bei so viel Kapital über Jahrzehnte solch hohe Renditen zu erwirtschaften, ist spitze.

Gibt es gewisse Voraussetzungen wie Ausbildung, Charakter, Alter oder Temperament, die ein erfolgreicher Value-Investor unbedingt mitbringen sollte?

Nun, jeder Mensch ist einzigartig und viele Wege führen zum Ziel. Value-Investoren sind, wie der Name schon sagt, werteorientiert. Daher handeln sie tendenziell weniger emotional. Sie können oft jahrelang warten, bis sie die Früchte ihrer Arbeit ernten. Das Alter, denke ich, spielt keine Rolle. Auf der Berkshire-Hauptversammlung sehe ich Zwölfjährige wie Sechsundachtzigjährige. Ich empfinde es als einen großen Vorteil, dass man als Investor nicht mit spätestens 65 zum alten Eisen geschickt wird, sondern eine wirklich lebenslange Perspektive hat. Diese Freiheit des Investierens – Hagstrom[12)] hat dazu ein Buch geschrieben: »Investing: The Last Liberal Art« – macht Investieren so attraktiv für Freiheitsliebende. Genau wie beim Unternehmerischen, wo jeder – egal ob abgebrochene Volksschule oder habilitierter Universitätsprofessor – eine Chance hat, so kenne ich Investoren, die ohne jede abgeschlossene Schulbildung erfolgreich wurden und solche, die gerade ihr Promotionsthema in erfolgreiche Aktien-Investments umgesetzt haben.

Zur Ausbildung kann ich nur sagen: viel lesen und eigene Erfahrungen sammeln. Prüfet alles, behaltet das Gute. Erst durch Nackenschläge, die man als Anleger gelegentlich einstecken muss, wird man richtig gut.

Benötigen Value-Investoren Ihrer Meinung nach ein bestimmtes Umfeld, um erfolgreich arbeiten zu können?

Man muss sich nur anschauen, wo die erfolgreichsten Investoren sitzen – abseits der großen Finanzzentren: Charlie Munger zum Beispiel in Pasadena, Warren Buffett in Omaha, Mohnish Pabrai in Orange County. Dort haben sie genug Abstand, um sich nicht von allgemeinen Marktstimmungen mitreißen zu lassen. Wenn ich statt in Bonn in Frankfurt säße, würde ich wahrscheinlich mehr Informationen bekommen. Wenn ich gar in London oder New York säße, wo beinahe täglich große Investorenkonferenzen stattfinden, würde ich noch mehr Informationen bekommen – relevante wie irrelevante. Ich bezweifle aber, dass mir das weiterhelfen würde. Ich fühle mich in Bonn-Bad Godesberg sehr wohl. Weit genug weg, um in Ruhe denken zu können beim Spazierengehen am Rhein, nah genug, um in 37 Minuten per ICE in Frankfurt und in einer Flugstunde in London, Paris oder Zürich zu sein.

Aus wie vielen Werten sollte ein Portfolio idealerweise bestehen und wie lange sollten die Aktien gehalten werden?

Gute Frage. Die herrschende Lehre sagt, lege deine Eier in möglichst viele Nester. Es gibt aber auch Leute, die konzentrieren sich sehr erfolgreich auf drei bis sieben Investments, frei nach dem Motto: Lege alle Eier in ein Nest und passe besonders gut auf dieses Nest auf. So ähnlich macht es ja auch Buffett. Ich denke, die optimale Anzahl der Einzelwerte ist von Investorentyp zu Investorentyp unterschiedlich, das muss jeder für sich herausfinden. Genauso ist es mit der Haltedauer: Ich kenne Tradernaturen, die blühen im kurzfristigen Handeln auf, andere sind – wie ich selbst – mehr langfristig veranlagt. Ich halte am liebsten eine Aktie mein Leben lang.

Im Verkaufen von Aktien bin ich nicht sehr gut. Wann immer ich messe, was aus den von mir verkauften Aktien geworden ist, kommt bei mir das schale Gefühl auf, ich hätte sie besser gehalten. Wissenschaftliche Studien belegen das ja auch. Die von Privatinvestoren verkauften Aktien steigen nach dem Verkauf stärker als der Markt insgesamt.

Welches waren Ihre drei besten Investments?

Das absolut beste war die Gründung meines eigenen Unternehmens. Aber da sicher Aktienanlagen gemeint sind: Spontan fällt mir die Versicherungsgesellschaft AXA Konzern Deutschland, ehemals AXA-Colonia[13)], ein. Die Aktie habe ich 2004 für etwa 30 Euro gekauft, weil mir neben dem Geschäftsmodell auch das Management sehr gut gefiel. Ich fand den Preis damals attraktiv und habe Recht behalten. Der Kurs hat sich verfünffacht.

Auch bei der Optiker-Kette Fielmann[14)] ging meine Idee prima auf. Der Wettbewerbsvorteil, den sich Fielmann erarbeitet hat, ist von anderen so gut wie nicht einzuholen. Fielmann macht fünfmal soviel Umsatz pro Laden wie herkömmliche Augenoptiker. Durch die riesigen Stückzahlen in der Kette kann Fielmann andere preislich leicht unterbieten und dennoch gut verdienen. Besonders angesprochen hat mich der Einsatz des Gründers Günter Fielmann und seiner Vorstandskollegen. Das Auge des Herrn macht die Kühe fett. Im Jahr 2003 lag die Aktie ziemlich am Boden, da bei der damaligen Gesundheitsreform diskutiert wurde, die Zuzahlungen zu Brillengestellen komplett zu streichen. Die Überlegung war, dass Fielmann davon eigentlich sogar profitieren müsste. Denn die Leute werden deshalb nicht aufhören, Brillen zu kaufen. Und wenn die Zuzahlung wegfällt, werden sie erst recht auf den Preis achten und dort einkaufen, wo es am günstigsten ist. Der Kurs stieg in drei Jahren von 15 auf 35 Euro.

Absoluter Topperformer aber war Tele Atlas[15)]. Das ist die Firma, die das digitale Kartenmaterial für Navigationssysteme liefert. Das ist auch eine Art verlegerisches Modell. Vereinfacht ausgedrückt: Es müssen ja nur einmal mit großem finanziellen Aufwand die digitalen Landkarten erstellt werden, danach müssen – abgesehen von den Updates – nur noch CDs und DVDs gebrannt werden. Die hohen Anfangsinvestitionen von über 500 Millionen Euro schützen das Unternehmen vor Wettbewerb. Es gibt mit Navteq[16)] nur noch einen anderen flächendeckenden Anbieter in der westlichen Welt. Die beiden bilden ein gut funktionierendes Duopol – und das wird auch so bleiben, da die Automobilindustrie sich nicht von einem einzigen Anbieter abhängig machen will. Erstmals gekauft habe ich die Aktie 2003 zu 95 Cent. Zu diesem Zeitpunkt war der Börsenwert des gesamten Unternehmens geringer als die liquiden Mittel, die in der Firmenkasse schlummerten. Zugegeben, das Unternehmen verbrannte auch noch viel Geld und es war nicht abzusehen, wann das aufhören würde. Aber Tele Atlas hat sich zu einer Erfolgsgeschichte entwickelt, der Kurs deutlich mehr als verzehnfacht – ein wahrer »Tenbagger«[17)]. Ich finde die Aktie nach wie vor attraktiv, denn spätestens in fünf Jahren wird es wohl kaum mehr ein Handy ohne Navigation geben.

Und Ihre drei größten Flops?

Komplett wertlos wurden meine Aktien der Teppichfabrik Girmes[18)] in den achtziger Jahren. Das Unternehmen ist an seinen Pensionsverpflichtungen zugrunde gegangen.

Teuer war auch mein Engagement bei Deutschlands einzigem börsennotierten Fußballverein Borussia Dortmund[19)]. Ich sah treue Fans, ein Abonnementmodell mit über 40.000 Dauerkarten-Inhabern, positive Zeitungsberichte über das Management und eine enorme Unterbewertung. Die Aktie stand bei drei Euro, das Eigenkapital, der Buchwert, betrug 7,50 Euro je Aktie. Da die meisten Firmen irgendwann wieder zum Buchwert notieren, rechnete ich mir eine Verzweieinhalbfachung aus. Nach unten schien das Risiko durch in der Bilanz ausgewiesene Netto-Barbestände von 1,60 Euro pro Aktie abgesichert. Ich vergrößerte meine Position und kaufte ein Paket von rund 14 Prozent der Gesellschaft von der Deutschen Bank. Doch keine zwei Monate später wurde mein Vertrauen in die Bilanz und das damalige Management schwer erschüttert. Ein konsequent recherchierender Journalist deckte nach und nach auf, welche Bilanzpositionen sich bei genauer Recherche für ihn als geschönt darstellten. Erst dann guckte ich genau hin und musste feststellen, dass die Argumente des konstruktiv-kritischen Journalisten auf mich überzeugender wirkten als die Vorträge des Managements. Hier war ich einer Fehleinschätzung aufgesessen. Ich verkaufte mit Verlust. Vorher hatte ich das Geld und hinterher die Erfahrung. Immerhin: Ich denke, das heutige Management von Borussia Dortmund leistet ausgezeichnete Arbeit.

Viel Geld verschenkt habe ich auch, indem ich beim Energiedienstleister Techem[20)] zu früh ausgestiegen bin. Ich befürchtete, dass das Unternehmen mit den sehr stabil wachsenden Erträgen, statt Schulden abzubauen, in wesensfremde Felder mit weniger vorteilhaften Geschäftsmodellen investiert. Das war im Nachhinein betrachtet eine Fehleinschätzung. Techem hat sich nicht verzettelt, sondern fokussiert gut weiterentwickelt.

Wenn Sie eine Firma nur nach einer einzigen Kennzahl beurteilen dürften, welche würden Sie verwenden?

Den Eigentümergewinn (Owner's Earnings) im Verhältnis zum Unternehmenswert. Ich betrachte den Gewinn, der mir als Eigentümer cashmäßig zusteht. Dazu nehme ich den Gewinn nach Steuern, addiere die Abschreibungen und Kaufpreisamortisationen und subtrahiere die notwendigen tatsächlichen Ersatzinvestitionen. Mit anderen Worten: Statt der nach Abschreibungsregeln – ein Auto muss über fünf Jahre abgeschrieben werden – entstehenden Werte betrachte ich als Teil-Eigentümer des Unternehmens die tatsächlich notwendigen Investitionen, um das Unternehmen auf dem aktuellen Stand zu halten. Dieses Geld kann das Unternehmen entweder ausschütten oder es für Wachstumsinvestitionen nutzen. Diesen Eigentümergewinn (Owner's Earnings) setze ich ins Verhältnis zum Unternehmenswert – englisch: Enterprise Value –, also Marktkapitalisierung plus Netto-Schulden.

Ihre Lieblingsaktie?

Berkshire Hathaway. Ich habe 1992 erstmals zu 12.000 Dollar gekauft, und das hat sich ausgezahlt. Ich betreibe darüber hinaus mit der B-Aktie[21)] (kostet ein Dreißigstel der A-Aktie) seit Jahren Cost-Averaging. Das heißt, ich kaufe Monat für Monat für den gleichen Geldbetrag, um einen günstigen durchschnittlichen Einstiegskurs zu erhalten. Und weil mich Buffetts Investitionsstil überzeugt, werde ich das auch weiter tun. Es gibt übrigens ein sehr interessantes Buch von Robert Miles mit dem treffenden Titel »101 Gründe, Berkshire-Hathaway-Aktien zu kaufen«[22)]. Danach handle ich.

Welches Buch sollten Anleger außerdem noch gelesen haben, bevor sie sich aufs glitschige Börsenparkett begeben?

»Money Masters« von John Train. Das 1987 erschienene Buch ist nur noch antiquarisch erhältlich, aber John Train hat mehrere ähnlich lautende neuere Bücher verfasst[23)]. Außerdem »Die besten Anlagestrategien der Welt« von Volker Gelfarth[24)] und »Die Essays von Warren Buffett« von Lawrence Cunningham[25)].

4. Kontaktadresse

Norman Rentrop
Rüngsdorfer Straße 2e
D-53173 Bonn
Tel.: +49 (0) 228 36 88 40
Fax: +49 (0) 228 36 58 75
E-Mail: nr@rentrop.com
Internet: www.normanrentrop.de

Anmerkungen:

1) Stollwerck AG, heute Stollwerck GmbH: Deutscher Schokoladenhersteller mit traditionsreichen Marken wie Sprengel und Sarotti. Wurde 2002 von der Schweizer Barry Callebaut AG, ISIN: CH0009002962, übernommen.

2) Bonner General-Anzeiger: Tageszeitung aus der Bonner Zeitungsdruckerei und Verlagsanstalt H. Neusser GmbH. Anschrift: Justus-von-Liebig-Straße 15, D-53121 Bonn. Internet: www.general-anzeiger-bonn.de.
3) VNR Verlag für die deutsche Wirtschaft AG: Deutscher Fachverlag. Anschrift: Theodor-Heuss-Straße 2-4, D-53095 Bonn, Internet: www.vnr.de. Die vorgenannten Publikationen von »Die Geschäftsidee« bis »Der neue Redenberater« werden vom VNR Verlag für die deutsche Wirtschaft herausgegeben.
4) Bibel TV: Christlicher Fernsehsender in Deutschland. Adresse: Wandalenweg 26, D-20097 Hamburg. Internet: www.bibeltv.de.
5) Bürgerstiftung Bonn: Gemeinnützige Initiative der Sparkasse Köln-Bonn. Geschäftsstelle: Thomas-Mann-Straße 61, D-53111 Bonn. Internet: www.buergerstiftung-bonn.de.
6) Vgl. O'Higgins, Michael B.: »Beating the Dow«, HarperCollins, New York, 1991
7) Equity Risk Premium: Englisch für Prämie des Aktienrisikos.
8) Efficient Capital Market Theory oder Efficient Market Hypothesis (EMH): Die Theorie, wonach Kapitalmärkte effizient sind, geht auf eine Dissertation des französischen Mathematikers Louis Bachelier aus dem Jahr 1900 zurück, die vor allem in den 60er-Jahren des vorigen Jahrhunderts von Eugene Fama und Paul Samuelson weiterentwickelt wurde. Vgl. hierzu: Fama, Eugene: »Efficient Capital Markets: A Review of Theory and Empirical Work« Journal of Finance, New York, 25/1970, S. 383-417.
9) Vgl. Kapitel 3: »Der Monetarist: Dr. Jens Ehrhardt«.
10) Train, John: »The Money Masters«, New York Times Book Review, HarperBusiness, New York, 1980.
11) Berkshire Hathaway Inc., Beteiligungsgesellschaft von Warren Buffett und Charles Thomas Munger, ISIN: US0846701086.
12) Hagstrom, Robert G.: »Investing: The Last Liberal Art«, Texere, Ontario, 2002.
13) AXA-Colonia: Der Versicherer entstand 1997 nach der Übernahme der Colonia Versicherungsgruppe durch die französische AXA S.A., ISIN: FR0000120628. Noch in Deutschland börsennotiert ist heute die AXA Lebensversicherung AG, ISIN: DE0008412305.
14) Fielmann AG: Deutsche Optikerkette, ISIN: DE0005772206.
15) Tele Atlas N.V.: Niederländisch-belgischer Anbieter von digitalem Kartenmaterial für Navigationssysteme, ISIN: NL0000233948, ursprünglich eine Tochter der nicht börsennotierten Robert Bosch GmbH. Tele Atlas wurde im Mai 2008 vom Navigationsgerätehersteller Tomtom N.V., ISIN: NL0000387058, übernommen.
16) Navteq Corp.: US-amerikanischer Anbieter von Geodaten für Navigationsgeräte, ISIN: US63936L1008, wurde im Juli 2008 mehrheitlich von Nokia, ISIN: FI0009000681, übernommen.
17) Tenbagger: Ein vom Fidelity-Fondsmanager Peter Lynch geprägter Ausdruck für eine Aktie, deren Kurs sich verzehnfacht.
18) Girmes AG: 1879 gegründete Vorgängergesellschaft der heute nicht mehr börsennotierten Girmes International GmbH, Johannes-Girmes-Straße 27-29, D-47922 Grefrath. Internet: www.girmes.de.
19) Borussia Dortmund GmbH & Co. KGaA: Börsennotierter Profifußballverein, ISIN: DE0005493092.
20) Techem AG: Deutsches Dienstleistungs- und Umwelttechnik-Unternehmen, ISIN: DE0005471601, wurde 2007 mehrheitlich von der australischen Macquarie Bank Ltd., ISIN: AU000000MBL3, übernommen.
21) Neben der ursprünglichen Aktie von Berkshire Hathaway gibt es eine so genannte B-Aktie oder »Baby-Aktie«, die nur 1/1500 der A-Aktie kostet und nur 1/10.000 Stimmrecht beinhaltet, ISIN: US0846707026.
22) Miles, Robert P.: »101 Reasons to Own the World's Greatest Investment: Warren Buffett's Berkshire Hathaway«, John Wiley & Sons, New York, 2001.
23) Z. B. Train, John: »Die Formel der Erfolgreichsten«, FinanzBuch Verlag München, 2006.
24) Gelfarth, Volker: »Die besten Anlagestrategien der Welt. Investieren wie Buffett, Lynch, Graham und Co.«, FinanzBuch Verlag, München, 2005.
25) Cunningham, Lawrence A.: »Die Essays von Warren Buffett. Das Buch für Investoren und Unternehmer«, FinanzBuch Verlag, München, 2006.

X. Der Antizykliker: Peter E. Huber und die StarCapital AG

1. Die handelnden Personen

Der Gewinn liegt für Peter E. Huber im Einkauf. Der im Jahr 1950 geborene Spross einer Kaufmannsfamilie aus Konstanz am Bodensee gilt heute als einer der erfahrensten und erfolgreichsten Vermögensverwalter Deutschlands. Sowohl als Aktien- als auch als Rentenfondsmanager erhielt er im Lauf der Jahre eine Fülle von Auszeichnungen, da er mit seinem antizyklischen und gelegentlich opportunistischen Ansatz[1] kontinuierlich bessere Ergebnisse erzielte als die Vergleichsindizes. Auch wenn für Huber, ähnlich wie für Dr. Jens Ehrhardt (siehe Kapitel 3), der Value-Ansatz nicht das allein selig machende Anlagekonzept ist – auch er nutzt bisweilen markttechnische Indikatoren – so ist es im Aktienbereich doch die Suche nach fundamental unterbewerteten Unternehmen, die er sich zur Hauptaufgabe gemacht hat. Gekauft wird nur, was billig ist, niemals aber das, was gerade im Trend liegt.

Sein Studium der Betriebswirtschaftslehre an der Universität Mannheim schloss Peter Edgar Huber 1977 mit dem Titel eines Diplom-Kaufmanns ab. Bis März 1981 arbeitete er als Wertpapieranalyst bei Schröder, Münchmeyer & Hengst in Frankfurt, anschließend wagte er den Sprung in die Selbstständigkeit. Im April 1981 gründete er die PEH Wertpapier Research GmbH (später PEH Wertpapier AG[2]) , zeitgleich nahm er die Tätigkeit als Chefredakteur des »Börsen-Journals«[3] auf, die er bis 1984 parallel zum Aufbau seines eigenen Unternehmens ausübte.

Über seinen Abschied bei PEH spricht Huber in der Öffentlichkeit nicht gerne. Der Mann, der sonst unmissverständlich Klartext redet, wird ungewohnt diplomatisch, wenn die Sprache auf das Unternehmen kommt, das bis heute seine Initialen trägt. Er verließ PEH im Frühjahr 2000, nachdem er sich mit den Teilhabern, die er nach und nach ins Boot geholt hatte, »nicht auf eine für alle Seiten tragfähige strategische Ausrichtung« habe einigen können, sagt er. Im Jahr 2001 beteiligte er sich deshalb an der 1993 von Dr. Horst-Detlev Vogel gegründeten StarCapital AG, die er fünf Jahre später komplett übernahm. Das verwaltete Anlagevermögen von 1,6 Milliarden Euro verteilt sich auf zwölf Aktien-, Renten und Mischfonds.

Hubers wichtigste Mitstreiter sind seine StarCapital-Vorstandskollegen Holger H. Gachot, der sich um die Organisation kümmert, Lars Kolbe, der für den Vertrieb verantwortlich ist, und Norbert Keimling, der sich der empirischen Kapitalmarktforschung widmet. Die 13 Mitarbeiter, von denen sechs direkt ins Portfoliomanagement eingebunden sind, untersuchen fundamentale, aber auch technische Strategien, indem sie Ansätze wie Momentum- oder Relative-Stärke-Analysen mit Erkenntnissen der Behavioral-Finance-Theorie und der Verhaltenspsychologie zusammenführen. Die interdisziplinäre Verknüpfung der Forschungsergebnisse soll zu innovativen Investmentstrategien bei Aktien, Anleihen und Zertifikaten führen, die Hubers Grundgedanken des Kapitalerhalts mit überdurchschnittlicher Performance kombinieren. Um Sondersituationen nutzen zu können, sind die StarCap-Fonds normalerweise nicht zu 100 Prozent investiert, sondern halten bis zu einem Drittel Barreserven vor, die im Fall von Marktturbulenzen schrittweise investiert werden (auch in Indexfonds und -zertifikate), um von Erholungsphasen zu profitieren. Im Unterschied zu vielen Value-Puristen schreckt Huber keineswegs vor Derivaten zurück, sondern nutzt in seinen Mischfonds auch moderne Anlageprodukte wie Bonus-, Discount- oder Garantiezertifikate, die auch in seitwärts oder leicht abwärts tendierenden Märkten Gewinne versprechen.

Auch sonst ist Huber anders als das Gros der deutschen Value-Szene. Der Firmensitz von StarCapital in Oberursel im Taunus, ein wenig abseits der Hektik der Frankfurter Bankentürme, erinnert an ein Schloss. Von den gepflegten Grünanlagen genießt man einen fantastischen Blick auf die Altstadt von Oberursel. Ein Umfeld, in dem Arbeiten Spaß macht, und das wenig gemein hat, mit den Zweckbauten, die andere Value-Investoren bisweilen aus Kostengründen vorziehen. Mit Protzen hat das für Huber nichts zu tun. Man habe die Räumlichkeiten kostengünstig anmieten können, erklärt er. Klar, der Gewinn liegt eben im Einkauf.

2. Die Strategie

»Ich greife gerne in fallende Messer«, ist der Satz, mit dem Peter E. Huber wohl am häufigsten zitiert wird. Entgegen aller gut gemeinten Ratschläge, betreibt der eigenwillige Börsenstar aus Oberursel Bottom-Fishing[4)] aus Leidenschaft. Starker Kursverfall in einzelnen Aktien oder einzelnen Märkten weckt grundsätzlich sein Interesse. Da die Börse immer zu Übertreibungen neigt, wittert er in solchen Fällen die besten Kaufgelegenheiten. Dass er in seinen Fonds stets etwas Cash zurückbehält, um im Fall der Fälle nachkaufen zu können, erlaubt ihm eine Dynamisierungsstrategie, also den schrittweisen Einstieg, wenn die Angst regiert. Geht es nach dem Einstieg weiter bergab, kauft er eben auf niedrigerem Niveau nach. Und wenn die Kurse danach noch weiter fallen, schießt er auf noch tieferem Niveau erneut nach. Im DAX hat er das im Jahr 2002 erfolgreich praktiziert. »Ab 4800 Punkten«, erklärt er, »waren wir zu dem Ergebnis gekommen, dass der Markt unterbewertet ist«. Also kaufte er in kleinen Schritten immer weiter, je tiefer der Markt stürzte und war von Anfang an dabei, als im Frühjahr 2003 die Wende einsetzte. »Die Strategie hätte auch funktioniert, wenn der DAX damals auf 500 Punkte gefallen wäre«, ist Huber überzeugt. Denn: »Abwärtsbewegungen verlaufen nie homogen. Es gibt immer wieder Erholungsphasen, die man nutzen kann und muss, um die Position wieder zu normalisieren. So kann man auch in abwärts gerichteten Märkten die Hand aufhalten«. Vor allem drei Punkte sind es, die Huber im Hinblick auf eine baldige Trendwende zum antizyklischen Investieren reizen:

- schlechte Konjunkturaussichten, die sich insbesondere durch allgemeinen Pessimismus in den Medien widerspiegeln,
- eine expansive Geldpolitik der Notenbanken mit sinkenden Zinsen und steigender Geldmenge
- panikartige Verkäufe am Aktienmarkt bei hohen Umsätzen.

Besonders mit Mischfonds erwirtschaftet Huber dank seiner antizyklischen Strategie regelmäßig herausragende Renditen. Sie erlauben ihm, »in Börsenkrisen einfach etwas vom Anleihenteil wegzunehmen und in den Aktienmarkt zu pumpen. Wenn sich die Situation wieder normalisiert, schichtet man wieder zurück. Was soll da schon groß passieren?«. Die Nerven zu behalten, wenn alle anderen sie verlieren, ist für ihn einer der Schlüssel zum Erfolg.

Ein anderer ist Diversifikation. In der Regel ist keine der Aktienpositionen im Fondsportfolio mit mehr als zwei Prozent gewichtet, es sei denn, ein Titel läuft so gut, dass er bis zum nächsten Rebalancing[5)] automatisch an Gewicht zulegt. Wenn er nur zehn Small Caps[6)] im Portfolio hätte, könnte er nicht ruhig schlafen, sagt Huber. Schon gar nicht in Situationen, in denen er konsequent in fallende Märkte hineinkauft und mitunter auch schnell wieder aussteigen muss. Klumpenrisiken meidet er deshalb wie der Teufel das Weihwasser. Nie zu viele Aktien aus einem Land oder einer Branche, lautet seine Maxime. Außerdem versucht er, Korrelationen[7)] der einzelnen Wertpapiere untereinander zu vermeiden. Privat würde er nicht anders investieren – und tut es im Prinzip auch nicht, denn sein gesamtes Anlagevermögen steckt in den hauseigenen StarCap-Fonds. »Alles andere wäre ja auch ein Witz«, meint er.

Zusätzlich zum Diversifikations- bezeichnet sich Huber selbst auch als Liquiditätsfanatiker. Zum einen drückt sich das in der Liquiditätssteuerung der Fonds aus, die bis zu einem Drittel Cash vorhalten können. Zum anderen investiert er ausschließlich in Aktien von Unternehmen, die liquide genug handelbar sind, um die Position notfalls innerhalb eines Tages komplett abbauen zu können. Mindestvoraussetzung ist in der Regel ein Free Float[8)] von einer Milliarde Euro, im Einzelfall sind jedoch auch Abweichungen möglich. Zuletzt lag der Wert der frei handelbaren Aktien der Unternehmen in den Fonds bei durchschnittlich 13 Milliarden Euro.

Da StarCapital mithin eine Large-Cap-Strategie[9] verfolgt, suchen die Analysten nicht das Gespräch mit dem Management ihrer potenziellen Kaufkandidaten. »Wenn wir in Small Caps investieren würden, würden wir uns sicherlich jedes Unternehmen zweimal im Jahr anschauen«, sagt Huber. »Aber wenn ich als zwanzigster Investor einen Termin beim Vorstand eines DAX-Konzerns bekomme, werde ich kaum mehr erfahren als die 19, die vor mir da waren. Ganz davon abgesehen, dass die den Teufel tun und etwas Negatives erzählen werden.« Insofern ist für ihn fraglich, ob diese Gespräche überhaupt Sinn machen, zumal für eine kleine Vermögensverwaltung wie StarCapital der Zeit- und Personalaufwand in keinem Verhältnis zum Ertrag stünde. »Wir kompensieren das durch Diversifikation«, fügt Hubers rechte Hand Norbert Keimling an. Auch Druck auf den Vorstand auszuüben, um eine aktionärsfreundlichere Unternehmensstrategie herbeizuführen, steht bei StarCapital nicht auf der Agenda: »Wir nutzen lieber das Fehlverhalten anderer Investoren als das des Managements«.

StarCapital unterscheidet strikt zwischen Growth und Value. Huber hält im Unterschied zu vielen seiner Kollegen nichts davon, unterbewertetes Wachstum als Value zu deklarieren. Auch das GARP-Prinzip[10] fällt für ihn nicht in die Value-Kategorie. »Wir erfassen das natürlich auch«, erklärt er, »aber ausschließlich im Rahmen unserer Makro-Strategie. Der Value-Suchprozess hingegen läuft bei uns mehr oder weniger automatisiert ab«.

Im Ergebnis bedeut das, dass StarCapital zwei reine Value-Fonds anbietet, die Norbert Keimling ausschließlich nach einem computergestützten quantitativen Modell managt – einen weltweit anlegenden und einen Europa-Fonds. Die wissenschaftlichen Erkenntnisse der Kapitalmarktforschung fließen dabei in den Auswahlprozess mit ein. Das Frappierende daran ist, dass der weltweit anlegende Priamos-Fonds im Fünf-Jahres-Vergleich Platz 1 in seiner Kategorie belegt, obwohl (oder gerade weil) in das ValueQ-Strategie genannte Auswahlverfahren die sechs einfachsten Kriterien einfließen:

- Kurs/Cashflow-Verhältnis (KCV)
- Kurs/Buchwert-Verhältnis (KBV)
- Kurs/Umsatz-Verhältnis (KUV)
- Dividendenrendite (DR)
- Kurs/Gewinn-Verhältnis (KGV)
- Relative Stärke nach Levy (RSL)

Ein Universum aus etwa 4000 Aktien, deren Marktkapitalisierung und Handelsliquidität die Minimalvoraussetzungen erfüllen, wird regelmäßig nach diesen Kriterien durchforstet. Knackpunkt der ValueQ-Strategie ist, dass nicht einfach die billigsten 50 Aktien gekauft werden, die der Auswahlprozess liefert. Vielmehr bleiben nach dem ersten Screening 400 Aktien übrig, die nach fundamentalen Kriterien günstig sind. Anschließend werden anhand des KGV10-Modells monatlich, unterschieden nach 40 Ländern und 36 Branchen, die günstigsten und die teuersten Märkte festgelegt. Beim KGV10-Modell, das für die Länderauswahl entscheidend ist, wird der Mittelwert der inflationsbereinigten Gewinne der zurückliegenden zehn Jahre zu Grunde gelegt. Dieses geglättete KGV10 ist für Huber und Keimling ein wesentlich aussagekräftigerer Indikator als das gemeinhin verwendete KGV, da die Gewinne eines einzelnen Jahres zu volatil sind, um Prognosen über Über- und Unterbewertungen abzugeben. Das KGV10 hingegen mache verschiedene Märkte vergleichbar.

Die zehn attraktivsten KGV10-Länder werden übergewichtet, teure Börsen und Sektoren erhalten hingegen ein geringes Gewicht oder bleiben ganz außen vor. Dabei wird darauf geachtet, dass maximal 15 Prozent des Portfolios in Emerging Markets angelegt wird, wobei kein einzelnes Schwellenland einen Anteil von acht Prozent des Portfolios übersteigen darf. Auch etablierte Märkte wie Deutschland oder USA dürfen maximal mit 20 Prozent gewichtet sein – und auch das nur, wenn sie zu den zehn günstigsten gehören und sich entsprechend viele Aktien anbieten. Da für die Branchen ähnliche Restriktionen gelten, führt die Portfolio-Allokation zu dem Ergebnis, dass der Fonds regelmäßig jeweils mindestens 50 Prozent Value-Aktien aus den günstigsten Märkten und den günstigsten Branchen hält.

Da es sich hierbei um Minimalwerte handelt, ist das Portfolio im Normalfall deutlich value-lastiger: Etwa zwei Drittel der Portfolio-Titel sind in der Regel aus günstigen Märkten, mehr als 70 Prozent aus günstigen Branchen. Billige Aktien aus teuren Ländern sind meist mit weniger als zehn Prozent gewichtet, besonders günstige Titel aus ansonsten teuren Branchen eher Zufallstreffer. So waren beispielsweise im Oktober 2007 nur zwei Prozent des Fondsvermögens in teure Branchen angelegt, was angesichts von 50 gleichgewichteten Portfoliotiteln bedeutet, dass nur eine einzige Aktie aus einem hoch bewerteten Sektor die Auswahlkriterien erfüllte.

Welche der fünf Kriterien wie stark in die Selektion der Einzeltitel einfließen, bleibt das einzige Betriebsgeheimnis in dem ansonsten sehr transparent nach außen dargestellten Auswahlprozess. Fest steht lediglich, dass Huber dem Kurs/Cashflow-Verhältnis eine größere Bedeutung beimisst als anderen Kennziffern (»auf Sicht von drei und fünf Jahren lieferten KCV-Strategien in fast 100 Prozent der Fälle einen Mehrwert im Vergleich zum Gesamtmarkt«) und mit der Relativen Stärke[11)] auch ein technischer Indikator berücksichtigt wird.

Mehr Huber und weniger Wissenschaft bieten die vom Chef selbst gemanagten Fonds wie der StarCap Starpoint, wobei zu berücksichtigen ist, dass die Performance in den vergangenen Jahren einen Hauch hinter der des Priamos zurückblieb. Hier setzt Huber zusätzlich auf Turnaround-Gelegenheiten, die vom Value-Screening nicht erfasst werden können. »Die Bilanz-Kennziffern sind in Krisensituationen meist schlecht bis miserabel«, erklärt er. Kennziffern wie Dividendenrendite, Kurs/Gewinn- oder Kurs/Cashflow-Verhältnis greifen nicht, weil in Schieflage geratene Unternehmen in der Regel Verluste produzieren und keine Ausschüttung vornehmen. Wichtig sind für Huber bei Turnaround-Kandidaten vor allem zwei Punkte: Das Unternehmen darf nicht hoffnungslos überschuldet sein und das Management muss eine schlüssige Strategie haben, wie der Karren wieder aus dem Dreck gezogen werden kann. Da Huber auf eigene Interviews mit der Unternehmensführung verzichtet, informiert er sich aus der Presse oder greift auf Sekundärresearch[12)] zurück, um zu einem Anlageurteil zu gelangen.

Seine zweite Spezialität sind Megatrends. Mit gesundem Menschenverstand versucht Huber zu identifizieren, welches die beherrschenden Themen der nächsten Jahre oder gar Jahrzehnte sein werden und welche Unternehmen davon profitieren. In solchen Fällen ist er bereit »durchaus auch Kurs/Gewinn-Verhältnisse von 15 zu bezahlen, so lange die Wachstumsstory intakt ist«. Die Makro-Stories, die er für die kommenden zehn Jahre identifiziert hat, sind Infrastruktur, Verkehr und Umwelttechnik. Huber: »Länder wie Brasilien, Russland, Indien und China erleben derzeit einen Aufschwung, den man mit dem Wiederaufbau in Deutschland nach dem Zweiten Weltkrieg vergleichen kann – und Geld ist dort auch noch im Überfluss vorhanden«. Die anstehenden Milliardeninvestitionen in Straßenbau-, Eisenbahn-, Kraftwerks- und Klimaschutzprojekte werden seiner Meinung nach nicht wegen gelegentlicher Konjunkturdellen in Nordamerika oder Europa auf Eis gelegt. Und für volle Auftragsbücher bei Unternehmen sorgen, die entsprechende Technologien anbieten. Darüber hinaus seien Kraftwerke und Wasserversorgungen auch in vielen entwickelten Industrienationen wie den USA und Großbritannien »veraltet bis marode«, was die Nachfrage zusätzlich anheize. »In Summe führt das zu Wachstumsraten im Infrastruktursektor, die um einiges höher liegen dürften als wir uns das heute träumen lassen«.

Nach Hubers Definition gibt es drei Typen von Anlegern: Bullen, Bären und Esel. Wer die richtigen Trends zur richtigen Zeit identifiziere, Geduld beweise und zudem auf moderate Bewertungen achte, falle zumindest nicht in letztere Kategorie.

3. Ein Dutzend offener Fragen

Peter E. Huber im Interview

Wie definieren Sie Value?

Das ist schwierig zu sagen, da wir ja nicht ausschließlich unter Value-Gesichtspunkten investieren, sondern auch nach Restrukturierungsstorys und Makro-Trends suchen. Unser Value-Suchprozess läuft mehr oder weniger automatisch ab. Hier durchforsten wir den

Markt nach Unternehmen mit viel Substanz und hoher Ertragskraft bei gleichzeitig niedriger fundamentaler Bewertung. Da stößt man beinahe zwangsläufig auf Märkte, Länder und Branchen, die gerade nicht »in« sind. Insofern fällt es mir leichter, zu sagen, was kein Value ist: Modethemen, zum Beispiel Internet und Technologie um die Jahrtausendwende oder einige Jahre später Solarenergie sind mit Sicherheit das Gegenteil von Value-Investments. Auch das gerne beschworene GARP-Prinzip hat für mich nicht unbedingt mit Value zu tun. So etwas wird bei uns zwar auch erfasst, aber nicht im Value-Screening, sondern als Makro-Thema.

Wie sind Sie auf Value-Investing aufmerksam geworden?

Da ich mich nicht als reinen Value-Investor bezeichnen würde, sondern eher als Antizykliker, kann ich mich auch hier nicht eindeutig festlegen. Im Laufe eines Börsianerlebens arbeitet man eben peu a peu seinen Stil heraus. Ich für meinen Teil habe gelernt, dass es eigentlich nur zwei Wege zum Erfolg gibt: Entweder man investiert mit dem Trend oder man tut das genaue Gegenteil. Da Trendfolgestrategien prozyklisch sind und ein gutes Händchen beim Timing erfordern, fühle ich mich wohler, wenn ich mich konsequent dagegen stelle.

Haben Sie Vorbilder, die Sie beeinflusst haben?

Obwohl ich vor einer ganzen Reihe von Investoren großen Respekt habe, würde ich das tendenziell eher verneinen. Zumindest ist mir niemand bekannt, der genauso vorgeht wie ich oder dies in der Vergangenheit getan hat. Wobei ich schon finde, dass Leute wie Peter Lynch[13)], John Neff[14)] oder Andre Kostolany[15)] gute Ansätze hatten, aus denen man etwas lernen kann. Gerade Kostolany, der immer ein wenig belächelt wird, weil der das Gros seines Vermögens nicht mit Aktien, sondern mit Anleihen gemacht hat, steht mir vom Naturell her besonders nahe, weil er eben auch Antizykliker durch und durch war: Er hat russische Staatsanleihen gekauft, als kein Mensch sie haben wollte. Ist doch prima, dass er damit reich geworden ist. Aber auch seine Weisheiten über den Aktienmarkt sind bis heute sehr wertvoll für Anleger.

Was hat Ihrer Meinung nach Warren Buffett zum erfolgreichsten Value-Investor aller Zeiten gemacht oder kennen Sie sogar bessere?

Ehrlich gesagt, zähle ich mich nicht zu den Buffett-Jüngern. Was mich an ihm stört, ist die US-Lastigkeit seiner Investments. Er geht Klumpenrisiken ein, indem er zu wenig internationalisiert. Da stellt sich die Frage, ob bei seiner unbestritten herausragenden Performance nicht auch ein wenig Glück dabei war. Ich persönlich halte George Soros[16)] für besser. In seiner aktiven Zeit als Hedgefondsmanager hat er 30 bis 35 Prozent Wertzuwachs pro Jahr erzielt. Außerdem habe ich allen Respekt vor seiner Wette gegen das britische Pfund. Da er diese Spekulation mit Krediten gehebelt hatte, war die Sache sehr riskant, aber eben auch extrem erfolgreich.

Gibt es gewisse Voraussetzungen wie Ausbildung, Charakter, Alter oder Temperament, die ein erfolgreicher Value-Investor unbedingt mitbringen sollte?

Wenn wir das Value mal weglassen, würde ich sagen, dass alle Investoren einen ausgeprägten Spieltrieb besitzen müssen. Ich selbst habe eine leicht perverse Charaktereigenschaft: Wenn einzelne Märkte völlig in die Grütze gehen, freue ich mich – sogar dann, wenn ich selber investiert bin. Meine Freunde und Kollegen können das überhaupt nicht nachvollziehen, aber ich sehe das nüchtern: Krisen sind üblich in der Börsenlandschaft, also ist es doch schön, wenn man hin und wieder billig einkaufen kann. Das können Sie natürlich nur machen, wenn Sie keine Klumpenrisiken im Depot haben. Wenn ich zehn Prozent in nur einem Nebenwert angelegt hätte, könnte ich auch nicht mehr ruhig schlafen. Aber mit einer gut diversifizierten Depotstruktur kann man Stresssituationen gut abfedern. So viel zu Charakter und Temperament. Hinsichtlich der Ausbildung denke ich, dass ein einschlägiges Studium die Sache erleichtert, aber, wie man am Beispiel Kostolany sieht, nicht Voraussetzung ist. Altersmäßig gibt es keine Grenzen. Ich kenne junge Leute, die bereits sehr erfolgreiche Investoren sind, und alte Haudegen, die ihre Erfahrung ausspielen. Ich selbst werde mich, wenn es mein Gesundheitszustand zulässt, auch mit 80 Jahren noch mit Aktien beschäftigen.

Benötigen Value-Investoren Ihrer Meinung nach ein bestimmtes Umfeld, um erfolgreich arbeiten zu können?

Wer, wie wir, häufig konträr zum Mainstream handelt, darf nicht unter kurzfristigem Erfolgsdruck stehen. Ich denke, das ist der Grund, warum sich viele Fondsmanager und Vermögensverwalter, die einen antizyklischen oder wertorientierten Ansatz verfolgen, selbstständig machen.

Aus wie vielen Werten sollte ein Portfolio idealerweise bestehen und wie lange sollten die Aktien gehalten werden?

Wie ich schon sagte: Diversifikation ist für uns das Schlüsselwort überhaupt. Wir gehen immer davon aus, dass wir nicht wissen, wie die Märkte sich entwickeln und geben deshalb auch keine Prognosen ab. Mit weniger als 40, 50 Aktien im Portfolio und einer breiten Streuung über Branchen und Regionen hinweg, würde ich mich nicht wohl fühlen. Aber zu einem vernünftig strukturierten Depot gehören auch andere Assetklassen[17)], allen voran Anleihen. Wenn sich der Aktienmarkt zehntelt, zieht man halt etwas Geld aus dem Anleihenpolster ab, um nachzukaufen. Ich habe schon einige Krisen erlebt, angefangen von 1973/74 bis hin zu den Jahren 2000 bis 2003. Es gab immer wieder Geldanlagen, die sich gegen den Trend gestemmt haben, in den 70ern zum Beispiel Öl- und Goldaktien oder auch Anleihen. Und es gab in Krisen auch immer wieder historische Einstiegsgelegenheiten, zum Beispiel haben wir 2002 die Kapitalerhöhung[18)] bei der Allianz[19)] mitgemacht, und das hat sich ausgezahlt.

Last, but not least, gibt es in jeder Baisse auch immer Gegenbewegungen von 30, 40 oder gar 50 Prozent. Deshalb halten wir immer etwas Pulver trocken. Manchmal fahren wir in unseren Fonds Cash-Quoten von 30 Prozent, um in der Lage zu sein, Krisen, die meist plötzlich und unerwartet auftauchen – sonst könnte man sie ja vermeiden – zu nutzen. Mit einem gut strukturierten Depot kann man sich gegen Krisen wappnen. Zwar wird es immer wieder Rückschläge geben, aber langfristig kann so eigentlich nichts schief gehen. Bezüglich der Haltedauer gibt es leider nicht einmal eine Faustregel. Wir haben zwar Durchschnittswerte von ein bis eineinhalb Jahren, die aber je nach Fonds unterschiedlich ausfallen. Wir verkaufen, wenn sich fundamental etwas an unserer Einschätzung ändert. Wenn eine Aktie nach unserem Einstieg um 15 oder 20 Prozent fällt, kaufen wir nach, wenn wir von den Perspektiven des Unternehmens überzeugt sind. Wenn wir uns mit unserer Einschätzung geirrt haben, verkaufen wir notfalls auch schon nach kurzer Zeit mit Verlust. Andere Aktien bleiben über Jahre im Portfolio.

Welches waren Ihre drei besten Investments?

Ein recht erfolgreiches Engagement war Sabesp[20)], ein brasilianischer Wasserversorger, den wir selbst kaum kannten, bis ihn unser Quant-System als Top-Value-Investment ausgefiltert hat.

Unseren Einsatz vervielfacht haben wir auch mit ABB[21)], einem schweizerisch-schwedischen Anlagenbauer, dem wir nach dem Asbestskandal einer Tochterfirma in den USA den Turnaround zugetraut haben. Die Asbestprobleme stammten noch aus der Zeit, bevor ABB die Tochter übernommen hatte, deshalb erschien es unlogisch, dass die Gerichte den Konzern in vollem Umfang haftbar machen würden, nachdem die US-Tochter Insolvenz angemeldet hatte. Die Spekulation ging auf: Wir sind damals zu drei Franken eingestiegen und haben bei 22 Franken angefangen zu verkaufen – und das war noch zu früh, sie stieg bis auf 33.

Ein wenig stolz sind wir auch auf den frühzeitigen Einstieg beim russischen Bergbauunternehmen Norilsk Nickel[22)], der noch in der

Frühphase der Rohstoff-Hausse erfolgte. In diesem Fall lagen wir mit unserer Einschätzung über einen Megatrend, der mehrere Jahre Bestand haben könnte, goldrichtig.

Und Ihre drei größten Flops?

Da fällt mir zunächst Invensys[23] ein, ein britischer Technologiekonzern, der sich auf Automationstechnik, Bahn- und andere Kontrollsysteme spezialisiert hat. Als das Gerücht umging, Siemens[24] würde die Firma übernehmen, sind wir eingestiegen, ohne groß auf die Bewertung zu achten. Es ist ein denkbar schlechter Ansatz, Investmententscheidungen auf Basis von Gerüchten zu treffen. Natürlich hat Siemens Invensys nicht übernommen, und wir haben Lehrgeld bezahlt.

Falsch lagen wir auch bei den Technologieunternehmen Alcatel[25] und Nortel Networks[26], zwei ehemalige Börsenlieblinge, die schlimm abgestürzt waren. Beide haben wir als Turnaround-Kandidaten gekauft, aber die Ertragswende wollte sich einfach nicht einstellen. Wir haben damals wohl die Zyklizität von Technologiewerten unterschätzt. Eine Zeitlang hieß es ja, die Branche sei nicht konjunkturabhängig, was sich als Ammenmärchen entpuppt hat.

Wenn Sie eine Firma nur nach einer einzigen Kennzahl beurteilen dürften, welche würden Sie verwenden?

Auch wenn ich mich natürlich nie an nur einer Kennzahl orientiere, würde ich an dieser Stelle das Kurs/Cashflow-Verhältnis, kurz KCV, nennen. Da es branchenspezifische Unterschiede beim Cashflow gibt, halten es manche meiner Kollegen nicht für sonderlich aussagekräftig. Aber ich finde, es liefert einen guten Anhaltspunkt. Laut unserer Datenbank zumindest funktioniert das KCV besser als das Kurs/Buchwert-Verhältnis (KBV) oder das Kurs/Gewinnverhältnis (KGV). Wir haben auch neuere. modernere Kennzahlen wie Enterprise Value[27] zu Free Cashflow (EV/FCF) untersucht. Die klingen vielleicht hochgestochener, liefern aber keinerlei Mehrwert.

Ihre Lieblingsaktie?

Man soll sich ja nie in eine Aktie verlieben, aber ich muss offen zugeben, dass es mir Siemens spätestens seit Bekanntwerden des Schmiergeldskandals[28] angetan hat. Die Aktie ist seitdem extrem unbeliebt, der wahre Wert des Unternehmens tritt angesichts der Berichterstattung über die Schmiergeldaffäre völlig in den Hintergrund. So etwas finde ich schon einmal grundsätzlich interessant. Was mich auf Jahre hinaus, vielleicht sogar ein Jahrzehnt oder länger, so positiv für die Aktie stimmt, ist, dass ich – außer vielleicht General Electric[29] – kein Unternehmen kenne, dass sich besser auf den Megatrend Infrastruktur eingestellt hat. Verkehrs- und Kraftwerkstechnik, das sind die Goldgruben der Zukunft. Die Kernkraftwerke sind weltweit veraltet, überhaupt fehlt es, vor allem in Schwellenländern, an Kraftwerkskapazitäten. Das ist ein Riesengeschäft für einen sehr, sehr langen Zeitraum, da sich schon die Genehmigungsverfahren für neue Kraftwerke über Jahre hinziehen – und Siemens ist meines Erachtens der Top-Player weltweit. Außerdem hat das Unternehmen seine Probleme mit der Telekommunikationssparte weitgehend gelöst, die Tochter Osram profitiert vom Trend zu Energiesparlampen, und zu guter Letzt ist auch die Medizintechniksparte eine Option auf die Zukunft.

Welches Buch sollten Anleger gelesen haben, bevor sie sich aufs glitschige Börsenparkett begeben?

Spontan würde ich Einsteigern – und nicht nur denen – zu Büchern von André Kostolany raten, etwa »Kostolanys Börsenseminar«[30] oder gleich »Der große Kostolany«[31], der Börsenseminar, Börsenpsychologie und die besten Geldgeschichten beinhaltet.

4. Ausgewählte Fonds

StarCap Priamos:

Der am 3. Dezember 2001 aufgelegte StarCap Priamos investiert weltweit in niedrig bewertete Value-Unternehmen aus den attraktivsten Aktienmärkten und Branchen (ValueQ-Konzept). Die Beurteilung der Bewertungsniveaus auf Länder-, Branchen- und Unternehmensebene erfolgt ausschließlich auf Basis empirisch bestätigter Value-Indikatoren. Durch seinen quantitativen Investmentansatz investiert er frei von menschlichen Emotionen und profitiert daher im besonderen Maße von den neuesten Erkenntnissen der empirischen Kapitalmarktforschung. Wie bei allen StarCapital-Fonds werden Zwischengewinne nicht thesauriert, sondern ausgeschüttet. Das europäische Pendant zum weltweit anlegenden Priamos ist der nach identischer Strategie gemanagte StarCap Europa (ISIN: LU0179077432).

ISIN: LU0137341359
Fondsleitung: StarCapital S.A., Luxemburg
Anlageberater: StarCapital AG, Oberursel
Ausgabeaufschlag: bis zu 5,00 %
Rücknahmekommission: keine
Total Expense Ratio (TER): 1,83 % p.a.
Verwaltungsgebühr: 1,40 % p.a.
Performance 2009: +32,6 %
Performance seit Auflegung: +39,3 % (per 30.04.2010)
Fondsvolumen: 293 Millionen Euro

StarCap SICAV Starpoint:
Der von Peter E. Huber persönlich gemanagte Starpoint ging am 2. August 2000 an den Start. Er hat zum Ziel, absolute Zugewinne und im Konkurrenzvergleich überdurchschnittliche Ergebnisse zu erzielen. Dieser Aktienfonds investiert in liquide und günstig bewertete Blue Chips, ist aber auch offen für innovative Finanzprodukte wie Bonuszertifikate. Die Aktienquote wird flexibel gehandhabt (0 bis 50 Prozent Liquidität). Zur Vermeidung von Klumpenrisiken weist der StarPoint einen hohen Diversifikationsgrad auf, indem Einzelpositionen auf maximal 2,5 Prozent des Depotanteils begrenzt werden.

ISIN: LU0114997082
Fondsleitung: StarCapital S.A., Luxemburg
Anlageberater: StarCapital AG, Oberursel
Ausgabeaufschlag: bis zu 5,00 %
Rücknahmekommission: keine
Total Expense Ratio (TER): 0,78 % p.a.

Verwaltungsgebühr: 0,70 % p.a.
Performance 2009: +40,3 %
Performance seit Auflegung: +54,8 % (per 30.04.2010)
Fondsvolumen: 502 Millionen Euro

StarCap Huber Strategy 1:
Der seit dem 29. Februar 2008 von Peter E. Huber nach dem Total-Return-Ansatz gemanagte Huber Strategy 1 soll – möglichst steuerschonend – Kursgewinne auf Wertpapiere aller Art erzielen. Die Anlage erfolgt deshalb normalerweise überwiegend in Aktien. Aus Sicherheitsgründen wird das Portfolio international ausgerichtet. Das Risiko wird auf verschiedene Branchen und Einzelwerte breit gestreut, außerdem werden die großen Standardwerte (Blue Chips) bevorzugt. Der Fonds darf auch in Wandelanleihen und Zertifikate auf Aktien und Aktienindizes investieren. Durch die Investition in andere Fonds können vor allem Spezialgebiete wie zum Beispiel Goldminen oder Emerging Markets optimal abgedeckt werden. Anleihen aller Art und Festgeld runden insbesondere in unsicheren Börsenphasen die Palette ab. Mehr Sicherheit, aber auf der anderen Seite auch weniger Rendite verspricht der StarCap Argos (ISIN: LU0137341789), bei dem der Rentenanteil dominiert und der daher vor allem für sehr konservative Anleger geeignet ist.

ISIN: LU0350239504
Fondsleitung: StarCapital S.A., Luxemburg
Anlageberater: StarCapital AG, Oberursel
Ausgabeaufschlag: bis zu 3,00 %
Rücknahmekommission: keine
Total Expense Ratio (TER): 1,32 % p.a.
Verwaltungsgebühr: 1,20 % p.a.
Performance 2009: +49,1 %
Performance seit Auflegung: +8,1 % (per 30.04.2010)
Fondsvolumen: 112,3 Millionen Euro

StarCap SICAV German Masters:
Der German-Masters-Dachfonds wurde bereits am 29. Dezember 1999 aufgelegt. Wegen der unterdurchschnittlichen Performance wurde das Konzept zum 1. Juli 2004 geändert. Seitdem investiert

Fondsmanager Lars Kolbe in die Fonds-Flaggschiffe der besten unabhängigen Vermögensverwalter in Deutschland. Durch den geschickten Mix aus verschiedenen Anlagestilen versucht Kolbe eine breite Diversifikation und damit mehr Sicherheit bei der Aktienanlage zu erzielen.

ISIN: LU0105752140
Fondsleitung: StarCapital S.A., Luxemburg
Anlageberater: StarCapital AG, Oberursel
Ausgabeaufschlag: bis zu 5,00 %
Rücknahmekommission: keine
Total Expense Ratio (TER): 0,72 % p.a.
Verwaltungsgebühr: 1,25 % p.a.
Performance 2009: +26,0 %
Performance seit Konzeptumstellung: +17,8 % (per 30.04.2010)
Fondsvolumen: 42,3 Millionen Euro

5. Kontaktadresse:

StarCapital AG
Kronberger Straße 45
D-61440 Oberursel
Tel.: +49 (0) 6171 694190
Tel.: +49 (0) 6171 69419-49
E-Mail: info@starcapital.de
Internet: www.starcapital.de

Anmerkungen:

1) Der Ausdruck »opportunistisch« hat im Investmentgeschäft im Unterschied zur landläufigen Bedeutung nichts Anrüchiges, sondern bezeichnet im wahrsten Sinne des Wortes einen Investor, der sich bietende Chancen aktiv nutzt.
2) PEH Wertpapier AG: Börsennotierter Finanzdienstleister, ISIN: DE0006201403.
3) Börsen-Journal: heute »Das Wertpapier«, Postfach 350163, 40443 Düsseldorf, Internet: www.wertpapier.de
4) Bottom-Fishing: Der Versuch, eine Aktie in der Nähe des Tiefstkurses zu kaufen.
5) Rebalancing: Turnusmäßige Überprüfung des Fondsportfolios, häufig verbunden mit einem »Zurückdrehen« der ursprünglichen Gewichtung der Einzeltitel. Bei StarCapital gibt es hierfür keinen festgelegten Turnus, der Rhythmus ist laut Norbert Keimling abhängig von der jeweiligen Marktphase.
6) Small Caps: Aktien von kleineren Unternehmen mit geringer Marktkapitalisierung.

7) Korrelationen: Wechselwirkungen zwischen einzelnen Wertpapieren. Nach der modernen Portfoliotheorie sollte es vermieden werden, zu viele Aktien aus verwandten Branchen zu halten. Vgl. Prof. Harry M. Markowitz: »Portfolio Selection«, Yale 1952.
8) Free Float: Gesamtwert der frei handelbaren, also nicht in festen Händen (beispielsweise beim Management oder der Gründerfamilie) liegenden Aktien.
9) Large Caps: Aktien größerer Unternehmen mit mehreren Milliarden Dollar Marktkapitalisierung.
10) GARP: Abkürzung für »growth at a reasonable price«, zu Deutsch: Wachstum zu einem vernünftigen Preis. Das GARP-Prinzip wird von vielen Value-Investoren in den Suchprozess eingebunden (vgl. z.B. Kapitel 6: »Der Fokussierte: Martin Wirth und die Frankfurt Performance Management AG«).
11) Relative Stärke: Kursverhalten einer Aktie im Vergleich zum Gesamtmarkt, gemessen an einem Index. Der Amerikaner Dr. Robert Levy untersuchte Ende der 60er-Jahre die Trendkontinuität von 200 Aktien der New Yorker Börse. Er fand heraus, dass Aktien, die sich in bestimmten Zeitintervallen besser entwickelt haben als der Gesamtmarkt, mit hoher Wahrscheinlichkeit noch mehrere Monate eine überdurchschnittliche Kursentwicklung aufweisen werden. Vgl. Levy, Robert A.: »The Relative Strength Concept of Common Stock Price Forecasting«, Investors Intelligence Inc. Larchmont, New York, 1969.
12) Sekundärresearch: Analystenstudien anderer Häuser.
13) Lynch, Peter: Fondsmanager und Autor mehrerer Börsenbücher. Von 1977 bis 1990 Manager des Fidelity Magellan Fund, der während Lynchs 13-jähriger Amtszeit eine durchschnittliche jährliche Rendite von 29 Prozent erzielte (seit 1997 für Neukundengelder geschlossen).
14) Neff, John: Ehemaliger Manager des Vanguard Windsor Fund, ISIN: US9220182052.
15) Kostolany, André (1906-1999): Journalist, Schriftsteller und Spekulant ungarischer Herkunft. Berühmt für seine Börsenweisheiten.
16) Soros, George: US-amerikanischer Investmentbanker und Manager des Quantum Hedgefonds. Wurde am 16. September 1992 weltberühmt, als er in der Überzeugung, das Pfund Sterling sei überbewertet gegen die britische Währung spekulierte und die Bank of England zur Abwertung zwang (»Black Wednesday«).
17) Assetklassen: Anlageformen (z.B. Aktien, Anleihen, Rohstoffe). Abgleitet aus dem Englischen (Asset = Vermögensgegenstände).
18) Kapitalerhöhung: Erhöhung des Grundkapitals; Einsammeln von Investorengeldern durch Ausgabe neuer Aktien, was für die Altaktionäre zu einer Verwässerung ihrer Anteile und Gewinn- bzw. Dividendenansprüche führt.
19) Allianz S.E., deutscher Versicherungskonzern, ISIN: DE0008404005.
20) Sabesp, Companhia de Saneamento Básico do Estado de São Paulo, ISIN: BRSBSPACN0R5.
21) ABB: Asea Brown Boveri Ltd., schweizerisch-schwedischer Technologiekonzern, ISIN: CH0012221716.
22) JSC MMC Norilsk Nickel, russischer Bergbau-Konzern, ISIN: US46626D1081.
23) Invensys Plc., britischer Technologiekonzern, ISIN: GB00B19DVX61.
24) Siemens AG, deutscher Industrie- und Technologiekonzern, ISIN: DE0007236101.
25) Alcatel-Lucent S.A., französischer Elektrokonzern, ISIN: FR0000130007.
26) Nortel Networks Corp., kanadischer Telekom-Dienstleister, ISIN: CA6565685089.
27) Enterprise Value: Gesamtwert eines Unternehmens, berechnet aus Marktkapitalisierung plus Schulden.
28) Schmiergeldskandal: Wegen des Verdachts auf Korruption und illegale Preisabsprachen ließ die Staatsanwaltschaft im November 2006 alle 30 Bürogebäude größerer deutscher Siemens-Standorte sowie Privatwohnungen ranghoher Mitarbeiter durchsuchen und Akten beschlagnahmen. Die ehemaligen Vorstandsmitglieder Norbert Ganswindt und Johannes Feldmayer wurden vorübergehend in Untersuchungshaft genommen, Der Aufsichtsratsvorsitzende Heinrich von Pierer legte am 25. April 2007 sein Amt nieder, der Vorstandsvorsitzende Klaus Kleinfeld am 30. Juni 2007. Im Oktober 2007 wurde Siemens vom Landgericht München zu einer Geldbuße von 201 Millionen Euro verurteilt, etliche Verfahren in mehreren Ländern sind noch anhängig.
29) General Electric Co., US-Mischkonzern, ISIN: US3696041033.
30) Kostolany, André: »Kostolanys Bösenseminar für Kapitalanleger und Spekulanten«. Econ-Verlag, Berlin, 1996.
31) Kostolany, André: »Der große Kostolany. Börsenseminar – Börsenpsychologie – Die besten Geldgeschichten.« Ullstein Taschenbuchverlag, 2004.

XI. Gründung des Zentrums für Value-Investing e.V.

Satzung des

Zentrums für Value-Investing e.V.

an der Fachhochschule Worms – University of Applied Sciences

§ 1
Name, Sitz und Geschäftsjahr

1. Der Verein führt den Namen ***Zentrum für Value-Investing e.V.*** an der Fachhochschule Worms – University of Applied Sciences – im Folgenden »Verein« genannt.
2. Der Verein hat seinen Sitz in Worms und ist im Vereinsregister beim Amtsgericht Worms eingetragen.
3. Das Geschäftsjahr ist das Kalenderjahr.

§ 2
Zweckbestimmung

1. Der Verein hat den Zweck der Förderung der Erziehung, Volks- und Berufsbildung einschließlich der Studentenhilfe sowie der Förderung von Verbraucherberatung und Verbraucherschutz. Eine Anerkennung der Gemeinnützigkeit wird angestrebt.

2. Der Vereinszweck wird erfüllt durch die Verbreitung des Wissens um Value-Investing. Dieser Gedanke ist ganz im Sinne der Väter der Sozialen Marktwirtschaft: Bei nicht gesicherten Renten und Pensionen ist es von höchstem allgemeinen Interesse, die Grundsätze vernünftiger und rationaler Altersvorsorge durch Value-Investing einer breiten Öffentlichkeit bekannt zu machen. Hierzu
   - führt das Zentrum Fortbildungen und Case-Studies in Value-Investing für
     - die interessierte Öffentlichkeit
     - Studierende der Betriebswirtschaft
     - Finanzanalysten

     durch
   - strebt es an, einen Lehrgang mit Zertifikat »Zertifizierter Value-Analyst« zu begründen. Es wird ein späterer Aufbaustudiengang (M.A. in Value-Investing) angestrebt, der durch eine anerkannte Akkreditierungsagentur akkreditiert ist
   - führt es Konferenzen zum Value-Investing durch;
   - verbreitet es den Gedanken des Value-Investing in geeigneter Weise in der Öffentlichkeit.
3. Für die Erfüllung dieser satzungsmäßigen Zwecke sollen geeignete Mittel durch Beiträge/Umlagen, Spenden, Zuschüsse und sonstige Zuwendungen eingesetzt werden.
4. Der Verein verfolgt ausschließlich und unmittelbar gemeinnützige Zwecke im Sinne des Abschnitts »Steuerbegünstigte Zwecke« der Abgabenordnung in der jeweils gültigen Fassung.
5. Bei Auflösung des Vereins oder bei Wegfall der steuerbegünstigten Zwecke fällt das Vermögen des Vereins an die Fachhochschule Worms, die es ausschließlich zu gemeinnützigen Zwecken zu verwenden hat.
6. Der Verein ist selbstlos tätig; er verfolgt nicht in erster Linie eigenwirtschaftliche Zwecke.
7. Mittel des Vereins dürfen nur für satzungsgemäße Zwecke verwendet werden. Die Mitglieder des Vereins erhalten in ihrer Eigenschaft als Mitglieder keine Zuwendungen aus den Mitteln des Vereins.
8. Es darf keine Person durch Ausgaben, die dem Zweck des Vereins fremd sind oder durch unverhältnismäßig hohe Vergütungen begünstigt werden.

§ 3
Mitgliedschaft

1. Mitglied kann jede natürliche oder juristische Person werden.
2. Der Verein besteht aus ordentlichen Mitgliedern und Fördermitgliedern. Bei den ordentlichen Mitgliedern gibt es wiederum
   - reguläre ordentliche Mitglieder
   - akademische ordentliche Mitglieder (Professoren/innen, wissenschaftliche Mitarbeiter/innen)
   - studentische außerordentliche Mitglieder (bis maximal zur Vollendung des 26. Lebensjahres)
3. Präsident/in und Kanzler/in der Fachhochschule Worms wird die ordentliche Mitgliedschaft des Vereins ex officio (beitragsfrei) angetragen.
4. Als außerordentliche Fördermitglieder können Organisationen und Personen aufgenommen werden, wenn sie aufgrund ihrer Tätigkeit geeignet sind, die Ziele des Vereins zu fördern.
5. Der Erwerb der Mitgliedschaft erfolgt durch schriftlichen Antrag und dessen Annahme durch den Vorstand.
6. Die Mitglieder sind verpflichtet, den Verein und den Vereinszweck – auch in der Öffentlichkeit – in angemessener Weise zu unterstützen.
7. Die Mitgliedschaft endet durch freiwilligen Austritt oder Ausschluss. Der Austritt kann nur schriftlich mit dreimonatiger Frist zum Ende eines Geschäftsjahres erklärt werden.
8. Ein Mitglied darf nur bei Vorliegen eines wichtigen Grundes oder groben Verstoßes gegen den Vereinszweck ausgeschlossen werden. Der Ausschluss erfolgt durch den Vorstand. Er ist der nächsten Mitgliederversammlung zur Kenntnis zu bringen. Ein grober Verstoß gegen den Vereinszweck ist auch das Bewerben oder der Vertrieb von Investments oder Investmentprodukten, die gegen die Grundsätze seriösen Investments verstoßen.
9. Durch die Beendigung der Mitgliedschaft wird die Verpflichtung zur Zahlung des Mitgliedsbeitrages für das laufende Geschäftsjahr nicht berührt.

§ 4
Organe

Die Organe des Vereins sind:

- der Ehrenvorsitzende
- der Vorstand
- das Präsidium (falls der Vorstand mehr als fünf Mitglieder umfasst)
- der Direktor/die Direktorin (geschäftsführendes Vorstandsmitglied)
- die Mitgliederversammlung.

§ 5
Vorsitzender des Wissenschaftlichen Beirats

Vorsitzender des Wissenschaftlichen Beirats ist Prof. Bruce Greenwald, Heilbrunn Center for Graham and Dodd Investing, Columbia University.

§ 6
Vorstand

1. Der Vorstand besteht aus mindestens drei Mitgliedern, die von der Mitgliederversammlung jeweils für zwei Jahre gewählt werden. Der Direktor des Zentrums gehört dem Vorstand ex officio an. Der Vorstand bleibt bei Ablauf seiner Amtsperiode bis zur Neuwahl im Amt, es sei denn, dass er vorzeitig zurücktritt oder von der Mitgliederversammlung durch Entziehung des Vertrauens abberufen wird.
2. Darüber hinaus kann der Vorstand jederzeit zusätzliche Mitglieder kooptieren, insgesamt jedoch nicht mehr als ein Drittel der Mitglieder des von der Mitgliederversammlung gewählten Vorstands; insbesondere für den Fall, dass Mitglieder vorzeitig aus dem Vorstand ausscheiden, können an ihrer Stelle neue Mitglieder kooptiert werden. Eine solche Kooptation gilt jeweils nur bis

zum Ende der laufenden Amtsperiode.

3. Der Vorstand kann aus seiner Mitte einen Präsidenten wählen. (Sollte ein Präsidium eingerichtet werden, wählt das Präsidium den Präsidenten aus der Mitte des Präsidiums.) Dem Präsidenten obliegt der laufende Kontakt mit dem Direktor und – gemeinsam mit dem Direktor – die Vorbereitung der Vorstands- und Präsidiumssitzungen und der Mitgliederversammlung.
4. Der Vorstand beschließt mit der einfachen Mehrheit der anwesenden Mitglieder. Die Mitglieder des Vorstandes können Stimmbotschaften erteilen. Stimmbotschaften sind schriftlich, per Telefax oder per E-Mail zu erteilen.
5. Der Vorstand legt die Grundsätze für die Arbeit des Vereins fest.
6. Darüber hinaus obliegen ihm
   - der Vorschlag zur Besetzung der Position des Direktors an die Mitgliederversammlung
   - die Beschlussfassung über den Ausschluss von Mitgliedern.
   - die Genehmigung des 2-Jahres-Budgets
   - die Bestellung eines Prüfers zur Prüfung der Jahresrechnung. Dieser Prüfer kann auch aus dem Vorstand stammen.
   - die Beschlussfassung über den Jahresbericht und die Jahresrechnung
   - die Entlastung des Direktors, ggf. des Präsidiums.

§ 7
Präsidium

1. Falls der Vorstand aus mehr als fünf Mitgliedern besteht, wählt der Vorstand aus seiner Mitte das Präsidium, das aus zwei bis drei Mitgliedern besteht. Das Präsidium führt die Geschäfte des gesamten Vereins. Es ist an die Satzung, die Beschlüsse der Mitgliederversammlung und die Beschlüsse des Vorstands gebunden. Der Vorstand kann seine Aufgaben ganz oder teilweise an das Präsidium delegieren. Im Falle maximaler Delegation obliegt dem Gesamtvorstand lediglich die Entlastung des Präsidiums.
2. Das Präsidium ist gesetzlicher Vertreter des Vereins im Sinne von § 26 BGB. Je zwei Mitglieder des Präsidiums sind zur Vertretung des Vereins nach außen berechtigt.

3. Das Präsidium beschließt mit der einfachen Mehrheit der anwesenden Mitglieder. Die Mitglieder des Präsidiums können Stimmbotschaften erteilen. Die Stimmbotschaften sind schriftlich, per Telefax oder per E-Mail zu erteilen.

§ 8
Direktor/in

1. Der Direktor (die Direktorin) wird vom Vorstand vorgeschlagen und von der Mitgliederversammlung auf vier Jahre gewählt.
2. Der Direktor (die Direktorin) führt die Geschäfte des gesamten Vereins, soweit hierfür nicht Vorstand oder Präsidium zuständig sind. Er/sie ist an die Satzung, die Beschlüsse der Mitgliederversammlung und die Beschlüsse des Aufsichtsrates gebunden. Der Direktor (die Direktorin) ist gesetzlicher Vertreter des Vereins im Sinne von § 26 BGB.

§ 9
Mitgliederversammlung

1. Die Mitglieder sind mindestens alle zwei Jahre zu einer ordentlichen Mitgliederversammlung einzuberufen; darüber hinaus kann aus wichtigem Grund eine außerordentliche Mitgliederversammlung stattfinden. Eine solche muss einberufen werden, wenn dies von der Hälfte der Vorstandsmitglieder oder einem Drittel aller Mitglieder unter Angabe der Gründe und des Zwecks schriftlich beantragt wird.
2. Die Einberufung der ordentlichen oder außerordentlichen Mitgliederversammlung erfolgt durch den Vorstand oder – falls gewählt – den Präsidenten schriftlich unter Wahrung einer Einberufungsfrist von zwei Wochen bei gleichzeitiger Mitteilung der Tagesordnung. In dringenden Fällen kann die Einberufungsfrist auf eine Woche verkürzt werden.

§ 10
Vorsitz und Beschlussfassung in der Mitgliederversammlung

1. Die Mitgliederversammlung wird durch den Präsidenten oder – im Verhinderungsfalle – durch ein Vorstandsmitglied geleitet.
2. In der Mitgliederversammlung hat jedes ordentliche Mitglied eine Stimme.
3. Die Mitglieder können sich durch andere stimmberechtigte Mitglieder vertreten lassen oder Stimmbotschaften erteilen.
4. Abwesende Mitglieder, die sich nicht vertreten lassen oder keine Stimmbotschaften erteilt haben, werden durch den Direktor vertreten.
5. Bei der Beschlussfassung über Satzungsänderungen oder die Auflösung des Vereins ist die Mitgliederversammlung nur beschlussfähig, wenn mehr als die Hälfte der Mitglieder vertreten ist.
6. Die Mitgliederversammlung beschließt – sofern die Satzung nicht ausdrücklich etwas anderes bestimmt – mit der einfachen Mehrheit der anwesenden oder vertretenen stimmberechtigten Mitglieder. Beschlüsse über Satzungsänderungen oder über die Auflösung des Vereins bedürfen einer Mehrheit von drei Viertel der anwesenden oder vertretenen stimmberechtigten Mitglieder.
7. Über die Beschlüsse der Mitgliederversammlung ist ein schriftliches Protokoll zu erstellen, welches vom Versammlungsleiter und vom Schriftführer zu unterzeichnen ist.

§ 11
Zuständigkeit der Mitgliederversammlung

Zu den Aufgaben der Mitgliederversammlung gehören

- Wahl des Vorstandes
- Entlastung des Vorstandes
- Festlegung der Mitgliedsbeiträge
- Beschlussfassung über Satzungsänderungen und die Auflösung des Vereins.

§ 12
Schriftliche Beschlussfassung

1. Die Beschlussfassung der Mitgliederversammlung, des Vorstands und des Präsidiums kann auch auf schriftlichem Wege, per Telefax oder E-Mail erfolgen. Die Pflicht zur Abhaltung einer Mitgliederversammlung wird hiervon nicht berührt.
2. Ein Vorschlag gilt als im Wege der schriftlichen Beschlussfassung der Mitgliederversammlung angenommen, wenn ihm mehr als die Hälfte oder im Falle satzungsändernder Beschlüsse drei Viertel der stimmberechtigten Mitglieder innerhalb von vier Wochen nach Versand der Abstimmungsunterlagen zugestimmt haben. Andernfalls gilt er als abgelehnt.
3. Ein Vorschlag gilt als im Wege der schriftlichen Beschlussfassung des Vorstands oder des Präsidiums angenommen, wenn ihm mehr als die Hälfte der dem jeweiligen Organ angehörenden Mitglieder drei Wochen nach Versand der Abstimmungsunterlagen zugestimmt haben. Andernfalls gilt er als abgelehnt.

§ 13
Mitgliedsbeitrag

1. Die Ausgaben des Vereins einschließlich der Kosten der Geschäftsführung werden von den Mitgliedern durch Mitgliedsbeiträge, freiwillige Beiträge und durch mit seiner Tätigkeit erzielte Einnahmen gedeckt.
2. Die Mitgliederversammlung legt im Rahmen einer Beitragsordnung die Mitgliedsbeiträge fest. Die Beitragsordnung kann hierbei Mindest- und Höchstbeiträge vorsehen.
3. Der Vorstand kann in begründeten Fällen einen geringeren Beitrag festsetzen; hierüber ist die Mitgliederversammlung in geeigneter Weise zu unterrichten.
4. Der/die Vorstand/stände ist/sind berechtigt, gegenüber einzelnen Mitgliedern mit deren Einwilligung höhere Beiträge festzusetzen. Die Festsetzung ist schriftlich gegenüber dem jeweiligen Mitglied zu erklären. Auch vereinbarte höhere Beiträge berech-

tigen das jeweilige Mitglied nicht zur Inanspruchnahme von besonderen Leistungen des Zentrums für Value-Investing e.V.

§ 14
Redaktionelle Änderungen der Satzung / Umwandlung der Organisationsform

1. Sollten vom Finanzamt redaktionelle Änderungen der Satzung gefordert werden, um den steuerbegünstigten Status zu erhalten, so stimmen die Mitglieder diesen Änderungen bereits jetzt zu, wenn diese nicht den Vereinszweck oder die grundlegende Organisationsform ändern würden.
2. Sollte der Vorstand beschließen, das Zentrum für Value-Investing in einen Förderverein – ebenfalls mit steuerbegünstigten Zwecken – umzuwandeln, welcher ein zu gründendes Zentrum für Value-Investing GmbH fördert (ebenfalls gemeinnützig und zu steuerbegünstigten Zwecken), gilt die Zustimmung hierfür als erteilt.
3. Die Satzung in der vorliegenden Fassung wurde von der Gründungsversammlung des Zentrums für Value-Investing e.V. am 8. September 2006 beschlossen.

Kranichstein, den 08.09.2006

Unterschriften

XII. Protokoll der Gründungsversammlung für das Zentrum für Value-Investing e.V. am 08.09.2006 in Kranichstein bei Darmstadt

Am 08.09.2005 um 10:15 erschienen im Jagdschloss Kranichstein die aus der Anwesenheitsliste ersichtlichen 9 Personen zur Gründung des Vereins »Zentrum für Value-Investing«. Alle Personen waren stimmberechtigt. Durch Zuruf wurde Herr Prof. Dr. Max Otte zum Versammlungsleiter und Schriftführer gewählt.

Die Tagesordnung wurde wie folgt genehmigt:

1. Vorstellung durch den Initiator, Prof. Dr. Max Otte
2. Wahl eines Versammlungsleiters
3. Wahl eines Schriftführers
4. Feststellung der Anzahl der stimmberechtigten Teilnehmer
5. Genehmigung der Tagesordnung
6. Aussprache über die Gründung des Vereins
7. Beratung und Verabschiedung einer Satzung
8. Wahlen des Vorstands und des Direktors
9. Festlegung der Beiträge
10. Weitere Vorgehensweise
11. Verschiedenes

Der vorgelegte Satzungsentwurf wurde im Einzelnen besprochen und die Satzung in der anliegenden Fassung mit allen Stimmen der stimmberechtigten acht Versammlungsteilnehmer verabschiedet und von diesen unterschrieben.

Zu Vorstandsmitgliedern wurden jeweils einstimmig in offener Abstimmung gewählt:

Dr. Hendrik Leber und Prof. Dr. Max Otte. Die Gewählten nahmen die Wahl an.

Zum Direktor wurde einstimmig in offener Abstimmung gewählt:

Prof. Dr. Max Otte. Der Gewählte nahm die Wahl an.
Die Höhe der Beiträge wurde wie folgt festgelegt:

Mitgliedschaft	**Aufnahmegebühr in Euro**	**Jahresbeitrag in Euro**
Ordentliche Mitgliedschaft	990,00	690,00
Außerordentliche Fördermitgliedschaft	Frei verhandelbar, mindestens jedoch die Höhe der Beiträge für die ordentliche Mitgliedschaft	
Akademische Mitgliedschaft	290,00	190,00
Studentische Mitgliedschaft	99,00	99,00

Der Vorstand wurde aufgefordert, bis zur nächsten Mitgliederversammlung einen Haushaltsplan vorzulegen, die Eintragung des Vereins in das Vereinsregister und die Gemeinnützigkeit des Vereins zu beantragen.

Gemäß Satzung ist der Vorstand noch nicht komplett. Zwei bis drei weitere Vorstandsmitglieder sollen per Briefwahl gewählt werden. Der Vorstand nimmt Vorschläge und Interessenbekundungen entgegen und wird dann die notwendigen Schritte einleiten.

Zum Punkt »Verschiedenes« erfolgten keine weiteren Wortmeldungen.

Unterschriften: Der Vorstand (gemäß § 26 BGB)

Dr. Leber, Prof. Dr. Otte

Anwesenheitsliste:

Frank Fischer, Frankfurt
Prof. Dr. Klaus Fleischer, München
Patrick Hable, Frankfurt
Peter E. Huber, Oberursel
Can Ikram, Bremen
Dr. Hendrik Leber, Frankfurt
Prof. Dr. Max Otte, Worms
Stefan Rehder, München
Norman Rentrop, Bonn

Zentrum für Value-Investing
An der Fachhochschule Worms
Herrn Prof. Dr. Max Otte
Erenburgerstr. 19
67549 Worms

Antrag auf Mitgliedschaft im Zentrum für Value-Investing e.V.

Ich unterstütze die Idee des gemeinnützigen Zentrums für Value-Investing e.V. und beantrage die Mitgliedschaft im Verein.

Name: ______________________________

Vorname: ______________________________

Ggf. Institution: ______________________________

Straße: ______________________________

PLZ, Ort: ______________________________

E-Mail: ______________________________

(Ort), den (Datum) (Unterschrift)

☐ Ich erteile die Ermächtigung zum Einzug der Mitgliedsbeiträge im Lastschriftverfahren und erhalte nach Einzug eine Rechnung.

Kontoinhaber: ______________________________

Kontonummer: ______________________________

BLZ: ______________________________

☐ Ich überweise gegen Rechnung.

(Ort), den (Datum) (Unterschrift)

Literaturverzeichnis

Bücher

Bogle, John: Bogle on Mutual Funds: New Perspectives for the Intelligent Investor. (New York 1994)

Bogle, John: Common Sense on Mutual Funds. (New York 1999)

Bogle, John: John Bogle on Investing: The First 50 Years. (New York 2000)

Brandes, Charles: Value-Investing Today. (New York 2004)

Brealey, Richard/Myers, Stewart: Principles of Corporate Finance. International Edition (New York 2001)

Brussee, Warren: The Second Great Depression. (Bangor, Maine 2005)

Buckley, Adrian/Ross, Stephen/Westerfield, Randolph/Jaffe, Jeffrey: Corporate Finance Europe. (London 1998)

Buckley, Adrian/Ross, Stephen/Westerfield, Randolph/Jaffe, Jeffrey: Finanzmanagement europäischer Unternehmen. (Frankfurt am Main 2000)

Buffett, Warren: Die Essays von Warren Buffett. Das Buch für Investoren. (Bonn 2003)

Buffett, Warren/Cunningham, Lawrence: The Essays of Warren Buffett: Lessons for Corporate America. (New York 2001)

Buzzel, Robert/Gale, Bradley: The PIMS Principles. (New York 1987)

Collins, Jim: Good to Great. Why Some Companies Make the Leap and Others Don't. (New York 2001)

Collins, Jim: Built to Last. Successful Habits of Visionary Companies. (New York 1994)

Cunningham, Lawrence: What is Value-Investing? (New York 2004)

Cunningham, Lawrence: Value-Investing. Investieren wie Buffett & Co. (München 2006)

Damodaran, Aswath: Investment Valuation. Tools and Techniques for Determining the Value of Any Asset. (New York 2002)

Day, Theodore/Wang, Xi/Xu, Yexiao: Investigating Underperformance by Mutual Fund Portfolios. (Dallas 2001)

Dimson, Elroy: Triumph of the Optimists: 101 Years of Global Investment Returns. (Princeton 2002)

Fisher, Philip: Die Profi-Investment-Strategie. Mit Philip A. Fishers Anlage-Regeln zum Erfolg. (Rosenheim 1999)

Galbraith, John Kenneth: Der große Krach. (Stuttgart 1963)

Galbraith, John Kenneth: The Great Crash 1929. (New York 1962)

Gelfarth, Volker: Die besten Anlagestrategien der Welt. Investieren wie Buffett, Lynch, Graham und Co. (München 2005)

Goldberg, Joachim/Nitzsch, Rüdiger von: Behavioral Finance. Gewinnen mit Kompetenz. (München 2004)

Graham, Benjamin/Dodd, David: Security Analysis. The Classic 1940 Second Edition. (New York 2002)

Graham, Benjamin: The Intelligent Investor. Revised Edition. (New York 2003)

Grant, Lindsey: The Collapsing Bubble. Growth and Fossil Energy. (Santa Ana, California 2005)

Greenblatt, Joel: The Little Book That Beats The Market. (Hoboken 2006)

Greenwald, Bruce: Competition demystified. A Radically Simplified Approach to Business Strategy. (New York 2005)

Greenwald, Bruce: Value-Investing. From Graham to Buffett and Beyond. (Hoboken 2001)

Hagstrom, Robert: Investieren mit Warren Buffett. Sichere Gewinne mit der Fokus-Strategie. (München 2000)

Hagstrom, Robert: Investing. The Last Liberal Art. (New York 2000)

Henderson, Bruce: Die Erfahrungskurve in der Unternehmensstrategie. (Frankfurt am Main 1984)

Henze, Jana: Was leisten Finanzanalysten? (Schriftenreihe: Finanzierung, Kapitalmarkt und Banken, Bd. 38, Hrsg.: Röder, Klaus/Locarek-Junge, Hermann/Wahrenburg, Mark). (Lohmar 2004)

Jean-Jaques, Dennis: The Five Keys To Value-Investing. (New York 2003)

Kotler, Philip: Grundlagen des Marketing. (München 2002)

Kindleberger, Charles: Manias, Panics and Crashes. A History of Financial Crises. (New York 1996)

Kruschwitz, Lutz: Finanzmathematik. (München 2001)

LeBon, Gustave: Psychologie der Massen. (Stuttgart 1973)

Lowe, Janet: Benjamin Graham. Leben, Gedanken und Anleger-Tips eines Wall-Street-Profis. (Bonn 1997)

Lowe, Janet: Die Graham-Methode. Benjamin Grahams Value-Investing Schritt für Schritt. (Rosenheim 2000)

Lowe, Janet: Warren Buffett Speaks. (New York 1996)

Lynch, Peter: Beating the Street. (New York 1994)

Lynch, Peter: One Up On Wall Street. (New York 1990)

MacKay, Charles: Extraordinary Popular Delusions and the Madness of Crowds. (New York 1967)

Malkiel, Burton: A Random Walk Down Wall Street. (New York 1996)

Neumann, John von/Morgenstern, Oskar: Theory of Games and Economic Behaviour. (Princeton 1944)

Neuner, Michael: Motive für Geldanlageentscheidungen privater Investoren. In: Bungard, Walter/Koop, Barbara/Liebig, Christian: Psychologie und Wirtschaft leben. (München 2004)

Ogger, Günter: Der Börsenschwindel. Wie Aktionäre und Anleger für dumm verkauft werden. (München 2001)

O'Higgins, Michael: Beating the Dow. (New York 2000)

Olfert, Klaus/Reichel, Christopher: Finanzierung. (Ludwigshafen am Rhein 2005)

Otte, Max: Der Crash kommt. (Berlin 2006)

Otte, Max: Investieren in Biotech-Aktien. (München 2001)

Otte, Max: Investieren statt sparen. Wie Sie mit Aktien alle 5 Jahre Ihr Vermögen verdoppeln. (München 2000)

Otte, Max: Der OnVista-Führer zur Aktienanalyse. (München 2002)

Palepu, Krishna/Bernhard, Victor/Healy, Paul: Introduction to Business Analysis & Valuation. (Cincinnati 1997)

Palepu, Krishna/Bernhard, Victor/Healy, Paul: Step-by-Step Business Analysis & Valuation. Using Financial Statements to Value Any Business. (Cincinnati 1999)

Perkins, Anthony/Perkins, Michael: The Internet Bubble. Inside the Overvalued World of High-Tech Stocks – And what you need to know to avoid the coming shakeout. (New York 1999)

Porter, Michael: Competitive Advantage. Creating and Sustaining Superior Performance. (New York 1998)

Porter, Michael: Competitive Strategy. Techniques for Analyzing Industries and Competitors. (New York 1998)

Probst, Hans-Jürgen: Bilanzen lesen leicht gemacht. GuV – gerätselt und verstanden? (Frankfurt am Main 2000)

Raab, Gerhard/Neuner, Michael: Motive für Geldanlageentscheidungen privater Investoren. In: Bungard, Walter/Koop, Barbara/ Liebig, Christian: Psychologie und Wirtschaft leben. Aktuelle Themen der Wirtschaftspsychologie in Forschung und Praxis. (München 2004)

Schenek, André: Überrenditen von Aktien-Neuemissionen – Determinanten der Performance von Initial Public Offerings am deutschen Markt. (Bad Soden/Ts. 2006)

Schwed, Fred: Where are the Customers' Yachts? (New York 1995)

Shleifer, Andrei: Inefficient Markets. An Introduction To Behavioral Finance. (New York 2000)

Simon, Hermann/Bilstein, Frank/Luby, Frank: Der gewinnorientierte Manager. Abschied vom Marktanteilsdenken. (Frankfurt am Main 2006)

Simon, Hermann: Die heimlichen Gewinner. (Frankfurt 1996)

Spremann, Klaus: Vermögensverwaltung. (München 1999)

Steinhardt, Michael: No Bull: My Life In and Out of Markets. (New York 2001)

Stock, Detlev: Zur Relevanz von CAPM-Anomalien für den deutschen Aktienmarkt. (Frankfurt am Main 2002)

Vick, Timothy: How To Pick Stocks Like Warren Buffett. (New York 2000)

Welch, Jack: Was zählt. Die Autobiographie des besten Managers der Welt. (München 2001)

White, Eugene: Crashes and Panics: The Lessons from History. (New York 1990)

Whitman, Martin/Shubik, Martin: The Aggressive Conservative Investor. (New York 2006)

Whitman, Martin: Value-Investing. A Balanced Approach. (New York 1999)

Wiehle, Ulrich: 100 IFRS Financial Ratios. (Wiesbaden)

Wiehle, Ulrich: 100 IFRS Kennzahlen. IFRS Financial Ratios. Dictionary Deutsch/Englisch. (Wiesbaden)

Wiehle, Ulrich: Unternehmensbewertung. Methoden. Rechenspiele. Vor- und Nachteile. (Wiesbaden 2005)

Wiehle, Ulrich: 100 Finanzkennzahlen. (Wiesbaden 2005)

Williams, John B.: The Theory of Investment Value. (Amsterdam 1964)

Artikel aus Zeitungen/Zeitschriften

Unbekannter Verfasser: Amerikanische Aktien im historischen Vergleich teuer. In: FAZ, 21.08.2004, Nr. 194, S.19

Unbekannter Verfasser: Coming Clean on Stock Options. In: The Economist, 27th April 2002, S. 75–76

Unbekannter Verfasser: Prozessauftakt gegen Deutsche Telekom. In: Die Welt, 22. November 2004. Online unter: http://www.welt.de/data/2004/11/22/364260.html

Benartzi, Shlomo/Thaler, Richard: Myopic Loss Aversion and the Equity Premium Puzzle. In: Quarterly Journal of Economics, No. 110, 1995, S. 73–92

Bondt, Werner de/Thaler, Richard: Does the Stock Market Overreact? In: The Journal of Finance, Vol. 40, July 1985

Bondt, Werner de/Thaler, Richard: Further Evidence on Invest Overreaction and Stock Market Seasonality. In: The Journal of Finance, Vol. 42, July 1987

Brauer, Greggory/Chang, Eric: Return Seasonality in Stocks and Their Underlying Assets: Tax-Loss Selling versus Information Explanations. In: The Review of Financial Studies, Vol. 3, No. 02, 1990

Brav, Alon/Gompers, Paul: Myth or Reality? The Long-Run Underperformance of Initial Public Offerings: Evidence from Venture and Nonventure Capital-Backed Companies. In: The Journal of Finance. Vol. 52, December 1997

Buffett, Warren: The Superinvestors of Graham-and-Doddsville. In:
Hermes, Magazine of Columbia Business School, 1984. Online unter: http://www1.gsb.columbia.edu/valueinvesting/research/public_archives/DOC032.PDF

Buffett, Warren: Excerpts by Warren Buffett as guest lecturer at Stanford Law School, March 23, 1990, reprinted in Outstanding Investor Digest, Vol. V, No. 3, April 18, 1990

Campbell, John/Grossman, Sanford/Wang, Jiang: Trading Volume and Serial Correlation in Stock Returns. In: The Quarterly Journal of Economics, Vol. 108, No. 04, November 1993

Carhart, Mark: On Persistence in Mutual Fund Performance. In: The Journal of Finance, Vol. 52, March 1997

Castner, Jens/Conrad, Hartmut: Für immer oben In: Euro am Sonntag, 23. April 2006

Chan, Louis/Jegadeesh, Narasimhan/Lakonishok, Josef: Momentum Strategies. In: The Journal of Finance, Vol. 51, December 1996

Chopra, Navin/ Lakonishok, Josef/Ritter, Jay: Measuring Abnormal Performance. Do Stocks Overreact? In: Journal of Financial Economics 31, 1992

Dreman, David/Berry, Michael: Overreaction, Underreaction and the Low-P/E Effect. In: Financial Analysts' Journal, Heft 51, July–August 1995

Döpke, Jörg/Pierdzioch, Christian: Brokers and Business Cycles: Does Financial Market Volatility Cause Real Fluctuations? In: Kredit und Kapital, Jg. 34/Heft 3, 2001

Fama, Eugene/French, Kenneth: Dividend Yields and Expected Stock Returns. In: Journal of Financial Economics 22, 1988

Fama, Eugene/French, Kenneth: Value versus Growth. The International Evidence. In: The Journal of Finance, Vol. 53, Dezember 1998

Fama, Eugene: Efficient Capital Markets: A Review of Theory and Empirical Work. In: The Journal of Finance, Vol. 25, May 1970

Fama, Eugene: Efficient Capital Markets: II. In: The Journal of Finance, Vol. 46, December 1991

Fama, Eugene: Market Efficiency, Long-Term Returns and Behavioural Finance. In: Journal of Financial Economics 49, 1998

Hens, Thorsten/Schenk-Hoppé, Klaus Reiner: Evolutionary Stability of Portfolio Rules in Incomplete. In: Journal of Mathematical Economics, 16. April 2003

Horne, Jocelyn/Nahm, Daehoom: International Reserves and Liquidity: A Reassessment. In: Kredit und Kapital, Jg. 34/Heft 3, 2001

Ikenberry, David/Lakonishok, Josef/Vermaelen, Theo: Market Underreaction to Open Market Share Repurchases. In: Journal of Financial Economics 39, 1995

Jegadeesh, Narasimhan/Titman, Sheridan: Returns to Buying Winners and Selling Losers: Implications for Stock Market Efficiency. In: The Journal of Finance, Vol. 48, 1993

Jensen, Michael: The Performance of Mutual Fund in the Period 1945–1964. In: The Journal of Finance, Vol. 23, May 1968

Kahnemann, Daniel/Riepe, Mark: Aspects of investors' psychology. In: Journal of Portfolio Management. Vol. 24/No. 04, 1998. Online unter: http://finance.math.biu.ac.il/readings/rsk_mang/aspects%20of%20investor%20psychology.pdf#search=%22Aspects%20of%20investor%20psychology%22

Kahneman, David/Tversky, Amos: On the Psychology of Prediction. In: Psychological Review No. 80 1973, S. 237–251

Kahneman, David/Tversky, Amos: Prospect Theory. An Analysis of Decision under Risk. In: Econometrica, No. 47, 1979, S. 263–291

Keppler, Michael: Risk is not the same as Volatility. (dt. Originalversion veröffentlicht in: Die Bank, November 1990, Nr. 11, S. 610–614)

Kothari, S.P./Shanken, Jay: Book-to-market, dividend yield and expected market returns: A time-series analysis. In: Journal of Financial Economics 44, 1997

Kotkamp, Stefan/Otte, Max: Die langfristige Performance von DAX-Dividendenstrategien. In: Kredit und Kapital, Jg.34/Heft 3, 2001

Lakonishok, Josef/Shleifer, Andrei/Thaler, Richard/Vishny, Robert: Window Dressing by Pension Fund Managers. In: The American Economic Review, Vol. 81, May 1991

Lakonishok, Josef/Shleifer, Andrei/Vishny, Robert: Contrarian Investment, Extrapolation and Risk. In: The Journal of Finance, Vol. 49, December 1994

Lakonishok, Josef/Shleifer, Andrei/Vishny, Robert/Hart, Oliver/Perry, Geroge: The Structure and Performance of the Money Management Industry. In: Brookings Papers on Economic Activity. Microeconomic, Vol. 1992, 1992

Leber, Hendrik/Muhle, Henrik: Einfache Value-Strategien schlagen meist den Markt. In: Inside VCH, Ausgabe 02, März 2003

Loomis, Carol: The tragedy of General Motors. In: Fortune, 6. February 2006

Malkiel, Burton: Returns from Investing in Equity Mutual Funds 1971 to 1991. In: The Journal of Finance, Vol. 50, June 1995

Markowitz, Harry M.: Portfolio Selection. In: The Journal of Finance, Vol. 7, March 1952

Matschke, Manfred Jürgen/Brösel, Gerrit: Unternehmensbewertung. Funktionen – Methoden – Grundsätze (Wiesbaden 2005)

Michaely, Roni/Thaler, Richard/Womack, Kent: Price Reactions to Dividend Initiations and Omissions: Overreaction or Drift? In: The Journal of Finance, Vol. 50, June 1995

Miess, Volker: Lohnt jetzt der Einstieg bei DAX, Dow Jones, Gold? Online unter: http://www.bild.t-online.de/BTO/tipps-trends/geld-job/topthemen/aktienfonds/DAX/dax-hoechststand/dax-hoechststand.html

Modigliani, Franco/Miller, Meton: The Cost of Capital, Corporation Finance and the Theory of Investment. In: The American Economic Review, Vol. 48, June 1958

Otte, Max: Hochzinsprodukte und Value-Aktien. In: Der Privatinvestor, Ausgabe 27/2005, 08.07.2005

Pontiff, Jeffrey/Schall, Lawrence: Book-to-market ratios as predictors of market returns. In: Journal of Financial Economics 49, 1998

Poterba, James/Summers, Lawrence: Mean Reversion in Stock Prices. Evidence and Implications. In: Journal of Financial Economics 22, 1988

Prozeßauftakt gegen Deutsche Telekom. In: Die Welt, 22. November 2004, Online unter: http://www.welt.de/data/2004/11/22/364260.html

Ritter, Jay: The Long-Run Performance of Initial Public Offerings. In: The Journal of Finance, Vol. 46, March 1991

Rosenthal, Leonard/Young, Colin: The Seemingly Anomalous Price Behaviour of Royal Dutch/Shell and Unilever N.V./PLC. In: Journal of Financial Economics 26, 1990

Sharpe, William: Capital Asset Prices: A Theory of Market Equilibrium under Conditions of Risk. In: The Journal of Finance, Vol. 19, September 1964

Shiller, Robert: Do Stock Prices Move too Much to be Justified by Subsequent Changes in Dividends? In: The American Economic Review, Vol. 71, June 1981

Shleifer, Andrei/Vishny, Robert: The limits of arbitrage. In: The Journal of Finance, Vol. 52, 1997

Shleifer, Andrei/Vishny, Robert: Equilibrium short horizons of investors and firms. In: American Economic Review Papers and Proceedings, Vol. 80, 1990

Stehle, Richard/Hartmond, Anette: Durchschnittsrenditen deutscher Aktien 1954–1988. In: Kredit und Kapital, Jg. 25/Heft 3, 1991, S. 371–411

Stehle, Richard/Huber, Rainer/Maier, Jürgen: Die Rückberechnung des DAX für die Jahre 1955 bis 1987. In: Kredit und Kapital, Jg. 29/Heft 2 1996, S. 277–304

Stehle, Richard/Wulff, Christian/Richter, Yvette: Die Rendite deutscher Bluechip-Aktien in der Nachkriegszeit – Rückberechnung des DAX für die Jahre 1948 bis 1954, unveröffentlichtes Manuskript, Humboldt-Universität zu Berlin, 1998

Stock, Detlev: Zur Tauglichkeit des Kurs-Gewinn-Verhältnisses für die Prognose von Aktienkursveränderungen – eine Replik. In: ZfB. Zeitschrift für Betriebswirtschaft, Nr. 3, März 2001, S. 321

Stock, Detlev: Winner and Loser Anomalies in the German Stock Market. In: Journal of Institutional Theoretical Economics. Vol. 146, No. 3, September 1990

Strauss, Gary: Controversial repricings of Stock Options on the rise. In: USA Today, 14.10.2002

Wetjen, Birgit: Renditeschwaches Einerlei. In: FORUM – MLP-Magazin für Private Finanzen/Heft 2, Juni 2006, S. 43. Online unter: http://www.mlp.de/homepage/servlet/contentblob/27562/data/s42.pdf

Westerheide, Peter: Einkommens- und Nachfrageeffekte von Zinsänderungen. In: Kredit und Kapital, Jg. 34/Heft 3, 2001

Artikel – Deutsches Aktieninstitut

DAI-Kurzstudie 1/1999: Privater Aktienbesitz in Deutschland: Aufwärtstrend setzt sich fort.

DAI-Kurzstudie 1/2000: Zahl der Aktionäre in Deutschland überschreitet 5 Millionen.

DAI-Kurzstudie 2/2000: Durchbruch bei der Aktienakzeptanz.

DAI-Kurzstudie 3/2000: Aktien und Aktienfonds stark gefragt. Spareinlagen 1999 erstmals rückläufig.

DAI-Kurzstudie 3/2001: Zahl der Aktionäre und Besitzer von Aktienfondsanteilen steigt weiter an.

DAI-Kurzstudie 1/2002: 2001 – Jahr der Reife für Aktionäre und Fondsbesitzer.

DAI-Kurzstudie 3/2002: Moderater Rückgang der Aktionärszahlen.

DAI-Kurzstudie 1/2003: Stabilisierung der Aktionärszahlen – aber keine Entwarnung.

DAI-Kurzstudie 2/2003: Stabilisierung der Aktionärszahlen – aber Nervosität im Anlegerverhalten.

DAI-Kurzstudie 2/2004: Vertrauensschaffung bedarf eines langen Atems.

DAI-Kurzstudie 1/2005: Zahl der direkten Aktienanleger gestiegen – Zahl der Fondsanleger rückläufig.

DAI-Kurzstudie 3/2005: Vertrauen in die Aktie wächst.

DAI-Kurzstudie 1/2006: Vertrauen in die Aktie stabilisiert sich.

DAI-Kurzstudie 2/2006: Aktionärszahlen rückläufig – Steuerpolitik verunsichert Anleger.

Sonstige Artikel:

Unbekannter Verfasser: Stahlpreise erreichen Rekordniveau. Pressemitteilung des Statistischen Bundesamtes vom 17. Mai 2004. Online unter: www.destatis.de/presse/deutsch/pm2004/p2230052.htm

Berg, Nathan: Finance, psychology, economics and the design of successful institutions. Online unter: http://www.utdallas.edu/~nberg/ Berg_ARTICLES/Nathan%20Berg%20Shanghai%20Forum0511_REVISED_7_21_05.pdf

Buffett, Warren: The Superinvestors of Graham-and-Doddsville, Rede an der Columbia University 1984. Online unter: http://www1.gsb.columbia.edu/valueinvesting/research/public_archives/DOC032.PDF

Currier, Chet: Third Avenue Fund Chief Focuses on Management. Online unter: http://www.washingtonpost.com/wp-dyn/articles/A2611-2005Mar26.html

Ehrhardt, Olaf: Viel Lärm um nichts? Zur (Ir)Relevanz der Risikoprämie für die Unternehmensbewertung im Rahmen von Squeeze Outs. Bei: Fair Valuations, Frankfurt am Main, 15. Juni 2005

Erhorn, Hans: Neue EU-Richtlinien. Konjunkturprogramm für die Bauwirtschaft in Westeuropa? Auf der Value Intelligence Konferenz der Bayerischen Landesbank im Juli 2006

Festinger, Leon: Theorie zur kognitiven Dissonanz. (1957) Online unter: http://www.tu-braunschweig.de/Medien-DB/paed-psych/dissonanz.pdf#search=%22festinger%201957%22

Greenwald, Bruce: Case Studies: Adidas and Infineon. Auf der Value Intelligence Konferenz der Bayerischen Landesbank im Juli 2006

Greenwald, Bruce: The Valuation of Growth Stocks with a Value Approach. Auf der Value Intelligence Konferenz der Bayerischen Landesbank im Juli 2006

Hamella, Markus: BayernInvest – Authentische Value Fonds made in Germany. Auf der Value Intelligence Konferenz der Bayerischen Landesbank im Juli 2006

Haßler, Robert: Prinziporientiertes Investieren – Ein Konzept im Einklang mit dem Value-Ansatz? Auf der Value Intelligence Konferenz der Bayerischen Landesbank im Juli 2006

Hens, Thorsten/Schenk-Hoppé, Klaus Reiner: Survival of the Fittest on Wall Street. Online unter: http://www.evolutionaryfinance.ch/uploads/media/surv_of_the_fittest.pdf

Keppler, Michael: Risk is not the same as Volatility. Online unter: www.kamny.com/load/publications/p03_eng.pdf

Kirchberger, Klaus: Waldinvestments aus der Sicht eines deutschen Investors. Auf der Value Intelligence Konferenz der Bayerischen Landesbank im Juli 2006

Klinz, Reiner: Brauereien. Wird der Branchenpessimismus übertrieben? Auf der Value Intelligence Konferenz der Bayerischen Landesbank im Juli 2006

Leber, Hendrik/Muhle, Henrik: Der Einfluss von Marktzyklen und institutionellen Investoren auf den Erfolg von Value-Strategien. Frankfurt am Main, Dezember 2003

Leber, Hendrik/Muhle, Henrik: Einfache Value-Strategien schlagen den Markt, Frankfurt am Main, 27. Februar 2003 – Acatis Aktuell

Lee, Charles/Bhaskaran Swaminathan: Price Momentum and Trading Volume. Working Paper Cornell University, June 1998

Le Fort, Peter von: Baumärkte: Konsolidierung und höhere Margen in den nächsten drei Jahren? Auf der Value Intelligence Konferenz der Bayerischen Landesbank im Juli 2006

Mauboussin, Michael/Schay, Alexander: Ruminations on Risk. Beta Versus Margin of Safety (2001) Online unter: http://pages.stern. nyu. edu/~adamodar/pdfiles/eqnotes/marginofsafety.pdf

Miller, Bill: Fund Commentary. Online unter: http://www.leggmason. com/funds/knowledge/management/2006MillerCommentaryQ2.pdf#search=%22bill%20miller%22

Nicol, James: Introduction to Timberland Investment. Auf der Value Intelligence Konferenz der Bayerischen Landesbank im Juli 2006

Orgland, Magne: Active Indexing – Outperformance durch Länder- und Branchenselektion. Präsentation Wegelin & Co., Darmstadt, *23. September 2005*

Rehder, Stefan/Holl, Sebastian: Fusion Investing. Integration von Momentum und Value-Investing. Auf der Value Intelligence Konferenz der Bayerischen Landesbank im Juli 2006

Rehder, Stefan: Bayern LB Value Research & Advisory. Auf der Value Intelligence Konferenz der Bayerischen Landesbank im Juli 2006

Rehder, Stefan: Value Trends 2006/2007: Asset-, Länder- und Sektorallokation sowie aktuelle Stock Picking Ideen. Auf der Value Intelligence Konferenz der Bayerischen Landesbank im Juli 2006

Sager, Christina: Gebäudeenergiepass – Auslöser für Investitionen? Auf der Value Intelligence Konferenz der Bayerischen Landesbank im Juli 2006

Schireson, Clifford: Fixed Income. Falling Knives. Auf der Value Intelligence Konferenz der Bayerischen Landesbank im Juli 2006

Schulz, Anja/Stehle, Richard: Empirische Untersuchungen zur Frage CAPM vs. Steuer-CAPM. Ein Literaturüberblick mit ersten Ergebnissen für Deutschland. Bei: Fair Valuations, 15. Juni 2005, Frankfurt am Main

Shleifer, Andrei: Financial Markets Efficiency. Auf der Value Intelligence Konferenz der Bayerischen Landesbank im Juli 2006

Shleifer, Andrei: Investor Sentiment. Auf der Value Intelligence Konferenz der Bayerischen Landesbank im Juli 2006

Siklic, Natalia: Warten auf Godot. Online unter: http://fonds. spiegel.de/news/analysis.asp?cobrand=Spiegel&articleid=47366&validfrom=2006-08-25

Wadhwaney, Amit: Third Avenue Management. Auf der Value Intelligence Konferenz der Bayerischen Landesbank im Juli 2006

Wenger, Ekkehard: Verzinsungsparameter in der Unternehmensbewertung – Betrachtungen aus theoretischer und empirischer Sicht. Bei: Fair Valuations, 15. Juni 2005, Frankfurt am Main

Internetquellen

http://djindexes.com/mdsidx/index.cfm?event=showAverages (Dow Jones Indexes)

http://deutsche-boerse.com/dbag/dispatch/de/binary/gdb_content_pool/imported_ files/public_files/10_downloads/14_investor_relations/10_company/Deutscher_Corporate_Governance_Kodex.pdf (Deutscher Corporate Governance Kodex)

http://info.dws.at/at/content.nsf/doc/JUNR-5V9E86/$file/VerVP_Vermoegen.pdf (Verkaufsprospekt DWS Vermögensbildungsfonds)

http://pages.stern.nyu.edu/~adamodar/pdfiles/eqnotes/marginofsafety.pdf (Gegenüberstellung von Beta und Sicherheitsmarge)

www.2iqresearch.com/home/home.DE.htm (Unternehmens-Website)

www.adr.com (Website von J.P. Morgan zu American Depository Receipts)

www.aktien-analyse.de

www.aktiengesetz.de/inhalt.htm (Aktiengesetz als Onlineversion)

www.allianz.com (Unternehmens-Website)

www.berkshirehathaway.com (Unternehmens-Website)

www.bijou-brigitte.com (Unternehmens-Website)

www.bijou-brigitte.com/Unternehmen/Firmenportrait/c_67_101.php? main_page=bb_company_portrait (Unternehmensporträt Bijou Brigitte)

www.bijou-brigitte.com/Unternehmen/Geschichte/c_67_102.php?main_page=bb_history (Unternehmensgeschichte Bijou Brigitte)

www.brandes.com/institute (The Brandes Institute)

www.clairestores.com (Unternehmens-Website)

www.controllingportal.de/Fachinfo/Grundlagen/Kennzahlensysteme.html (Controlling Portal, Informationen zu Kennzahlensystemen)
www.dai.de (Deutsches Aktieninstitut)
www.daimlerchrylser.com (Unternehmens-Website)
www.destatis.de (Statistisches Bundesamt Deutschland)
www.econ.yale.edu/%7Eshiller/data/ie_data.htm (Statistische Informationen über den amerikanischen Aktienmarkt von Robert Shiller)
www.econ.yale.edu (Yale Department of Economics)
www.evolutionaryfinance.ch/index.php?id=6 (Präsentationen zum Thema Evolutionary Finance)
www.federalreserve.gov/BoardDocs/speeches/1996/19961205.htm (Rede von Alan Greenspan am American Enterprise Institute vom 5. Dezember 1996)
www.fiendbear.com/deatheq.htm
www.gurufocus.com
www.indexchange.com (Unternehmens-Website)
www.ihk-koeln.de/Navigation/Standortpolitik/Wirtschaftspolitik/index.jsp?navoid=200 (IHK Köln)
www.karstadt-quelle.de/download/karstadtquelle_konzern_geschaeftsbericht_2004_d.pdf (Geschäftsbericht der Karstadt Quelle AG 2004)
www.magicformulainvesting.com (Website zu Greenblatts Magic Formula)
www.pfizer.com (Unternehmens-Website)
www.pfizer.com/pfizer/download/investors/financial/10q_0811_2006.pdf (10Q – Onlineversion von Pfizer)
www.privatinvestor.de (Website der IFVE GmbH)
www.salzgitter-ag.de (Unternehmens-Website)
www.salzgitter-ag.de/de/content/investor/finanzberichte/archiv/2003/ SzQ22003_d.pdf (Zwischenbericht 1. Halbjahr 2003 der Salzgitter AG)
www.salzgitter-ag.de/de/content/investor/infocenter_downloads/ad_hoc/archiv/2006/SZAG%20ad%20hoc%20Vallourec%20Verkauf%20d.pdf (Ad-hoc-Meldung zum Verkauf von Anteilen der Salzgitter AG an Vallourec S.A.)

www.salzgitter-ag.de/gb/2003/de/ch2/ch2_1/ch2_1_1/ (Informationen zur Konjunktur am Stahlmarkt)
www.sec.gov/edgar/searchedgar/webusers.htm (U.S. Securities and Exchange Commission)
www.siemens.com (Unternehmens-Website)
www.thirdavenuefunds.com (Unternehmens-Website)
www.vanguard.com (Unternehmens-Website)
www.wifak.uni-wuerzburg.de/bwl4/namen/wenger2.htm (Universität Würzburg, Lehrstuhl für BWL, Bank- und Kreditwirtschaft)
www1.gsb.columbia.edu/valueinvesting/index.html (Columbia University, Heilbrunn Center for Graham and Dodd Investing)

Personenverzeichnis

Firmenverzeichnis

Stichwortverzeichnis